W0396573

DIRK SCHRÖDER MIT CHRISTIAN MÖRKEN

VOLL IM WIND – VOLL IM LEBEN

MIT DEM MÄNNER-COACH AUF KLAREM KURS

SCM
Hänssler

SCM

Stiftung Christliche Medien

Der SCM-Verlag ist eine Gesellschaft der Stiftung Christliche Medien, einer gemeinnützigen Stiftung, die sich für die Förderung und Verbreitung christlicher Bücher, Zeitschriften, Filme und Musik einsetzt.

Dieses Werk einschließlich aller seiner Teile ist urheberrechtlich geschützt. Jede Verwendung außerhalb der engen Grenzen des Urheberrechtsgesetzes ist ohne vorherige schriftliche Einwilligung des Verlages unzulässig und strafbar. Das gilt insbesondere für Vervielfältigungen, Übersetzungen und die Einspeicherung und Verarbeitung in elektronischen Systemen.

FSC www.fsc.org MIX Papier aus verantwortungsvollen Quellen FSC® C006701

© der deutschen Ausgabe 2014
SCM Hänssler im SCM-Verlag GmbH & Co. KG · 71088 Holzgerlingen
Internet: www.scm-haenssler.de · E-Mail: info@scm-haenssler.de

Soweit nicht anders angegeben, sind die Bibelverse folgender Ausgabe entnommen:
Neues Leben. Die Bibel, © der deutschen Ausgabe 2002 und 2006
SCM R.Brockhaus im SCM-Verlag GmbH & Co. KG, Witten.
Weiter wurden verwendet:
L = Lutherbibel, revidierter Text 1984, durchgesehene Ausgabe
in neuer Rechtschreibung, © 1999 Deutsche Bibelgesellschaft, Stuttgart.
E = Einheitsübersetzung der Heiligen Schrift,
© 1980 Katholische Bibelanstalt, Stuttgart.
G = Gute Nachricht Bibel, revidierte Fassung, durchgesehene Ausgabe
in neuer Rechtschreibung,
© 2000 Deutsche Bibelgesellschaft, Stuttgart.
S = Bibeltext der Schlachter Bibelübersetzung. Copyright © 2000 Genfer
Bibelgesellschaft. Wiedergegeben mit der freundlichen Genehmigung.
Alle Rechte vorbehalten.

Umschlaggestaltung: OHA Werbeagentur GmbH, Grabs, Schweiz;
www.oha-werbeagentur.ch
Titelbild: Axel Nickolaus, www.axelnickolaus.de
Bilder im Innenteil: Axel Nickolaus, (S. 12, 36, 56, 74, 86, 110, 248, 270);
Daniel Hiltebrand (S. 18); Christoph Leu (S. 100); Svend Kaiser (S. 124);
Matthias Grimm (S. 142); Axel Rohne (S. 164, 228); Chris Keller (S. 184);
Frank Simon (S. 206);
Autorenbild: Steven Haberland, www.stevenhaberland.de
Satz: typoscript GmbH, Walddorfhäslach
Druck und Bindung: CPI – Ebner & Spiegel, Ulm
Gedruckt in Deutschland
ISBN 978-3-7751-5569-4
Bestell-Nr. 395.569

Meiner größten Liebe und Inspiration –
meiner wunderbaren Frau Kirstin.
»Mit Dir würde ich immer wieder durchbrennen!«

Meinen wunderbaren Kindern Marvin, Micha und Marie
in tiefer Liebe, Dankbarkeit und mit einem Herzen
voll Begeisterung und väterlichem Stolz.
Es gibt für mich nichts Schöneres auf Erden
als meine Ehe und Familie.

INHALT

Danksagung

Ich danke meinen Eltern, die mit mir tapfer durch Freud und Leid gegangen sind und immer hinter mir standen. Michael Garbe war der Mann, der mir eine Tür gezeigt hat, die mein Leben komplett verändert hat. Seine Eltern Friederike und Günter Garbe waren es, die uns bei unseren ersten Schritten im Glauben und dann über viele Jahre hinweg treu begleitet haben.

Christoph Leu, Adrian Nagel und Ruben Puleo haben mich auf meinem Weg durch Freundschaft, Inspiration und viel Ermutigung begleitet. Ihr habt mir Mut gemacht, an das zu glauben, was Gott in mich hineingelegt hat, und das mutig einzusetzen, damit es sich multipliziert.

Viel Inspiration auf meinem Weg als »Der Männer-Coach« habe ich durch die Bücher und Seminare von John Eldredge bekommen. Ihm und seinem Team von *Ransomed Heart,* im Besonderen Craig McConnell, der unsere *Free-at-heart-*MännerCamps in der Schweiz väterlich begleitet hat, gilt mein Dank. Die Freizügigkeit, mit der dieses Team das teilte und weitergab, was Gott ihnen geschenkt hat, hat mich sehr motiviert und absolut überzeugt.

Mein Dank gilt auch Christian Mörken, der mir als Autor geholfen hat, meine Erlebnisse, Gedanken und Geschichten in der Form dieses Buches zu Papier zu bringen. Er hat sich sogar auf das Abenteuer eines Segeltörns mit mir eingelassen, um das, was wir schreiben, einmal wirklich erlebt zu haben. Respekt!

Warum »Der Männer-Coach«?

Das Männerbild ist diffus geworden. Die Erwartungen, denen sich Männer heute gegenübersehen, ergeben kein eindeutiges Rollenbild mehr. Frauen haben die letzten vier Jahrzehnte dazu genutzt, ihre Rolle in der Gesellschaft neu zu definieren. Die Hausfrau und Mutter, die morgens ihrem Mann den Aktenkoffer reichte und ihm mit einem Kuss einen schönen Tag im Büro wünschte, ist weitgehend Geschichte. Ihr Leben dreht sich längst nicht mehr um die Versorgung von Haushalt, Ehemann und Kindern. Heute suchen Frauen oft genauso Erfüllung in Beruf und Karriere wie Männer.

Die Rolle von Männern hingegen wurde nicht neu definiert. Waren sie über Jahrhunderte vor allem Versorger, Oberhaupt der Familie und Vater, lautet die Stellenbeschreibung »Mann« heute: Einfühlsam, aber auch stark. Unabhängig, aber auch bindungsfähig. Beruflich erfolgreich, aber auch bereit, sich um Haushalt und Kinder zu kümmern. Er soll gleichzeitig Heimwerker und modisch gepflegt sein. Für viele Männer steht am Ende das Bild eines Richard Löwenherz, der Elternzeit nimmt und nach dem Abendessen abwäscht. Eine Situation, die viele Männer überfordert.

Doch Mann wäre nicht Mann, wenn er nicht glaubte, das allein hinzubekommen. Wenn »Mann« ein Problem hat, dann löst er das natürlich selbst. Baron Münchhausen hat sich schließlich auch an den eigenen Haaren aus dem Sumpf gezogen. Männer brauchen folglich keinen Coach. Nur: So mancher, der oberhalb der Wasseroberfläche noch auf klarem Kurs unterwegs zu sein scheint, steuert unter Wasser bereits auf das Riff oder die Sandbank zu. Plötzlich ist der Job weg, die Frau hat einen anderen, der Arzt diagnostiziert eine schwere Krankheit oder das Burn-out steht vor der Tür. An wen wendet Mann sich dann?

Gerade Männern in Verantwortung fehlt dann ein Gegenüber. Sie müssen immer stark sein, dürfen keine Schwäche zeigen im täglichen Konkurrenz- und Überlebenskampf. Das kann nicht nur einsam machen, sondern auch krank. Zudem hängen Männer ihren Wert oft an das, was sie leisten. Doch wer bin ich, wenn ich nicht mehr leisten kann oder will? Hier braucht es eine speziell auf Männer abgestimmte Ansprache, wie mir meine Zeit als Ausbildungsleiter in der Schweiz schon früh verdeutlichte. Und da liegt der besondere Unterschied im Coaching für Männer und Frauen. Männer müssen anders abgeholt werden. Genau hier setzt meine Arbeit als der Männer-Coach an. Es liegt mir am Herzen, Männern zu zeigen, dass es ein Zeichen von Stärke ist, nicht allein durch Herausforderungen zu gehen, sondern sich Unterstützung zu holen. Als Coach bin ich weniger Therapeut, sondern vielmehr Trainer. Und kein Mann würde bestreiten, dass die beste Fußballmannschaft auch den besten Trainer braucht, der das Beste aus den Spielern hervorbringt. Dabei fällt es mir sehr leicht, Männern in Verantwortung auf Augenhöhe zu begegnen, sie zu ermutigen, herauszufordern und sie zielgerichtet zu fördern. Coaching ist eine sehr effektive Burn-out-Prophylaxe. Rechtzeitige Kurskorrekturen und das Erfassen der Großwetterlage eines Mannes können ihn davor bewahren, in den Sturm zu segeln oder auf ein Riff zu laufen.

»Wer ein erfülltes Leben sucht, hat keine Wahl, als zu fragen, was sich durch ihn erfüllen soll.« (»Der Klang« – Martin Schleske)

Ich möchte das hervorbringen, was Gott jedem Mann als sein ureigenes Talent mitgegeben hat. Gemeinsam mit den Männern möchte ich ihre Bestimmung entdecken und sie ermutigen, sich auf den Weg zu machen, um das Leben zu leben, nach dem sie sich sehnen und für das sie geschaffen wurden.

957/872

1. WILLKOMMEN AN BORD

Stahlblau überzieht der Himmel das Meer, in seiner Mitte die gleißende Sonne. Wie eine flammende Silberscheibe steht sie am höchsten Punkt und taucht alles in ein fast unwirkliches Licht. Ihre Strahlen scheinen auf dem Wasser zu tanzen wie kleine Perlen. Der seichte Sommerwind weht herüber und bläht die weißen Segel der Jacht auf. Elegant pflügt sie durch das türkisblaue Meer, die weiße Gischt vor sich herschiebend. Ich stehe vorn im Bug und schaue auf das Meer. Ich sehe die Jacht durch die Wellen schneiden. Ein Team von Männern, das ich zusammengestellt, während der letzten Tage geformt und angeleitet habe, steuert diese Jacht. Sie machen das mit großer Freude. Es ist eine großartige Gemeinschaft. Leben pur – Abenteuer und Leidenschaft. Ich spüre den Wind im Haar und blicke in Richtung des scheinbar endlosen Horizonts. Der warme Wind bläht mein Hemd auf und der Geruch des Meeres steigt mir in die Nase. Ich bin in meinem Element. Frei, erfüllt, glücklich. Genau hier möchte ich sein.

Ich bin am Meer aufgewachsen. Schon immer war ich begeistert von Wind, Wasser und Wellen. Vor 20 Jahren dann, als ich gerade ein Leiter-Seminar in Schottland absolvierte, passierte es: Ich ging allein am Strand spazieren und hatte plötzlich den Eindruck, dass Gott mich aufforderte, ja mich geradezu herausforderte, mit dem Segeln anzufangen. Er wollte mir seine Prinzipien und Wahrheiten durch das Segeln vermitteln. Kaum zurück in Deutschland, begann ich meine ersten Segelscheine zu machen. Zunächst segelte ich auf der Ostsee mit Freunden. Es machte Spaß. Doch wir merkten, dass etwas fehlt – Input und Tiefgang. Gemeinsam mit meinem Freund Christoph Leu entwickelte ich so die »Männer-in-Verantwortung«-Törns, eine Mischung aus Abenteuer, Erholung, Input und Herausforderung. Zunächst begannen wir auf der Ostsee, dann Holland – schlussendlich entdeckte ich das Mittelmeer für mich. Seit mehr als zehn Jahren segele ich nun regelmäßig mit Männern. Mich begeistert es, wenn Männer sich auf ein Abenteuer einlassen, sich neuen Herausforderungen stellen und den Mut haben, sich auf eine unbekannte Crew aus anderen Männern einzulassen. Oft wurde ich gefragt, ob ich auch Frauen auf so einen Törn mitnehmen würde. Darauf ein klares: »Nein«. Männer verhalten sich oft anders, wenn Frauen dabei sind. Das möchte ich vermeiden. Mein Ziel ist es, mit echten Männern in einem entspannten und abenteuerlichen Umfeld unterwegs zu sein, in dem sie ganz sie selbst sein können.

In kürzester Zeit entsteht in dieser Gemeinschaft eine tolle Atmosphäre in großer Vertrautheit. So schaffen die Törns einen Raum für echte Gemeinschaft, Abenteuer und auch Gott zu erleben. Genau das liebe ich. Ich möchte Männer ermutigen und herausfordern, führen und anleiten. Das ist meine Leidenschaft – gemeinsam mit echten Männern unterwegs zu sein.

Ich wünsche mir, dass Sie sich auf diese Reise einlassen und in der einen oder anderen Lebensgeschichte in diesem Buch – die auf realen Erfahrungen basieren, allerdings etwas verfremdet wurden – wiederfinden. Ich habe bewusst prägnante Geschichten der Männer ausgewählt, mit denen ich unterwegs war. Viele Männer, die mit mir auf See waren, finden Sie auf meiner Homepage *www.DerMaennerCoach.de* unter den Segelreferenzen bei Sail & Coach. Dort bekommen Sie auch in der Galerie einen schönen Eindruck von den Segelrevieren, in denen wir unterwegs sind. Ich persönlich liebe es, reale Gesichter der Handelnden und echte Fotos der Umgebung zu sehen.

Ich möchte Sie in Ihrer aktuellen Lebenssituation abholen und mit auf die Reise nehmen. Dabei kommt ein wichtiger Erfahrungswert aus meiner Arbeit als Männer-Coach ins Spiel: Für Männer muss es praktisch, erlebbar und inspirierend werden. Wenn es dabei kurzweilig zugeht und richtig Spaß macht, sind Männerherzen zu begeistern. Deshalb liebe ich es, mit Männern auf einem Segeltörn zu arbeiten. Damit auch die Lektüre des Buches wirklich konkret wird, habe ich praktische Anwendungen eingebaut, die sich thematisch etwa daran orientieren, wie ich auch die Segelwoche inhaltlich gestalte. Dieses Buch ist deshalb nicht zum schnellen Durchlesen gedacht.

So, nun lade ich Sie ein, mit anderen Männern und mir als Skipper ein Abenteuer zu erleben. Vielleicht wissen Sie noch nicht, wohin die Reise gehen soll? Vielleicht zögern Sie noch, ob Sie wirklich mitkommen wollen? Schließlich wissen Sie nicht, worauf Sie sich einlassen. Genauso geht es den Männern, die sich bei mir für ihren ersten Törn anmelden. Oder Sie fragen sich, was Ihnen passieren könnte? Letzteres kann ich Ihnen leicht beantworten: Es könnte sein, dass Sie mehr über sich erfahren und dabei Ihre wahre Bestimmung im Leben und neue Leidenschaften entdecken. Es ist möglich, dass Sie sich am Ende beruflich neu orientieren möchten oder einiges an Ihrem Privatleben verändern wollen. Vielleicht entdecken Sie auf der Reise aber auch ganz andere Seiten an sich, unbekannte Talente und neue Interessen oder schließen echte Männerfreundschaften? Es könnte auch passieren, dass Ihr Herz endlich wieder richtig durchatmen kann und Sie ein großes Maß an Freiheit verspüren. Wenn Sie also bereit sind, etwas zu erleben, sich weiterzuentwickeln und Herausforderungen zu stellen, freue ich mich, Sie als Teil der Mannschaft auf unserer Jacht im Mittelmeer zu begrüßen. Für fast alle Männer an Bord ist es das erste Mal, dass Sie einen Schritt vom Festland auf das Deck einer Segeljacht setzen. Vom festen Boden auf ein schwankendes Boot. Ein Schritt ins Ungewisse – ins Abenteuer.

2.
WER BIST DU?

Lukas

Lukas steht am Kai. Er hat seinen Seesack schon an Bord gebracht. Die anderen Männer richten sich noch in den Kojen ein. Lukas wollte dem Gewusel auf der Jacht noch für ein paar Minuten entgehen. Deshalb ist er an den Kai zurückgekehrt. Er hat seine Hände in den Taschen seiner Hose vergraben und schaut über den Hafen. Schiff an Schiff liegen die weißen Jachten nebeneinander. Wie ein riesiges weißes Tuch, das man auf das ansonsten türkisblaue Meer gelegt hat und das nun mit den sanften Wellen auf- und niederschaukelt. Die Auswahl reicht von kleineren Segeljachten bis zu mehrgeschossigen Motorjachten, auf deren Dach sich große Radarantennen drehen. Der seichte Sommerwind, der vom Meer kommt, sorgt für Abkühlung. Hoch oben am Himmel steht die Sonne wie eine silbern gleißende Kugel, deren Strahlen auf seiner Sonnenbrille reflektieren. Lukas atmet tief durch und wippt leicht vor und zurück. Es geht ihm gut – richtig gut. Vor gerade zwei Stunden ist er mit neun anderen Männern in Sardinien gelandet. Kaum hatte er seine Reisetasche vom Gepäckband genommen und durch die großen Fensterscheiben des

Flughafens nach draußen gesehen, hatte das Urlaubsgefühl von ihm Besitz ergriffen. Draußen vor dem Flughafengebäude war er zum vereinbarten Treffpunkt gegangen und hatte sich auf den Rand eines Pflanzenkübels gesetzt. Nach und nach hatten sich andere Männer zu ihm gesellt. Man grüßte sich mit einem kurzen Kopfnicken. Hier und dort begannen einige der Männer erste vorsichtige Gespräche. Lukas bemerkte das Schweizerdeutsch, das vier der Männer sprachen. Er sah sich um. Da war einer, schmächtig, irgendwo in den Vierzigern, mit blondem, schütterem Haar, er war Lehrer, wie Lukas gehört hatte. Er unterhielt sich mit einem ebenfalls eher schmächtigen Mann in den Sechzigern, der sich als Arzt vorgestellt hatte. Dahinter stand ein blonder Wuschelkopf und mit ihm ein kleiner untersetzter Mann mit Bauchansatz. Lukas meinte, dass er Frank hieße, war sich aber nicht sicher. Dann waren da noch ein Feinkosthändler und ein Schweizer Lokführer, wie Lukas dem Gespräch entnommen hatte. Etwas Abseits der Gruppe stand zudem ein sportlich schlanker Mann mit schwarzem Haar, aber Lukas hatte seinen Namen noch nicht gehört. Etwas weiter weg, an eine Säule gelehnt, wartete ein Hüne mit kurz rasiertem Haar. Lukas fragte sich unwillkürlich, ob dieser wohl auch zur Gruppe dazugehören würde. Doch bevor Lukas diese Frage klären konnte, kam ein schlanker, hochgewachsener Mann mit Dreitagebart und dunklem, lockigem Haar auf die Männer zu. Das musste Dirk Schröder, der Coach und Skipper, sein. Er begrüßte jeden der Männer sehr herzlich mit Namen und es entstand sofort ein Gefühl, als würden sich alle schon lange kennen. Daraufhin packten sie ihre Sachen und fuhren vom Flughafen zum Jachthafen.

Lukas muss an Sandra denken, seine Frau. Was sie jetzt wohl macht? Wahrscheinlich holt sie gerade die Jungs von der Schule ab und fährt anschließend Jonas zum Fußball und Lucas zum Schlagzeugunterricht. Sie hat das schon unter Kontrolle. Ganz anders als er. Er ist nicht so der Organisator fürs Kleine. Das war ihm schnell klar. Nach Ausbildung und Studium hat er bei einer großen Bank angefangen. International sollte seine Karriere werden und große Budgets wollte er verwalten. Schnell bekam er das Angebot, ins Ausland zu gehen. Zwei Jahre Schanghai, danach würde er als Teamleiter im internationalen Immobiliengeschäft mitmischen. Für Sandra kam das zum falschen Zeitpunkt. Sie machte gerade ihr praktisches Jahr in der örtlichen Klinik. Noch ein paar Monate und sie wäre Ärztin. Nächtelang sprachen sie darüber. Dann willigte Sandra ein, ihr Studium zu unterbrechen. Lukas sagte, dass sie ja nach der Rückkehr aus Schanghai weitermachen könnte. Doch dazu war es nicht mehr gekommen. Drei Monate vor ihrer Rückreise nach Deutschland wurde Sandra schwanger. Es waren Zwillinge. Nach einem weiteren Jahr war Lukas Leiter des Immobiliengeschäfts für den Mittleren Osten. Zwei-, dreimal im Monat musste er auf Geschäftsreise. Sandra kümmerte sich derweil um die Kinder. Dann, im Frühjahr dieses Jahres, war es passiert. Sie hatten nach dem Abendessen zu Hause auf der Couch gesessen. Er hatte seinen Arm um sie gelegt und gesagt: »Wir zwei sind schon ein tolles Team. Ich verkaufe diesen Scheichs teure Immobilien und du schmeißt hier unser ›Familienunternehmen‹.« Sandra hatte nur geseufzt. Er fürchtete, dass sie wieder mit der Sache zu ihrem Studium anfangen würde. Seit Jonas und Lucas in die Schule gingen, hatte sie zwei-, dreimal angedeutet, dass sie ihr praktisches Jahr gern wiederholen würde. Sie wollte doch noch Ärztin werden. Sandra war nun 37 und Lukas fand das albern. Was wollte sie jetzt noch als Ärztin? Eine Anstellung im Krankenhaus oder in einer Praxis kam ohnehin nicht infrage, weil er viel zu oft unterwegs war. Sie musste sich schließlich um die Kinder kümmern. An eine Promotion war gar nicht zu denken, das sagte er ihr auch so. »Das mit dem Abschluss des Studiums ist doch nur so eine Ego-Geschichte«, hatte er gesagt und ihr dann geraten, doch einmal auf das zu sehen, was sie hatte: einen erfolgreichen Ehemann, wunderbare Kinder, ein Haus, keine finanziellen Sorgen. Sandra war plötzlich aufgestanden und hatte das Wohnzimmer verlassen. Für einen Moment verharrte Lukas auf dem Sofa, unsicher, ob er nun hinterherlaufen sollte. Dann beschloss er, die Sache auf sich beruhen zu lassen, und lehnte sich zurück. Als er später ins Schlafzimmer gekommen war, hatte Sandra sich nur zur Seite gedreht und das Licht ausgeknipst.

Wenige Monate später erzählte sie ihm dann von der Sache mit dem Segeltörn auf Sardinien. Eine Woche, nur er und ein paar andere Männer. Lukas war begeistert und deutete die Reise als Versöhnungsgeschenk von Sandra an ihn. Klar, er musste einmal ausspannen. Er arbeitete wirklich zu viel. Es würde ihm guttun. Sonne, Wind und Meer. Dazu ein paar Männer, die sicherlich beruflich ebenso erfolgreich waren wie er. Tagsüber ergeben sie sich dem Kampf gegen die Naturgewalten, würden Wind und Wetter trotzen und abends, wenn das Schiff im Hafen lag, würden sie in kleinen Restaurants Meeresfrüchte oder frischen Fisch essen. Welcher Mann träumte nicht davon? Nur eines hatte ihn stutzig gemacht. Sandras seltsamer Blick, als er ins Taxi stieg, um zum Flughafen zu fahren. Es war eine Mischung aus Erleichterung und Erwartung gewesen. Aber er konnte es nicht recht deuten. Doch davon will er sich diesen Moment nicht verderben lassen.

Der General

»Ist es für Sie auch das erste Mal?«, hört er plötzlich eine Stimme von rechts und dreht sich um. Neben ihm steht der große, kräftig gebaute Mann mit kantigen Gesichtszügen. Er ist Lukas schon vorhin am Flughafen aufgefallen. Es ist der Hüne mit den kurz rasierten Haaren. Er hält den Blick fest auf die Schiffe vor ihnen gerichtet. Der Mann wirkt auf Lukas, als sei er Bodybuilder oder zumindest ein Handwerker, der körperlich schwer arbeiten muss.

»Ja, das erste Mal«, antwortet Lukas vorsichtig.

»Ebenso«, sagt der Mann, immer noch ohne Lukas anzusehen.

»Alles klar«, sagt Lukas und beginnt sich über das Verhalten des Mannes zu wundern. Dann plötzlich dreht dieser sich abrupt um und reicht Lukas die Hand: »Ich heiße Gerber!«

»Lukas Baumann«, sagt Lukas und ergreift die Hand des Mannes. Ein kräftiger Händedruck, wie er bemerkt.

»Sind Sie schon einmal gesegelt?«, fragt Gerber und Lukas muss lachen.

»Nein, noch nie. Meine Frau sagt nur manchmal spöttisch, dass das einzige Gewässer, auf dem ich je zur See gefahren bin, die Erfolgswelle ist.«

Gerber verzieht keine Miene.

»Was machen Sie beruflich?«, fragt Gerber mit trockenem Tonfall.

»Immobilien«, antwortet Lukas und wendet seinen Blick wieder auf das Wasser. Gerber nickt und Lukas meint, etwas wie ein geflüstertes »gut« zu hören.

»Und Sie?«, fragt Lukas und wendet sich Gerber wieder zu.

»Bin bei der Armee«, sagt Gerber. Passt, denkt sich Lukas und nickt.

»General der Luftwaffe«, schiebt Gerber so teilnahmslos hinterher, als hätte er gerade gesagt: »Leutnant der Versorgung.«

»General?«, fragt Lukas ungläubig. Gerber nickt. Lukas saugt die Luft hörbar ein. »Das muss … hart sein?«, sagt er vorsichtig. Man hört, dass Lukas sich nicht sicher ist, ob er es als Frage oder Feststellung gemeint hat. Gerber reagiert zunächst nicht, und gerade als Lukas sich wieder abwendet, sagt Gerber plötzlich: »Sehr einsam!«

Lukas weiß nicht, was er sagen soll, und ist deshalb dankbar, als Gerber plötzlich sagt: »Das sind schon sehr schöne Schiffe.«

Lukas nickt.

»Sehen Sie das längliche dort drüben? Schnittig, schmal – ich weiß nicht, ich finde, all diese Schiffe scheinen eine Persönlichkeit zu haben.«

Lukas ist überrascht ob dieser Einschätzung dieses Mannes, der bis eben überhaupt keine emotionale Reaktion gezeigt hat.

»Nehmen Sie die große Motorjacht dort drüben. Die protzt in jeder Hinsicht. Alles glänzt, viel Chrom, ist irgendwie zu groß. Sie scheint fast zu sagen: Seht mich an, ich bin die größte im Hafen!«

Lukas nickt. Sein Blick fällt auf eines der großen Boote vor ihnen.

»Mir gefällt das dort«, sagt er und ist auf die Antwort des Generals gespannt.

»Ein Jollenkreuzer«, sagt der General und nickt anerkennend. »Schön, schnittig, sportlich, pflügt durch das Wasser und hat dennoch einen Anschein von Luxus – passt zu Ihnen.«

Lukas ist über den letzten Satz irritiert. Was meint der General mit: »passt zu Ihnen?«.

Aber für einen Moment überlegt er. Es stimmt. Ihm gefällt das sportliche, edle Design der Jacht. Der lang gestreckte, kantige Rumpf in Verbindung mit den edlen Hölzern, die an Deck verbaut sind. Es verleiht dem Schiff das Aussehen eines ehrgeizigen Siegertypen, der es dennoch versteht zu genießen. Genau wie er.

»Welches Schiff ist Ihr Typ?«, fragt Lukas und lässt den Blick schweifen.

»Das gibt es hier nicht«, seufzt der General.

»Und was wäre es?«, fragt Lukas neugierig.

»Ein Flugzeugträger«, sagt der General, ohne zu zögern.

Passt zu einem General, denkt Lukas, aber es wundert ihn auch. Sicher, ein Flugzeugträger verkörpert Stärke, Macht und Dominanz – aber ist das wirklich das, wovon man träumt, wenn man in einem Jachthafen steht?

»Warum ein Flugzeugträger?«, fragt Lukas deshalb.

»Es ist das größte militärische Schiff, das es gibt. Gleichzeitig ist es die größte nicht atomare Waffe, die je von Menschen gebaut wurde. Es gibt nur 31 Flugzeugträger weltweit. Wenn ein Flugzeugträger in einer Region auftaucht, dann wissen die Länder rundherum, dass es ernst wird.«

»Bedrohlich«, sagt Lukas, ohne den Blick vom Hafenbecken zu wenden.

Doch Gerber fährt fort: »Auf einem Flugzeugträger arbeiten bis zu 6300 Menschen, die sich um bis zu 85 Flugzeuge kümmern. Es gibt nichts Dominanteres auf See als einen Flugzeugträger. Es ist eine Angriffswaffe, aggressiv und schlagkräftig. Zudem ist er eine Basis. Flugzeuge landen und starten auf ihm, machen sich auf, um ihre Missionen zu erfüllen, und kommen zurück. Der Flugzeugträger muss dabei ruhig und sicher im Meer liegen und muss den Flugzeugen helfen, sicher zu starten und zu landen. 24 Stunden, sieben Tage lang. Ein Flugzeugträger schläft nie, immer wird auf ihm gearbeitet.«

»Sie meinen also, dass Sie diese Macht verkörpern?«, fragt Lukas vorsichtig.

»Macht und Verantwortung«, antwortet Gerber. »Sehen Sie, die Verfügungsgewalt über alles, was auf einem Flugzeugträger passiert, liegt am Ende auf den Schultern eines Menschen. Dieser Mensch muss die Entscheidungen treffen. Im Einsatz trägt er die Verantwortung für das Leben der Schiffsbesatzung und der Piloten. Ein Mensch, der auf der Brücke eines gigantischen Schiffes, fernab der Heimat, steht und diese Streitmacht allein befehligt. Können Sie sich das vorstellen?«

Lukas schweigt. Das kann er sich nicht vorstellen.

Gerber seufzt: »Ich fühle mich oft genauso. Deshalb denke ich, dass der Flugzeugträger zu mir passt. Auf der einen Seite die Macht zu entscheiden, auf der anderen Seite eine riesige Last, eine schier unvorstellbare Verantwortung und große Erwartungen, die man zu erfüllen hat – und niemanden, der einem etwas abnehmen kann.«

Lukas nickt.

Wasser. Wie unterschiedlich sind doch ihre beiden Lebenssituationen. Dort die schnittige, sportliche Jacht, die Ehrgeiz, Erfolg und Luxus verkörpert. Dort der Flugzeugträger, der für Dominanz, Aggressivität, aber auch für ein übermenschliches Maß an Verantwortung steht. Und doch stehen sie beide hier gemeinsam. Neugierig auf das, was sie die nächsten Tage zusammen erleben werden.

ÜBUNG 1: WELCHES SCHIFF BIST DU?

Vielleicht haben auch Sie sich beim Lesen der Geschichte schon gefragt, was Sie in der Situation gesagt hätten? Auf welches Schiff hätten Sie gezeigt? Vielleicht erscheint es Ihnen abstrakt, sich mit einem Schiff zu vergleichen, aber in meiner jahrelangen Arbeit habe ich gemerkt, dass die meisten Menschen sich sehr gut in dieses Bild hineinfühlen können. Dabei ist es nicht wichtig, genau zu wissen, wie die einzelnen Schiffstypen heißen, wie groß sie sind oder wozu sie eingesetzt werden. Nehmen Sie sich einfach ein paar Minuten Zeit. Überlegen Sie, welches Bild vor Ihrem geistigen Auge erscheint, wenn Sie an ein Schiff denken. Überlegen Sie, welche Eigenschaften zu Ihnen passen. Denken Sie dabei sowohl an die positiven als auch an die negativen Eigenschaften, die Ihnen einfallen. Um Ihnen die Überlegung ein wenig zu erleichtern, habe ich ein paar Schiffstypen aufgeführt und sie mit Attributen versehen. Diese dienen nur als Anregung. Fühlen Sie sich dadurch also nicht eingeschränkt, wenn von den Beispielen nichts zu passen scheint. Nehmen Sie sich hierfür bitte ein paar Minuten Zeit. Betrachten Sie alle Bereiche Ihres Lebens.

Welches Bild schafft es am besten, Ihre Lebenssituation, ob privat oder beruflich, widerzuspiegeln?

Ein Optimist: Ein kleines Schulungssegelboot. Verspielt, einfach zu lenken. Für stille Gewässer geeignet.
Positiv: Ein Anfänger, verspielt, sorglos, einfach.
Negativ: Traut sich nicht aus der bekannten Umgebung heraus, besitzt wenig Lebenserfahrung, kentert leicht.

Ein Ruderboot: Einfach, unkompliziert, aber mit begrenzter Reichweite, anstrengend zu bewegen.
Positiv: Es geht gemütlich voran, im kleinen Maßstab. Sie genießen die Umgebung und das Schöne im Leben. Sie mögen es einfach und »handgemacht«.
Negativ: Sie mühen sich ab, Sie sitzen allein in Ihrem Boot. Niemand ist da, der Sie beim Rudern einmal ablöst.

Ein Frachtkahn: Langsam, schwerfällig, bewegt sich auf festgelegten Fahrrinnen.
Positiv: Sie sorgen dafür, dass andere versorgt werden. Sie sind zuverlässig, nicht zu schnell und nicht zu langsam. Sie bewegen sich auf ruhigen Gewässern, erfüllen Ihre Pflicht.
Negativ: Sie tragen die Ihnen auferlegten Lasten, beklagen sich nicht.

Ein Containerschiff: Stark, mächtig, eindrucksvoll, dominant, schwer beladen.
Positiv: Sie schaffen viel, leisten mehr als andere. Sie gehören zu den Größten Ihres Fachs. Sie sind weltgewandt.
Negativ: Sie tragen die Lasten anderer, sind überladen, schwerfällig. Durch Ihr Opfer verhelfen Sie anderen zum Wohlstand. Wenn Sie ausfallen, bedeutet das eine Katastrophe für Ihr Umfeld.

Eine Fähre: Bewegt sich verlässlich von A nach B, verlässt kaum die bekannten Routen.

Positiv: Sie haben Ihren Standort gefunden. Leben ein ruhiges Leben. Verlässlichkeit und routiniertes Handeln gehören zu Ihren Stärken.

Negativ: Sie kommen nicht wirklich weiter, pendeln zwischen zwei Punkten im Leben, kommen nicht dazu, Ihre gewohnte Umgebung zu verlassen.

Eine Luxusjacht: Glänzend, schön, teuer, steht für Erfolg und Genuss.

Positiv: Sie werden bewundert, sind etwas Besonderes. Sie stehen für das Teure und Edle. Repräsentieren einen gewissen Luxus. Sie umgeben sich mit Luxus, Marken, Symbolen von Macht und Wohlstand. Sie sind stark und erfolgreich.

Negativ: Sie stehen unter einem erheblichen Druck, Ihren Lebensstandard zu halten, sind zum Erfolg gezwungen. Sie müssen hohe Ansprüche erfüllen. Sie haben Angst davor, die Erwartungen nicht zu meistern oder überholt zu werden.

Ein Kreuzfahrtschiff: Verkörpert einen Traum vieler Menschen, steht für Erholung und Genuss.

Positiv: Sie sind weltgewandt, lieben die schönen Dinge und gehen das Leben eher entspannt an. Sie haben viel erreicht, haben Sicherheiten geschaffen.

Negativ: Ihnen fehlt oft die Tiefe im Leben. Sie fühlen sich nicht selten einsam. Sie haben Angst davor, das Erreichte doch noch zu verlieren. Sie haben Angst vor der Frage, wer Sie sind, wenn Sie das Erreichte nicht mehr haben.

Ein U-Boot: Fährt knapp unter der Wasseroberfläche, wird kaum wahrgenommen, kann sich bei Gefahr verstecken und greift nicht direkt an.

Positiv: Sie besitzen besondere Fähigkeiten, sind bei Ihren Unternehmungen sehr erfolgreich. Sie handeln schlagkräftig.

Negativ: Sie versuchen, nicht aufzufallen, und greifen nur aus der Deckung an. Sie versuchen, unsichtbar zu bleiben, und zeigen Ihre wahren Absichten nicht gern.

Ein Flugzeugträger: Stark, mächtig, dominant, aggressiv, trägt viel Verantwortung.

Positiv: Sie sind dominant, können viel ertragen, haben viel Durchlauf und Verantwortung. Sie sind es gewohnt, mit viel Macht umzugehen.

Negativ: Sie müssen viel ertragen, es werden höchste Ansprüche an Sie gestellt. Ihnen schlägt viel Ablehnung und Kritik entgegen. Sie fühlen sich mit großen Entscheidungen alleingelassen.

Ein Eisbrecher: Stark, geht dorthin, wo sonst keiner hinkommt, bricht sich seinen Weg frei.

Positiv: Sie trauen sich zu, Neuland zu erobern, Schwierigkeiten zu überwinden, Sie sind durchsetzungsstark und ausdauernd.

Negativ: Sie sind meist allein, agieren in einem Umfeld, das andere ablehnen. Sie stellen sich Problemen nicht durch Diskussion, sondern versuchen, Probleme kraft Ihrer Präsenz und Dominanz aus dem Weg zu räumen.

Ein anderes Schiff?

Wenn Sie Ihren Schiffstypen bestimmt haben, machen Sie sich bitte auch Gedanken zu folgenden Fragen:

ÜBUNG 2: RUND UMS SCHIFF

1. Welche Rolle würde ich auf dem Schiff verkörpern? Kapitän, Offizier, Mechaniker, Passagier oder eine ganz andere Rolle?

2. Wer ist mit mir an Bord? Ist es eine große Mannschaft, eine kleine Crew oder sind Sie allein auf Ihrem Schiff?

3. In welchem Verhältnis stehen die anderen Mitfahrer zu mir? Sind es Untergebene, Passagiere oder Führungskräfte über mir? Team oder Konkurrenz? Bedrohung oder Ergänzung?

4. Auf welchem Gewässer sind Sie unterwegs? (Z. B. offenes Meer, See, Fluss, Schleuse oder Trockendock?)

5. Auf welchem Kurs fährt Ihr Schiff? Haben Sie ein Ziel vor Augen? Welches Ziel ist das?

6. Wie ist die Großwetterlage? Sturm, Flaute oder guter Wind?

7. Was wird Ihnen selbst durch diese Metapher von »Ihrem« Schiff bewusst?

Halten Sie noch einen Moment inne. Entsprechen die Beschreibungen dem Bild, das Sie von sich haben? Fühlen Sie sich in Ihrer Lebenssituation gut beschrieben? Wenn ja – sehr gut. Behalten Sie dieses Bild im Hinterkopf und machen Sie sich dabei bitte bewusst, dass Schiffe umgebaut, Gewässer verändert und Kurse neu bestimmt werden können.

Identität

Das zweite Kapitel haben wir mit der Frage begonnen: »Wer bist du?« – nicht ohne Grund, denn unsere Identität ist das Grundgerüst, auf das wir uns in unserem Leben stützen. Die Identität ist das Fundament unseres Lebens. Doch nicht nur wir beeinflussen unsere Identität. Und was noch viel bedeutsamer ist: Unsere Identität kann verändert werden!

An diesem Punkt spiele ich den Männern in meinen Seminaren gern einen Filmausschnitt aus »Les Misérables« vor. Darin geht es um den ehemaligen Strafgefangenen Jean Valjean. 19 Jahre musste er in einem sogenannten Banjo, einem Zuchthaus, zubringen. Und das nur, weil er ein Brot gestohlen hatte und danach mehrfach versuchte auszubrechen. Innerlich verhärtet, kommt er frei und versucht ein neues Leben zu beginnen. Da trifft er auf den Bischof von Digne, einen gütigen Seelsorger, der ihm etwas zu essen und eine Stelle zum Schlafen anbietet. Zuvor hatte Jean den Bischof gewarnt und ihm seinen Pass gezeigt, in dem stand: Der Träger dieses Passes ist sehr gefährlich. Er selbst glaubt, was auf seinem Pass steht, und er verhält sich entsprechend. Obwohl er dem Bischof versprochen hat, sich zu bessern, wandelt er weiterhin in der Identität, die die Gesellschaft ihm gegeben hat, und bleibt ein Dieb. Anstatt also dem Bischof für seine Aufnahme zu danken, bestiehlt Valjean den Bischof und flüchtet aus der Unterkunft. Weit kommt er jedoch nicht. Schon bald nach seiner Flucht wird er von der Gendarmerie aufgegriffen. Die Polizisten meinen, er hätte die wertvollen Dinge in seiner Tasche gestohlen, und bringen ihn zurück zum Bischof. Seine Strafe erwartend, fügt sich Valjean. Doch was dann passiert, wird Valjeans Leben für immer verändern. Anstatt ihn der Gendarmerie zu überlassen, sagt der Bischof, dass er Valjean die Dinge geschenkt hätte, und legt noch nach, indem er Valjean fragt: »Warum haben Sie die wertvollen Leuchter nicht auch mitgenommen?« Valjean traut seinen Ohren nicht.

Als die Gendarmerie gegangen ist, erinnert der Bischof Jean an sein Versprechen, ein neuer Mensch zu werden, und begegnet ihm mit der überwältigenden Gnade Gottes. Dieses Erlebnis hat eine solche Wirkung auf den ehemaligen Sträfling, dass er fortan ein neues Leben führt. Er erreicht in den folgenden Jahren einen bescheidenen Wohlstand und wird ein respektierter Bürger, der es schließlich zum erfolgreichen Fabrikanten und Bürgermeister der kleinen Gemeinde Montreuil bringt. Wie gefestigt Jean in seiner neuen Identität lebt, zeigt eine spätere Szene, in der eine Prostituierte angegriffen wird. Sich seines neuen Lebens gänzlich bewusst, stellt sich Jean schützend vor die Prostituierte und widersteht in voller Autorität seinem Widersacher. Stark und bestimmt weist er diesen in seine Grenzen. Eine mächtige Szene, die zeigt, wie ein Mann in seiner gottgegebenen Autorität läuft und diese für andere Menschen einsetzt.

Diese Geschichte aus einem Roman von Victor Hugo zeigt, wie sehr andere Menschen, neue Lebensumstände und unsere Entscheidungen unsere Identität beeinflussen können. Wie leicht wäre es für den Bischof gewesen, Valjean anzuzeigen. Dieser wäre wieder für viele Jahre ins Gefängnis gewandert und hätte weiterhin das Leben eines Sträflings geführt. Er wäre in seiner Identität geblieben. Doch mit seiner Sicht der Dinge, dass auch Valjean im Grunde ein anständiger Mensch sein könne, hat der Bischof das Leben des Kriminellen in neue Bahnen gelenkt. Er hat ihm dadurch zu einer neuen Identität verholfen, so als hätte der Strafgefangene Valjean einen neuen Pass bekommen, in dem nichts von seinen bisherigen Taten stehen würde. Ein schönes Bild: der neue Pass, der uns eine neue Identität verleiht. Überlegen Sie doch einmal für einen Moment, was in Ihren Pass geschrieben wurde. Macher oder Gemachter? Gestalter oder Opfer? Gewinner oder Verlierer? Worauf ist Ihre Identität gegründet? Oft sind es Autoritätspersonen gewesen, die etwas in unseren Pass geschrieben haben. Eltern, Lehrer, der Chef – oder auch die Ehefrau. Nun stellt sich die Frage: Wer hat eigentlich das Recht dazu, Aussagen über Ihre Identität in Ihren Pass zu schreiben? Wem geben Sie diese Autorität? Wäre es nicht angemessen, dass dies nur Ihr Schöpfer tun darf? Er hat sein Urteil über Ihr Leben gefällt.

Und das heißt: »Sehr gut!«

Worüber definieren Sie sich?

Stellen Sie sich Folgendes vor: Sie kommen auf ein Fest und beginnen dort ein Gespräch mit einem Menschen, den sie zuvor nicht kannten. Überlegen Sie für einen Moment, was wohl das erste Thema sein wird. In den meisten Fällen geht es zunächst darum, was wir beruflich machen. Das ist es, worüber wir uns definieren.

Vor einigen Jahren warb ein Staubsaugerhersteller mit einem Werbeclip, in dem eine Frau in einem Gespräch mit einem Bankberater angab, sie würde ein »sehr erfolgreiches kleines Familienunternehmen« managen. Das war ihre Definition von »Hausfrau und Mutter«. Sosehr der Spot uns auch zum Schmunzeln brachte, so entlarvend ist er. Er zeigt: Wir definieren uns über unsere Arbeit. Sie steht für das, was wir leisten, und daraus leiten nicht wenige Menschen ihre Identität ab. Man sagt meistens nicht »Ich arbeite als Berater in einer Agentur«, sondern »Ich bin Berater in einer Agentur«. Wir sagen nicht »Ich arbeite als Schreiner«, sondern »Ich bin Schreiner«.

In diesem Kapitel geht es darum, wer wir wirklich, sind. Nicht was wir tun. Denn bestimmt unser Beruf wirklich, wer wir sind? Bei längerem Überlegen würden die meisten Menschen das wahrscheinlich verneinen. Zu viele andere Einflüsse wirken auf unsere Persönlichkeit. Unsere Kindheit, Erfahrungen und Familie, Freunde und Partner prägen uns mindestens so sehr wie unsere Arbeit.

Die gute Nachricht ist: Jeder Mensch hat die Möglichkeit, sein Leben aktiv zu gestalten und dadurch seine Identität zu entwickeln und positiv zu beeinflussen. Dies kann in kleinen Nuancen geschehen oder sogar in wesentlichen Aspekten. Auf jeden Fall beginnt dies im Kopf. Es wird einen sehr positiven Einfluss auf das weitere Leben haben, wenn nicht mehr andere Menschen oder Umstände für die Dinge verantwortlich gemacht werden, die in unserem Leben geschehen. Aus diesem Grund heißen unsere Segeltörns: »Männer in Verantwortung«.

Jeder Mensch hat die Möglichkeit, sein Leben aktiv zu gestalten und dadurch seine Identität zu entwickeln und positiv zu beeinflussen.

3.
MEINE GESCHICHTE

Der Skipper stellt sich vor

Es ist der erste Abend an Bord unserer Jacht, die noch im Hafen von Portisco/Sardinien liegt. Über uns erstreckt sich der schwarzblaue Nachthimmel. Abermillionen Sterne funkeln in der Dunkelheit. Auch wir sind Teil eines Lichtermeeres aus Kerzen und Bordlichtern, die an unserer und den umliegenden Jachten leuchten. Von den Restaurants am Hafen klingt leise Musik zu uns herüber. Nachdem wir gekocht und gegessen haben, sitzen wir in großer Runde auf dem Achterdeck zusammen. Die Atmosphäre ist freundlich, aber abwartend. Während die Männer es sich gemütlich machen, sitzt Lukas am Heck und übt Knoten. Es fällt ihm nicht leicht. An diesem Abend geht es darum, dass wir uns kennenlernen. Zu diesem Zweck ermuntere ich die Männer, sich gegenseitig vorzustellen. Ich stelle ihnen zwei Fragen: »Wenn du dich als Schiff beschreiben solltest, welches würdest du wählen?« Die zweite Frage lautet einfach: »Wer bist du?«

Ich als Skipper mache dabei den Anfang. Auf diese Weise möchte ich mit Offenheit vorangehen und den Männern die Angst davor nehmen, sich in einer Tiefe und Ehrlichkeit in der Runde vorzustellen, wie sie es sonst vielleicht nicht tun würden. Zudem kann ich so verdeutlichen, dass es nicht in erster Linie um das beruflich oder finanziell Erreichte geht. Dieser Hinweis ist nicht unwichtig. Viele der Männer an Bord stehen beruflich in Führungspositionen oder definieren sich stark über das, was sie im Leben erreicht haben. Auch mir ist das nicht fremd. Während dieser Vorstellungsrunden bin ich jedes Mal erstaunt und erfreut darüber, wie ehrlich die Männer beginnen, aus ihrem Leben zu berichten.

Ich selbst bin in wohlhabenden Verhältnissen aufgewachsen, in denen die Arbeit immer im Mittelpunkt stand. Mein Vater wuchs in einem kleinen Dorf in Schleswig-Holstein auf. Er lernte zunächst Maurer und hat nebenbei an der Abendschule sein Fachabitur nachgeholt. So konnte er Hoch- und Tiefbau studieren und wurde ein erfolgreicher Architekt. Meine Mutter ist in Königsberg geboren und ihre Eltern hatten in der Nähe einen großen Hof. Sie gehörten zu den wohlhabenden Landwirten der Region. Dann, gegen Ende des Krieges, folgte die Flucht. Für meine Mutter war dies ein traumatisches Erlebnis, geprägt von Schmerz, großen Ängsten und Hunger über viele Jahre hinweg. Am Ende standen der Neuanfang in Eutin unter schwersten Bedingungen und eine Kindheit und Jugend in Armut und Demütigung. Dass meine Mutter diese Zeit dennoch gut überstand, lag an dem tiefen Glauben in ihrer Familie, der sie all die Zeit trug. Diesen Glauben hat sie schon früh in die Herzen von mir und meiner zwei Jahre jüngeren Schwester hineingelegt. Er sollte allerdings schwer geprüft werden.

Mein Kind soll aufs Gymnasium

Schon früh lag ein großer Erwartungsdruck auf meinen Schultern, dem ich nicht gerecht werden konnte. Meine Schulzeit war eine Zeit voller Entmutigungen, Demütigungen und Scheitern. Trotz intensiver Nachhilfe versagte ich und schaffte es nicht, den Erwartungen meiner Eltern zu entsprechen. Der Weg zur Schule fühlte sich täglich an wie der Weg zum Richtplatz. Dunkelheit und Verzweiflung kamen in mein Leben. Ein Leben, das ich so nicht mehr führen wollte. Das Scheitern auf dem Gymnasium war abzusehen und so wechselte ich auf die Realschule. Hier konnte ich wesentlich besser dem Unterricht folgen, wurde aber auch mit einem gänzlich anderen Umgangston konfrontiert. Zudem bestanden die Pausen aus vielen Prügeleien. Der Schulwechsel allein war noch keine Lösung für meine Probleme. Ich bekam starke Akne und in der Folge sank mein Selbstwertgefühl in den Keller, da Mädchen ein großes Thema in meinem Leben waren. Zudem erfüllte mich eine große Zukunftsangst.

Die Frau meines Lebens

Fachgymnasium Lübeck: Gefühlte 600 Mädchen und nur 20 Jungen. Ich war im Paradies. Und dann sah ich sie. Sie war in meiner Klasse. Kirstin. Ich war völlig fasziniert von dieser Frau und in den Bann gezogen. Sie war so cool, wirkte so abgeklärt, sie wusste genau, was sie wollte. Sie hatte scheinbar all das, wonach ich mich sehnte. Und noch etwas wusste ich: Sie war zehn Nummern zu groß für mich. Ich hatte bisher viel Erfahrung und Erfolg auf diesem Gebiet – aber diese Frau – Wahnsinn. Ich wollte sie und keine andere. Doch es gab zwei Probleme: Sie hatte einen Freund, ich hatte eine Freundin. Dennoch gab ich nicht auf, denn sie ging mir nicht mehr aus dem Kopf. Tag und Nacht konnte ich nur an sie denken. Sie gehörte zu den »Kiffern« am Schulhof, und genau da lag meine Chance – wie ich meinte. Also fing ich auch mit dem Kiffen an. Von heute auf morgen gehörte ich zu den ganz coolen Jungs. Schule war überhaupt nicht mein Ding.

Ich schwänzte mit Kirstin tage- und wochenlang die Schule, saß in Cafés oder bei Ärzten, um mir Atteste für mein Fehlen in der Schule zu besorgen. Mein Leben fand nun nachts statt. Den Kragen der Lederjacke hochgeschlagen, Zigarette zwischen den Lippen, Musik auf voller Lautstärke, den Zündschlüssel gedreht und rauf auf die Autobahn. Rein in die Nacht. Wohin? Keine Ahnung. Ich wollte nur weg. Einfach weg.

In dieser Zeit lernten Kirstin und ich uns besser kennen und lieben. Ich war unsterblich verliebt. Das hatte ich noch nicht erlebt. Es folgten viele tiefe Gespräche und immer wieder Tränen bei Kirstin, die ich überhaupt nicht deuten konnte. Doch jede Trauer wurde von uns mit Drogen bekämpft. Wir betäubten all das, was da unter unserer coolen Oberfläche brodelte. Und der Weg, den ich eingeschlagen hatte, war hier noch nicht zu Ende. Aus Schuleschwänzen und Drogen wurde nun Ernst. Ich zog nachts los und knackte Autos auf. Es ging um die Radios. Es ging lange gut, doch dann tauchte plötzlich die Kriminalpolizei auf. Ich war gerade dabei, eines der geklauten Radios in mein erstes eigenes Auto zu bauen, als ich die Beamten bemerkte. Sie wollten das Radio mitnehmen. Alles klar, kein Problem. Kaum waren die Beamten gegangen, habe ich die heiße Ware im Wald versteckt. Dann eilte ich nach Hause.

Wir wissen, was du getan hast

Doch auf das, was mich dort erwartete, war ich nicht gefasst. Meine Eltern saßen in der Eingangshalle auf dem Boden. Beide weinten. Ich hatte meinen Vater noch nie weinen sehen. Mein Vater stand auf und kam auf mich zu. Bevor ich etwas sagen konnte, sagte er: »Dirk, wir wissen, was du getan hast. Die Kripo war hier. Es gab eine Hausdurchsuchung, das volle Programm!« Mir war es, als würde mir der Boden unter den Füßen weggezogen. Erst jetzt begriff ich, wie ernst die Lage war. Es gab nichts mehr zu vertuschen. Ich hatte das Vertrauen meiner Eltern missbraucht, die Freiheiten, die sie mir großzügig gewährten, ausgenutzt. Ich erwartete alles: Vorwürfe, einen handfesten Streit, einen Rauswurf – nur das nicht, was dann geschah. Mein Vater kam auf mich zu, nahm mich in den Arm und sagte: »Dirk, es bricht mir das Herz, zu hören, was du getan hast. Aber du bist unser Sohn und wir gehen da mit dir durch. Koste es, was es wolle!«

Das Verhör bei der Polizei war hart. Es wurde Druck gemacht. Doch mein Vater ging dazwischen – zu Recht – und kämpfte um mich wie ein Löwe. Mein Vater musste zusehen, wie ich polizeilich erfasst wurde und man meine Fingerabdrücke nahm. Er war dabei, als Fotos von mir mit Nummer vor der Brust gemacht wurden. Ich war ein Krimineller. Was für eine Wendung in meinem Leben.

Lange hatten meine Eltern auf ihr erstes Kind warten müssen. Dann endlich kam es zur Schwangerschaft und zur Geburt eines gesunden Jungen. Die Freude meiner Eltern war übergroß! Ich war der sehnlichst erwartete und heiß geliebte Sohn. Und nun war dieser Sohn straffällig geworden. Die folgenden Wochen waren schwer für meine Eltern. Es wurde getratscht, sie wurden geschnitten und mein Vater musste sich allerlei Vorwürfe anhören. Man tuschelte hinter seinem Rücken: »Ja, ja, gerade die Kinder der Reichen haben es nötig, zu stehlen.« Es war mir eine Lehre – zumindest was meine kriminellen Machenschaften betraf.

Der Christ

Er sah seltsam aus mit seiner Brille und dem langen Mantel. Und dann organisierte er noch Abendveranstaltungen zum Thema »Gott und Glaube«. Peinlicher ging es kaum und wir ließen ihn das spüren.

Auch wenn wir keine Autos mehr knackten – wir waren immer noch die Coolen, die Anführer, diejenigen, die wussten, wie der Hase läuft. Und nun kam da so ein Betbruder und dachte, er könnte uns was erzählen. Das konnte er dann aber doch. Allerdings nicht zu seinem Glauben. Er gehörte zu den hochgebildeten, den schulischen Überfliegern und ich war gemeinsam mit Kirstin gerade sitzen geblieben, da wir zu viel schwänzten. Nun hatte man uns in verschiedene Klassen gesetzt, damit wir einander nicht mehr so stark ablenken konnten. Doch auch das blieb ohne Erfolg. Der Christ suchte eine Unterkunft und meine Eltern gaben sehr viel Geld für Nachhilfe aus. Also schlossen wir eine Vereinbarung: Er durfte umsonst bei mir wohnen und gab mir im Gegenzug Nachhilfe. Ich hatte ja keine Ahnung, wen ich mir da ins Haus holte.

Er sprach oft von seinem Glauben und Gott. Ich hingegen kannte nur eine Mission: Drogen für alle. Ich war erfolgreicher Drogenmissionar, denn hierfür war ich Feuer und Flamme. Also entwickelte ich einen gewissen Ehrgeiz, auch ihn auf den Trip zu bringen. Aber ich scheiterte. Offen ließ er mich wissen, dass er kein Interesse habe. Er hätte etwas Besseres. Ich konnte es nicht glauben. Er blieb ein Rätsel für mich. Mir war aufgefallen, dass er abends häufig von anderen Leuten abgeholt wurde. Später brachten sie ihn wieder zurück. Sehr geheimnisvoll. Was machte er da? Irgendwann erfuhr ich, dass man das »Kleingruppe« nennt. Ich begann, mich auf ihn einzulassen und mit ihm zu reden. Er hatte gute Antworten auf viele Fragen, die mich umtrieben. Dann begann er, Kirstin und mich zu seinen Eltern einzuladen, die in Lübeck lebten. Ein großes, vornehmes Altstadthaus, sehr elegant. Jeder war herzlich willkommen. Freundlich wurden wir gebeten, unsere Joints doch bitte vor der Haustür auszudrücken. Hier traf ich auf andere Christen und war von ihrer Freundlichkeit und Offenheit beeindruckt.

Das Gebet

Einige Zeit später zog der Christ wieder bei mir aus, doch wir trafen uns wieder, um für eine Chemie-Klausur zu lernen. Er sah, wie es mir ging, und fragte unverhofft, ob er einmal für mich beten dürfe. Lässig und cool, wie ich war, sagte ich nur: »Klar.« Es war ein einfaches Gebet, aber es erreichte das scheinbar Unmögliche: Es öffnete mir die Augen. Mir wurde bewusst: Es gibt einen Gott und es ist höchste Zeit für mich, zu ihm zurückzukehren. Diese Erkenntnis berührte mich auf eine solch intensive Weise, dass ich Minuten danach nicht sprechen konnte.

Bald darauf lud er Kirstin und mich auf eine Tagung des Marburger Kreises ein. Hier erklärte man Menschen, die mit dem Glauben bisher nichts am Hut hatten, den christlichen Glauben ganz praktisch. Ich fühlte mich sofort angesprochen. Ich wollte diesen Weg gehen. Doch dann kam die Stimme des Zweifels: Konnte es wirklich so einfach sein? Ich musste mich nur für Gott entscheiden, um ein neues Leben zu führen? – Ich konnte mir nicht vorstellen, dass Gott jemanden wie mich annehmen würde. Es gab schließlich genug Menschen, die weit besser waren als ich. Warum sollte Gott sich wünschen, dass ein kiffender Autoknacker, der bisher nichts Vernünftiges getan hatte, zu ihm kam? Doch ich durfte etwas erleben, was mich bis heute tief beeindruckt hat: Auch Menschen ohne Beziehung zu Gott können Gottes Stimme hören. Und Gott sprach zu mir in genau diesem Moment. Er fragte mich: »Damals, als du die Autos geknackt hast, als du es richtig vermasselt hattest – wie hat dein Vater reagiert? Er hat dich nicht rausgeschmissen, er hat sich nicht von dir abgewendet. Er hat dich in den Arm genommen und zu dir gestanden! Er hat dich angenommen und nicht verworfen. Sollte ich, dein himmlischer Vater, dich dann nicht auch annehmen? Sollte ich mich nicht mindestens ebenso freuen, wenn du dich entscheidest, zu mir zurückzukommen?«

Nun lag ein neuer Weg vor mir. Noch auf der Tagung übergab ich Gott mein Leben. Meine damalige Freundin und heutige Frau Kirstin tat es mir gleich. Es war der Beginn meines neuen Lebens. Eines Lebens, das mich auf ganz andere Wege führen würde, hin zu Zielen, die mir damals unerreichbar schienen. Der Moment, als ich mein Leben Gott übergab, war nur der erste Schritt. Aber ein wichtiger Schritt. Nun veränderte sich sehr viel in meinem Leben. Zuerst überlegten wir noch: Gehen wir donnerstags kiffen oder in den Hauskreis? Die Folge: Wir gingen bekifft in den Hauskreis. Schnell merkten wir jedoch, dass das nicht der richtige Weg sein konnte. Also beendete ich Freundschaften, die mir schadeten, hörte mit den Drogen auf, und da ich durch LSD musiksüchtig war – ich konnte durch die Drogen Musik dreidimensional wahrnehmen –, hörte ich für sechs Monate auf, überhaupt Musik zu hören. Ich lernte immer mehr Christen kennen, die mich mit ihrer liebevollen und authentischen Art beeindruckten. Von ihnen lernte ich enorm viel für meinen neuen Weg. Wir erlebten einen freundlichen und wohlwollenden Gott, der ein großes Interesse an unserem Leben hat und zu dem wir eine lebendige Beziehung aufbauen konnten. So gelang es uns recht schnell, unser Leben komplett auf neue, tragfähige Fundamente zu bauen.

Unser neues Leben

1989 heirateten Kirstin und ich. Da waren wir gerade 22 Jahre alt. Kirstin studierte Architektur und ich arbeitete im Rettungsdienst. Wir standen noch ganz am Anfang, wussten aber, dass wir im Glauben wachsen wollten. Deshalb entschieden wir uns für ein christliches Trainingszentrum von »Jugend in einer Mission« in der Schweiz. In dieser Zeit erlebten wir intensive Auslandseinsätze auf den Philippinen und in Albanien. Hierbei lernten wir viele junge Christen kennen und erlebten enorm viel mit Gott, dass wir uns fragten, ob eine Ausbildung in diesem Bereich für uns das Richtige sein könnte.

Zunächst kehrten wir nach sechs Monaten und nach Beendigung der Schulung zurück nach Deutschland. Nach wenigen Monaten war uns aber klar: Es geht zurück in die Schweiz. 1990 begannen wir dort die Ausbildung zu Schulungsleitern. Wir waren glücklich, aber auch stark herausgefordert. Es folgten zahlreiche Ausbildungszeiten, praktische Einsätze weltweit und viele Gelegenheiten, Teams zu leiten. Es erfüllte uns, Menschen zu fördern, zu ermutigen und herauszufordern. Wir genossen das Leben in der Schweiz, begründeten tiefe Freundschaften, schlugen Wurzeln und wurden durch die Geburt unserer beiden Söhne Marvin und Micha zur Familie. Nach zehn Jahren brachen wir unsere Zelte ab und gingen zurück nach Norddeutschland. Dort gründeten wir mithilfe vieler deutscher und Schweizer Mitarbeiter ein christliches Trainingszentrum. Kaum im Norden angekommen, erblickte unsere Tochter Marie das Licht der Welt.

Der Erfolg war umwerfend und der Verein wuchs rasant. In dieser Zeit war ich der glücklichste Mensch auf der Welt. Doch am Horizont zogen bereits dunkle Wolken auf.

Der Leserbrief

Als Elternvertreter engagierte ich mich in dieser Zeit in der Schule unserer Kinder. Auf Initiative des damaligen Schulleiters gründeten wir eine Pfadfinder-AG. Diese sollte den Schülern ein Nachmittagsprogramm bieten. Ich erklärte mich bereit, diese AG zu leiten unter der Voraussetzung, dass ich dabei auch auf meine christlichen Grundlagen und Überzeugungen hinweisen dürfte. Es gab keinen Einwand. Die AG entwickelte sich prächtig und die Kinder erlebten eine tolle

Gemeinschaft. Neben den wöchentlichen Treffen boten wir Freizeiten, Wochenendfahrten und Bautage an. Auch viele Eltern engagierten sich mit Begeisterung. Alles lief bestens – bis zu diesem einen Tag. Ich kam gerade von einem Seminar auf den Philippinen zurück, da sah ich einen Leserbrief in unserer Zeitung. Darin fragte der Verfasser: Wer ist eigentlich dieser Dirk Schröder und was macht er mit den Kindern? Dieser Brief löste eine große Welle aus. Es folgten weitere Briefe und ich musste mich vor der gesamten Lehrerschaft erklären. Der Schulleiter, mit dem ich die AG geplant hatte, lebte nicht mehr und die Schulkonferenz vertrat die Meinung, dass in einer solchen AG keine religiösen Werte vermittelt werden dürften. So wurde ich gezwungen, die AG aufzugeben. Diese plötzlichen Anfeindungen, der Druck und die öffentliche Diskussion blieben nicht folgenlos. Es kam zu einem Kurzschluss in meinem System. In der Folge zog ich mich aus allem zurück. Ich ignorierte Freunde, ging nicht mehr zu Treffen, saß stundenlang allein in meinem Zimmer und vermied jeden Kontakt – ich war nicht mehr ich selbst. Meine Freude am Leben war verschwunden und es wurde sehr dunkel und einsam in mir. Ich legte sämtliche Ämter nieder, ließ mich beurlauben und versank zu Hause in meiner inneren Finsternis. Viele Freunde aus der Schweiz und aus Eutin versuchten zu helfen, gaben Ratschläge, schickten mir Bücher. Doch nichts half. Ich wandelte im »Tal des Todes«, unfähig zu erkennen, wohin ich mich wenden sollte. Ich wandte mich von allen christlichen Aktivitäten ab, ging in keine Gemeinde mehr und hörte auf, in der Bibel zu lesen. Bisher hatte ich immer allen gesagt: »Definiere dich nicht über deine Leistungen und deinen Dienst.« Jetzt war mir genau das genommen und ich wusste nicht mehr, wer ich war. Ich konnte nichts mehr tun, war gelähmt und ohne Orientierung. Das Einzige, was ich noch wusste, war, dass mich selbst im Tal des Todes Gottes Hand noch hält. Diese Zeit war für meine Frau und mein Umfeld sehr herausfordernd. Kirstin hat in dieser Zeit treu an meiner Seite gestanden und hat mich durch das Tal des Todes hindurchgeliebt.

Lebensmuster

Mein Mentor sagte, dass diese Krise zwar herausfordernd für mich sei, er jedoch nicht verstehen könne, weshalb mich dieser eigentlich »kleine« Auslöser so komplett aus der Bahn geworfen hätte. Es war eine Ärztin, die mir half, den ersten Schritt aus der Dunkelheit zu machen. Sie erkannte die Muster in meinem Leben, die mich seit Kindertagen prägten. Dieses Muster spielte sich zwischen meiner Mutter und mir ab. Als Kind hatte ich gelernt, immer das Strahlen in den Augen meiner Mutter zu erzeugen, denn ich war ja der gute Sohn. Dieses habe ich später im Leben perfektioniert – und wurde damit sehr erfolgreich. Bei den Mädchen klappte das wunderbar, doch bei den Lehrern versagte ich. Mit dem Scheitern meines Musters konnte ich nicht umgehen und suchte bei den Drogen einen Ausweg. Als ich zum Glauben fand und dachte, dass ich nun diese Dunkelheit aus Drogen und Kriminalität endlich hinter mir lassen könnte, merkte ich nicht, dass dieses Muster nach wie vor Teil meines Lebens war. Als Leiter von Schulungen für Persönlichkeitsentwicklung und geistliches Wachstum verstand ich es erneut, die Menschen zu begeistern. Viele wollten deshalb in die Schweiz kommen, bei uns Seminare machen. Ich wollte, nein, ich musste sehr gut sein und andere zum Strahlen bringen! Ich erinnere mich daran, wie die Ärztin im Verlauf eines Gesprächs plötzlich fragte: »Herr Schröder, sind wir nicht alle irgendwo ein bisschen mittelmäßig?« Mittelmäßig? Ich?! Meine Abwehrreaktion darauf hätte nicht heftiger ausfallen können. Ich dachte nur: Sie vielleicht – aber ich bin ganz bestimmt nicht mittelmäßig. Durch die folgenden Gespräche wurde mir immer deutlicher, dass ich mich von diesem Muster abhängig gemacht und dadurch Menschen die Macht gegeben hatte, Einfluss auf meinen Wert und auf meine Identität zu nehmen. Dadurch war es dem Leserbriefschreiber gelungen, mich so in meinen Grundfesten zu erschüttern. Ich hatte mich die ganze Zeit auf einem sehr gefährlichen Kurs befunden, den Gott nun heilen wollte. Meine Jacht hatte gefährliche Löcher im Rumpf und Gott nahm mich aus dem Rennen, um an meinem Unterwasserschiff zu arbeiten. Ich fragte ihn: »Wie lange wird diese Zeit dauern?« Seine Antwort: »Drei Jahre.« Ich dachte, das überlebe ich nicht. Drei Jahre im Trockendock – und doch geschah es genau so.

Langsam kam ich wieder auf die Beine. Allerdings sollte es noch Monate dauern, bis ich begann, mir Gedanken über mein weiteres Leben zu machen. Mir war klar, dass ich nicht mehr weiter als Leiter eines christlichen Jugendwerks arbeiten konnte und wollte. Nur – was wollte ich eigentlich? Ich wusste es nicht.

Da ich auch während meiner Krise sehr ehrlich über meine Kämpfe und Herausforderungen kommuniziert hatte, vertrauten sich mir nun, überraschenderweise, immer mehr Männer an, die sich in ähnlichen Situationen befanden. Mir wurde bewusst, wie groß die Not und Einsamkeit vieler Männer in diesem Bereich war, gekoppelt an ein Schamgefühl, das es fast unmöglich macht, ehrlich über diese aktuelle Krise mit anderen Menschen zu sprechen. Es war meine Frau, die mich auf die Möglichkeit des Berufungs-Coachings brachte. Ich war einverstanden. Und das Coaching war richtig gut. Bereits während des Coachings bemerkte ich, dass mir diese Coaching-Arbeit sehr liegen würde. So begann ich meine Ausbildung zum Coach. Im Coaching begeistert mich der folgende Ansatz: Ich sehe jeden Mann, der zu mir kommt, als Experten seines Lebens. Ich bin der Meister der Fragen und er ist der Meister seiner eigenen Lösung.

Die Geschichten von Pascal, Jan und Frank

Pascal, der Lehrer

Nachdem ich geendet habe, räuspert sich ein schmächtiger Mann, Mitte vierzig. Er hat blondes schütteres Haar und trägt eine randlose Brille. Er sieht in die Runde und fragt, ob er als Nächster erzählen dürfte. Die Männer lächeln freundlich und nicken. Dann beginnt er zu erzählen. Er heißt Pascal, kommt aus Aarau in der Schweiz und arbeitet als Lehrer für Sport und Mathematik. Als er sein Studium begann, hatte er nicht vorgehabt, Lehrer zu werden. Aber seine Eltern rieten ihm dazu. Seit fünfzehn Jahren unterrichtete er nun in der Primarstufe. Seine Frau ist Journalistin und hat sich, in all den Ehejahren, nie sonderlich für seinen Beruf interessiert. Sie ist es, die im Privatleben der beiden die wesentlichen Entscheidungen trifft. Seine Wünsche und Einwände ignoriert sie oder setzt mit Argumenten so lange dagegen, bis er nachgibt. Auch beruflich hat er seit zwei Jahren das Gefühl, keinerlei Einfluss auf seinen Arbeitsalltag zu haben. Während seine Kollegen ihren Stundenplan aktiv gestalten, muss er nehmen, was übrig bleibt: Problemklassen und Nachmittagsunterricht. Das geht nun seit zwei Jahren so. Pascal sagt, dass er nicht mehr kann. Er hat das Gefühl, dass sein Leben von anderen gesteuert wird. Er ist nur der Ausführende. Niemand interessiert sich dafür, wie es ihm dabei geht. Bisher hat er den Begriff Burn-out für ein Modephänomen gehalten, doch mittlerweile hat er das Gefühl, dass er genau diesen Zustand erreicht hat.

Als er endet, nicken die anderen Männer. Mancher sagt etwas Aufmunterndes, andere lächeln. Ich merke, wie Pascals Hände sich um die Reling verkrampfen. Er ist kurzatmig. Er deutet mit dem Kopf auf das Boot. »Seekrank?«, frage ich. Pascal nickt. »Das vergeht«, versuche ich ihn zu beruhigen. Er wirft mir ein gequältes Lächeln zu.

Jan, der Erfinder

Für einen Moment hängen die Männer ihren Gedanken nach, dann meldet sich ein weiterer Mann. Er ist groß, schlank und hat schwarzes lockiges Haar. Er ist gerade Ende dreißig, sieht sportlich aus und trägt ein Sportshirt, kurze Hosen und Turnschuhe. Er heißt Jan und kommt ursprünglich aus der Raum- und Luftfahrttechnik. Jan beginnt zu erzählen. Er liebt es zu tüfteln, über Problemen zu brüten. Schon als Kind habe er ständig Dinge erfunden, erzählt er. Es reizt ihn, über Verbesserungen von Dingen oder Prozessen nachzudenken. Ständig fragt er sich, wie man dieses oder jenes optimieren könne. Es ist seine Leidenschaft. Vor etwa zehn Jahren hatte er seinen Durchbruch als Erfinder. Durch Zufall machte er eine Erfindung, die für die Zahnmedizin von großer Bedeutung war. Die Idee schlug ein wie eine Bombe. Fast über Nacht erhielt er attraktive Job-Angebote von etlichen Pharmafirmen. Schließlich entschied er sich für eine Stelle in Freiburg, die ihm besonders reizvoll erschien. Es war ein kleines Unternehmen und es wollte seine Erfindung so schnell wie möglich vermarkten. Innerhalb kürzester Zeit gelang es dem Unternehmen, die Erfindung am Markt zu platzieren. In der Folge wuchs das Unternehmen von zehn Mitarbeitern auf über hundertzwanzig an. Jan genoss den Erfolg. Auch Jan selbst profitierte von dem Erfolg des Unternehmens. Und da Jan der Vater des Erfolges war, sorgte der Inhaber des Unternehmens dafür, dass er ins Management und ins Patentwesen aufstieg – raus aus der eigentlichen Produktentwicklung. Er erklomm die Karriereleiter in Rekordzeit. Doch mit seinem Aufstieg im Unternehmen ging ein weiterer Prozess einher. Hatte Jan zunächst noch Gelegenheit gehabt, in den Labors vorbeizuschauen, um mit den Ingenieuren über aktuelle Problemen und Verbesserungen zu brüten, verlagerte sich seine Tätigkeit nun immer weiter ins Administrative und Organisatorische. In der Folge kam er kaum noch dazu, die Labors zu besuchen.

Vielmehr verbrachte er seine Tage auf Flughäfen, in langen Sitzungen und Strategiemeetings. Manchmal ertappte er sich dabei, wie er nach Feierabend noch an den verschlossenen Labors vorbeiging und sehnsüchtig durch die Fenster spähte. Sein Umfeld dachte, er habe es geschafft: erfolgreich, finanziell unabhängig, angesehen. Doch er selbst war sich da nicht so sicher.

Frank, der Stuckateur

Kaum ist Jan fertig, merke ich, wie die Männer zustimmend nicken, so als seien ihnen diese Gefühle nicht fremd. Besonders einer nickt beipflichtend und murmelt etwas. Es ist Frank. Frank ist katholisch und optisch ziemlich das Gegenteil von Jan. Er ist klein und untersetzt und hat einen deutlichen Bauchansatz. Sein Haar ist schütter und seine Gesichtszüge lassen ihn älter aussehen, als er mit seinen 45 Jahren ist. Seine schwieligen Hände deuten daraufhin, dass er stark körperlich arbeitet. Doch auch Frank ist beruflich sehr erfolgreich. Wie bei mir lag der Erfolg bereits in der Familie. Nach dem Krieg hatte Franks Vater eine Stuckateurwerkstatt aufgebaut und war in kürzester Zeit zum bevorzugten Stuckateur vieler Kommunen in der Umgebung geworden, die Denkmäler und alte Kirchen restaurieren mussten. Damit einher ging ein wöchentliches Arbeitspensum, das Franks Vater nur wenig Zeit für die Familie ließ. Die Arbeit ging vor. Hierdurch geprägt, begann auch Frank seine Ausbildung zum Stuckateur. Zunächst arbeitete er in einem Unternehmen im Nachbarort, wo er Sylvia kennenlernte. Sie verliebten sich und bereits nach gut einem Jahr läuteten die Hochzeitsglocken. Ein Jahr nach der Hochzeit wurde Mark geboren, zwei Jahre später folgte Laura. Sylvia blieb bei den Kindern zu Hause, während Frank in das Unternehmen seines Vaters einstieg. Mit gerade einmal 30 Jahren übernahm er die Firma und führte sie im

Sinne seines Vaters fort. Auch für Frank kam zuerst die Firma, dann die Familie. Nicht selten verbrachte er ganze Wochenenden im Büro. Und sein Einsatz trug reiche Früchte. Das Haus, das Frank und Sylvia zwei Jahre nach der Hochzeit gekauft hatten, würde noch vor seinem fünfzigsten Geburtstag abgezahlt sein. In den Urlaub ging es auf die Malediven oder nach Florida, und zu Sylvias Geburtstagen sowie zu ihrem Hochzeitstag überhäufte Frank sie mit wertvollem Schmuck.

Dann vor wenigen Monaten hatte eine Freundin Sylvia gefragt, ob sie nicht mitkommen wolle auf einen Kurztrip nach Istanbul. Frank hatte selbst keine Zeit, aber er meinte, Sylvia sollte sich ruhig ein wenig erholen. Es ging um eine knappe Woche, und da Mark und Laura als Teenager selbstständig genug waren, auch mal ein paar Tage ohne ihre Mutter zurechtzukommen, sagte sie zu. Die Woche verlief ohne Probleme und Frank freute sich, als er zum Flughafen fuhr, um Sylvia abzuholen.

Doch Sylvia war seltsam verändert. Er konnte es zunächst nicht deuten, aber sie war nicht mehr dieselbe. Sylvia blieb den ganzen Nachmittag distanziert und wich ihm aus. Am Abend dann platzte die Bombe. Nur fünf Worte. Fünf Worte, die Franks Leben auf den Kopf stellten. »Es gibt einen anderen Mann«, hatte sie gesagt. Zunächst verstand Frank nicht. Wollte nicht verstehen. Die Worte drangen wie aus einem entfernten Universum an sein Ohr. Fast wie ein Rauschen. Er fühlte sich taub, war wie gelähmt. Er konnte sich nicht mehr daran erinnern, ob er den Teller fallen ließ oder versehentlich angestoßen hatte. Er hörte nur noch das zerbrechende Porzellan auf dem Küchenboden. Wie erstarrt hatte er in der Küche gestanden und eine scheinbare Ewigkeit aus dem Fenster geblickt. Es war, als wäre Franks Welt soeben implodiert, als wäre der Boden verschwunden und unter ihm hätte sich ein tiefes schwarzes Loch aufgetan. Er schien zu fallen, endlos zu fallen. Er wollte weinen, aber es kamen keine Tränen. Da war nur diese Leere, diese unendliche Leere.

So unterschiedlich die Geschichten von Pascal, Jan und Frank sind, so sehr ist ihnen doch eines gemeinsam. Sie stellen die Frage: Wer bin ich? Wodurch definiere ich mich? Was steht im Zentrum meines Lebens?

ÜBUNG 3: WER BIN ICH?

Vielleicht haben Sie sich beim Lesen der Geschichten selbst schon gefragt, was Sie auf die Frage »Wer bin ich?« antworten würden?

Schauen Sie dabei auf Ihre Vergangenheit. Wo kommen Sie her? Wie haben Ihre Eltern Sie geprägt? Welche Werte haben Sie verinnerlicht? Welche Persönlichkeitsstärken, Fähigkeiten oder Hobbys übernommen? Welche dieser Werte waren für Ihr Leben wichtig? Gab es ein Familienmotto? Fühlen Sie sich als Opfer Ihrer Vergangenheit und Lebensumstände oder meinen Sie, alles selbst in der Hand zu haben? – Nehmen Sie sich ruhig ein paar Minuten Zeit und beantworten Sie dann die Frage: Wer bin ich?

Einige Männer, die zu mir kommen, geben anderen Menschen in ihrem Leben die Schuld an ihrer Unzufriedenheit oder Lebenskrise. Es ist der Chef, die Partnerin, es sind die Eltern oder Freunde – kurzum andere Menschen aus der näheren Umgebung. Meine Überzeugung ist es, dass keiner der Männer, mit denen ich arbeite, ein Opfer ist. Es gibt immer einen Handlungsspielraum und ich ermutige diese Männer, diesen Spielraum als Gestalter zu nutzen. Jeder Mann trägt selbst die Verantwortung für sein Leben. Jammern gilt nicht!

An dieser Stelle erinnere ich mich an einen Ausschnitt aus einem Gedicht von William Ernest Henley, der im Film »Invictus – Unbezwungen« vorgelesen wurde. Bevor Nelson Mandela 1993 den Friedensnobelpreis erhielt und im Jahr darauf Staatspräsident der Republik Südafrika wurde, saß er aus politischen Gründen mehr als 27 Jahre lang im Gefängnis. Dieses Gedicht hat ihm Kraft gegeben, nicht zu verzweifeln, sondern sich als Gestalter seines Lebens zu sehen:

»Aus finstrer Nacht, die mich umragt,
durch Dunkelheit mein' Geist ich quäl.
Ich dank, welch Gott es geben mag,
dass unbezwungen ist meine Seel.
...
Egal wie schmal das Tor wie groß,
wie viel Bestrafung ich auch zähl.
Ich bin der Meister meines Los'.
Ich bin der Captain meiner Seel.«[1]

4.
DAS BOOT KENNENLERNEN

Unsere schöne Jacht

Es ist der zweite Tag an Bord. Das Wetter verwöhnt uns aufs Neue. Heute soll es endlich aufs offene Meer gehen. Die Stimmung an Bord ist gut, die Männer sind voller Vorfreude. Manche der Männer stehen bereits an Deck. Sie betrachten die Masten, Klampen und Schotführungen, sehen hoch und prüfen das Tauwerk. Ich beobachte die Männer für einen Moment und denke zurück an den gestrigen Tag, an die fröhliche Stimmung, als wir uns alle am Flughafen trafen. Wir waren in unterschiedlichen Maschinen angekommen. Sardinien begrüßte uns mit bestem Wetter und einem leichten Wind, der von See her zu uns heraufwehte.

So unterschiedlich die Männer waren, so schnell kamen sie ins Gespräch. Gleich ob Handwerker, Lehrer, Manager oder Militär – die Aussicht auf das gemeinsame Abenteuer wirkte verbindend und half, das erste Fremdeln schnell zu überwinden. Als unser Kleinbus nach einer halben Stunde am Hafen ankam, war das anfängliche Siezen längst einem freundlichen »Du« gewichen.

Ich betrachte die Männer, wie sie das Boot immer besser kennenlernen. Sie sind beeindruckt, alles blitzt und glänzt und versprüht einen Hauch von Luxus und Jetset. Hände streichen über die Reling, berühren vorsichtig den Mast oder die Winschen an Deck oder umfassen das Ruder. Je länger die Männer auf die Aufbauten, den Mast und Takelage blicken, desto stärker rückt ein anderer Gedanke ins Bewusstsein: Sie sind es, die diese schöne Jacht in den nächsten Tagen segeln werden. Sie müssen dieses Boot als Mannschaft sicher aus dem Hafen bringen, die Segel setzen, es hart am Wind halten, die Wendemanöver vollführen und es auch bei Starkwind auf Kurs halten. Die unbefangene Euphorie weicht in wenigen Minuten einem anderen Gefühl: Respekt.

Für die Sicherheitseinweisung, die die Männer am ersten Tag bekommen, braucht es genau diesen Respekt vor dem Boot und den Naturgewalten. Gemeinsam wollen wir in den kommenden Tagen ein Abenteuer erleben, voll im Wind über das Mittelmeer segeln und als Mannschaft wachsen. Und damit das klappt, ist es wichtig, dass die Männer das Boot kennen, die Risiken einschätzen können und wissen, was im Notfall zu tun ist. Um ihnen den Zugang zum Boot zu ebnen, beginne ich mit einer Übung.

Wir sitzen an Deck und ich frage die Männer, ob etwas an diesem Boot sich auf ihr Leben übertragen lässt. Ich gebe ihnen ein wenig Zeit, darüber nachzudenken, und schildere dann, wo ich die Verbindung vom Segeln und dem Boot zu unser aller Leben sehe. Haben sie nicht eben noch bewundernd bemerkt, wie schön alles glänzt und strahlt, wie eindrucksvoll das Boot aussieht? All das kommt nicht von ungefähr. Es ist so, weil die Eigner sich um das Boot kümmern, es pflegen und instand halten. Diesen Gedanken können wir direkt auf uns selbst übertragen. Wie viel Aufwand betreiben wir, damit wir glänzen? Wie viel Energie stecken wir in die Instandhaltung unseres Körpers und Geistes? Was müssten wir für uns tun, damit wir »glänzen« –

äußerlich und innerlich? So wie uns das Boot nur lange tragen wird, wenn wir es gut behandeln, brauchen auch Körper und Geist Pflege, damit sie lange erhalten bleiben. Aber dieser Glanz sollte umfassend sein, uns ganz durchdringen. Was nützt oberflächlicher Glanz, wenn es unter Wasser Lecks gibt?

Was ist das Wichtigste an einem Segelboot?

Der Tiefgang

Überlegen Sie für einen Moment, was das Wichtigste an einem Segelboot ist? Das Segel? *Nein!* Es stimmt, man braucht das Segel, um vorwärtszukommen. Ein Segelboot ohne Segel muss im Hafen bleiben. Es kann seinen eigentlichen Zweck nicht erfüllen. Aber so wie das Segel nötig ist, braucht das Boot auch Tiefgang, damit es sicher im Wasser liegt. Ein Segelboot ohne Ballastkiel würde schon bei etwas stärkerem Seitenwind umkippen und es hätte keinen Vortrieb. Tief unten im Wasser fristet der Kiel ein unbeachtetes Dasein. Und doch ist er für eine Jacht lebenswichtig. Es ist der Kiel, der die Spurtreue sicherstellt, der es einer Jacht erlaubt, einen Kurs beizubehalten, um so das angepeilte Ziel zu erreichen.

»Lass die Menschen das Gewicht deiner Persönlichkeit spüren.« (John Eldredge)

Erinnert dieses Bild nicht auch an unser Leben? Es gibt Menschen, die verfügen über viel Energie. Es ist, als hätten Sie eine große Segelfläche und würden ständig sagen: »Seht her: Hier komme ich.« Sie sind ständig auf 180, hetzen von einem Termin zum nächsten, sind andauernd auf Achse. Sie kommen viel herum. Doch was bewirkt ihr Handeln, wenn der Tiefgang fehlt? Wer viele Gespräche oder Meetings hat, sieht nach außen aktiv aus, doch wenn das dort Besprochene nicht umgesetzt wird, man sich also nicht daran hält, sind diese Treffen nutzlos. Dann fehlt dem oberflächlichen Handeln der Tiefgang. Für mich steht der unsichtbare Ballastkiel eines Schiffes auch für die Persönlichkeit und Identität eines Mannes, die nicht sichtbar zur Schau gestellt wird und doch sehr präsent ist. John Eldredge sagt dazu: »Lass die Menschen das Gewicht deiner Persönlichkeit spüren.«

Der Tiefgang ist besonders beim Kreuzen, dem Segeln gegen den Wind, entscheidend. Ohne Kiel wäre das unmöglich. Gibt es ein besseres Bild für unseren Charakter? Dann, wenn wir gegen den Strom schwimmen, wenn wir in Auseinandersetzungen stehen, wenn wir unseren Weg gegen Widerstände gehen, ist es wichtig, dass wir tief verwurzelt in unseren Werten oder unserem Glauben stehen. Ohne einen gefestigten Charakter, ohne Halt im Leben, könnten wir den Widerständen nicht standhalten und würden zum Spielball der uns umgebenden Umstände werden wie eine Jacht ohne Kiel. Sie würde von dem Gegenwind von ihrem Ziel weggetrieben werden.

Das Ruder

Der Tiefgang ist auch für ein anderes Teil am Segelboot wichtig: das Ruder. Hat das Boot keinen Tiefgang, kann das Ruder nicht wirken. Es kann die Richtung nicht vorgeben. Und dem Ruder kommt eine wichtige Bedeutung zu. Stellen Sie sich einmal das Meer vor, einen riesigen Ozean. Nun denken Sie an ein Segelboot. Auf dem Ozean ist es nur ein winzig kleiner Punkt. Und das Ruder des Bootes ist noch kleiner. Ein winziges Brett, jedoch mit großer Wirkung. Es taucht ins Wasser und gibt dem Boot die Richtung vor. So ein kleines Teil wie das Ruder bestimmt den Kurs unserer 15-Meter-Jacht. Übertragen wir das Bild auf uns. Stellen wir uns vor, unsere Zunge ist unser Ruder. Unsere Zunge ist ein verhältnismäßig kleines Organ. Im Vergleich zu Armen, Beinen, Kopf und Korpus ist sie geradezu winzig. Doch sie hat viel Macht. Ohne unsere Zunge könnten wir nicht sprechen, keine Worte bilden. Und wir alle wissen um die Macht der Sprache. Menschen, die keine Macht haben, beschreiben wir nicht selten als »stumm« oder »schweigend«. Deshalb müssen wir uns darüber im Klaren sein, welche Macht in dem stecken kann, was wir sagen. Erbauen wir die Menschen in unserem Umfeld oder erniedrigen wir sie? Motivieren oder demotivieren wir unsere Kollegen, unsere Familie und Freunde? Wie oft rutscht uns etwas heraus, das wir später bereuen? Ein unbedachter Ausspruch, ein Schimpfwort im Streit – hier wird die Macht der Zunge deutlich. Schon die Bibel sagt: *»Mit einem winzigen Ruder lenkt der Steuermann ein großes Schiff selbst bei heftigem Wind, wohin er will. So kann auch die Zunge, so klein sie auch ist, enormen Schaden anrichten. Ein winziger Funke steckt einen großen Wald in Brand!«* (Jakobus 3,4-5)

Mit einem winzigen Ruder lenkt der Steuermann ein großes Schiff selbst bei heftigem Wind, wohin er will. So kann auch die Zunge, so klein sie auch ist, enormen Schaden anrichten. Ein winziger Funke steckt einen großen Wald in Brand! (Jakobus 3,4-5)

So, wie wir andere mit unserer Zunge verletzen können, können wir uns auch selbst verletzen. Was sprechen wir über unsere Situation und unser Umfeld aus? Haben wir Hoffnung oder sind wir voller Hoffnungslosigkeit? Unsere Worte, ob positiv oder negativ, haben sehr viel Macht.

Der Radar-Reflektor

Wichtig ist es auch, auf See gesehen zu werden. Boote haben dazu einen sogenannten Radar-Reflektor. Diese Winkelreflektoren erzeugen für Radargeräte ein besonders starkes Echosignal und somit ein sicheres Zielzeichen auf dem Radarschirm für Objekte. Ein Mann, der mit mir auf einem Törn war, zeigte sich begeistert und sagte: »Das ist ein tolles Symbol. Ein Mann ist dann stark, wenn er den Mut hat, sich zu zeigen. Wer sich nicht zeigt, wird nicht wahrgenommen.« Ein sehr passender Vergleich.

Die Seeventile

Überhaupt spielt sich vieles, das für eine Jacht wesentlich ist, unter Wasser ab. Im Verlauf eines Segeltörns gehe ich mit den Männern mindestens einmal tauchen. Dabei lasse ich sie auch um die Jacht herum tauchen. Vielen Männern fallen dabei die dunklen Punkte am Bootsrumpf auf. Es handelt sich dabei um die Seeventile. Sie sind notwendig, um Wasser oder andere Flüssigkeiten aus dem Boot ablaufen zu lassen. Während der Fahrt müssen sie natürlich verschlossen sein. Es darf kein Leck entstehen, ansonsten könnte das Boot sinken. Für mich symbolisieren die Seeventile menschliche Laster oder Sünden. Vielleicht das »Dunkle«, das wir hinter der repräsentativen Fassade nur allzu gern verbergen. Es steht für den Mann, der tagsüber seine Arbeit zuverlässig erledigt, immer pünktlich ist, von allen geschätzt wird und in der Gruppe gern Späße macht. Doch am Abend sitzt er allein zu Hause und ist einsam. Er wünscht sich Gesellschaft und eine Partnerin, aber er schafft es nicht, sich aufzuraffen, und rutscht immer mehr in eine Depression. Diese Entwicklung bleibt seinem täglichen Umfeld aber lange verborgen – bis es zu spät ist. Genauso ist es mit dem Seeventil. Eine kleine Öffnung im Rumpf, nur ein kleiner Schalter an Bord, aber wenn wir uns nicht darum kümmern, nicht bereit sind, das Schiff auch unterhalb der sichtbaren Oberfläche unter die Lupe zu nehmen, kann es fatale Folgen haben.

Das Funkgerät

Befindet sich das Schiff selbst verschuldet oder durch ein Unwetter in Seenot, ist es gut zu wissen, dass man mit dem Funkgerät Hilfe herbeirufen kann. Wer nicht einschätzen kann, wie wichtig das Funken auf See ist, muss sich nur an die Titanic erinnern. Als modernstes Schiff seiner Zeit verfügte die Titanic bereits über ein Funkgerät. Doch kaum ein anderes Schiff, das in der Nähe war, hörte ihre Funksignale, als sie in Not geriet. Die meisten älteren Schiffe fuhren noch ohne Funkgeräte. So sendete die Titanic ins Nichts. Sie wurde nicht gehört. Stattdessen musste die Titanic weiße Raketen als Notraketen einsetzen. Dieser Hilferuf blieb folgenlos. Die umliegenden Schiffe glaubten, dass man auf der Titanic eine große Party feiern würde. So verweilten sie auf ihren Positionen, während nur wenige Seemeilen von ihnen entfernt 1500 Menschen im Eiswasser ertranken oder erfroren. Wir Menschen wissen, wie wichtig es ist, gehört zu werden und andere zu hören. Dabei geht es sowohl um das Zuhören und Verstehen als auch um das Hören auf die innere Stimme oder Gott.

Kehren wir nun zur ersten Frage zurück: Was ist das Wichtigste an Bord? Haben Sie es herausgefunden? Wenn nicht, hier die Antwort:

Der Anker

Der Anker sorgt dafür, dass das Boot nicht durch Wellen, Wind, Strömung oder andere Einflüsse abgetrieben wird. Ich erinnere mich noch gut an meine Segelausbildung. Als mein Segellehrer mir sagte, der Anker sei das wichtigste Utensil an Bord, erwiderte ich: »Wieso der Anker, ich will doch segeln?!« Heute verstehe ich seine Aussage sehr gut. In meinen Jahren als Skipper habe ich bereits zwei Situationen erlebt, in denen mich das Ankerwerfen vor größeren Schäden an Mann und Material bewahrt hat.

Diese Hoffnung ist für uns wie ein sicherer und fester Anker. (Hebräer 6,19a; L)

Der Anker sichert das Boot und damit die Mannschaft an Bord. Wenn Mast, Segel und Ruder nicht mehr helfen, ist der Anker die Rettung, wenn das Schiff in Richtung Land oder Klippen treibt. Kein Wunder also, dass er für die Hoffnung steht.

»Die Hoffnung stirbt zuletzt«, sagt der Volksmund. Wenn alles andere verloren scheint, bleibt uns immer noch die Hoffnung. Sie ist der Anker in unserem Leben.

Wasser, Wellen, Wind und Wetter

Neben dem Boot selbst sollte auch unsere Umgebung in unsere Betrachtung einfließen. Das Wasser, die Wellen, der Wind – hier wird deutlich, dass unser Umfeld ebenso wichtig ist. In welchem Wetter segeln wir? Ist es ruhig, stürmisch, sind die Wellen flach oder hoch? Wir können das Wetter nicht beeinflussen, sosehr wir uns das auch wünschen. Wir können uns nur auf die aktuelle Großwetterlage vorbereiten und den aktuellen Umständen entsprechend weise handeln. Dazu gehört es, Schiff und Crew entsprechend vorzubereiten. Das Bild des Wetters weist uns darauf hin, vorausschauend zu sein.

Aber auch die beste Planung schützt uns nicht vor Überraschungen. Trotz intensivem Studium der Wettervorhersage finden wir plötzlich Bedingungen vor, auf die wir nicht vorbereitet sind. Hier zeigt sich, wie abhängig wir vom Wetter sind. Was immer uns auch erwartet, wir müssen uns Wind, Regen und Sturm oder Flauten stellen und das Beste daraus machen. Das kaum kalkulierbare Wetter erinnert uns daran, dass wir unsere selbst gemachten Pläne gegebenenfalls aufgeben müssen, wenn die Umstände es verlangen. Dass wir loslassen und uns auf das einlassen, was wir vorfinden. Zu erkennen, was wir nicht beeinflussen können – das zeigt uns das Wetter. Aber es gibt keinen Grund für Fatalismus. Wir bleiben Gestalter, nur müssen wir flexibel sein.

ÜBUNG 4: DIE TEILE DES SCHIFFS UND ICH

Kehren wir zu den Bau- und Bestandteilen des Bootes zurück. Denken Sie noch einmal über die eben genannten Punkte nach (Kiel, Ruder, Radar, Seeventile, Funkgerät, Anker oder Wetter). Stellen Sie sich nun bitte die Frage, ob sich eine der beschriebenen Übertragungen auf Ihr Leben anwenden lässt. Fehlt Ihnen vielleicht manchmal der Tiefgang in Ihrem Tun? Oder haben Sie das Gefühl, unsichtbar zu sein? Hält Ihr Anker – oder treiben Sie in einem Bereich Ihres Lebens auf die Klippen zu?

Haben Sie Ihren Kompass richtig ausgerichtet oder wird er abgelenkt? Ist sein Norden der wahre Norden? Wohin führt Ihr Kurs?

Denken Sie über diese Fragen einige Minuten nach und notieren Sie Ihre Antworten hier.

Tom und die Sicherheitseinweisung

Das Boot als Ganzes steht für unser Leben und ist für die kommenden Tage unser Lebensraum. Deshalb ist es wichtig, dass wir genau wissen, was in welcher Situation zu tun ist. Schritt für Schritt erkläre ich den Männern die Sicherheitsvorkehrungen an Bord. Wir sprechen über Rettungswesten, Rettungsinsel, Leuchtraketen, Anker, Maschine und Funk. Sie hören mir zu, sind aufmerksam und stellen Fragen. Manchmal merke ich allerdings, dass einige wenige meine Vorsicht übertrieben finden: »Was soll schon passieren? Dirk ist doch ein erfahrener Skipper, der wird das schon schaukeln, wird dafür sorgen, dass uns nichts passiert!«

So ging es auch meinem Freund Tom. Während die anderen Männer aufmerksam zuhörten, nahm er meine Ausführungen nicht ernst. Er fand, ich würde übertreiben, die Männer unnötig verunsichern. In seinem Gesicht stand ein unausgesprochenes: »Lass ihn mal reden.« Ich ließ ihn gewähren. Doch zwei Tage später passierte genau das, womit keiner gerechnet hatte. Wir gerieten in einen heftigen Sturm. Die Männer standen in ihrer Schwerwetterkleidung an Deck, jeder an seinem Platz. Ich rief die Manöverbefehle vom Ruder zu den Männern und sie reagierten wie gelernt. Nur einer nicht. Mein Freund Tom stand hilflos herum, hielt sich ängstlich fest und sah mich aus großen Augen an. Ein unausgesprochenes »Was muss ich machen?« war auf sein Gesicht geschrieben. Nachdem sich der Sturm gelegt hatte und wir wieder auf ruhiger See segelten, musste ich Tom leider sagen, dass er das schwächste Glied in der Kette sei. Überheblichkeit oder mangelnder Respekt vor den Elementen während der Sicherheitseinweisung kann Mannschaft und Boot in große Gefahr bringen.

Urs und die Sicherheit

Dieses Mal sind alle Männer ganz Ohr. Besonders Urs hängt mir an den Lippen und fragt bei jeder Schilderung nach. Nach der Sicherheitseinweisung sitzen wir noch kurz zusammen und trinken einen Kaffee, bevor wir gleich zum ersten Mal ablegen wollen. Urs ist Ende dreißig, hat einen leichten Bauchansatz, kurzes blondes Haar und arbeitet als Lokführer. Wie viele Männer an Bord stammt auch er aus der Schweiz. Dort fährt er für die SBB im Güterverkehr meist auf der Strecke Biel–Zürich–Lugano. Urs ist ledig und fährt deshalb oft an Wochenenden und Feiertagen, wenn die Kollegen bei der Familie sind. Er arbeitet eigentlich gern als Lokführer. Besonders bei gutem Wetter genießt er es, in seinem Führerstand zu sitzen und die traumhafte Landschaft an sich vorbeirauschen zu sehen. Gleich ob Eiger, Jungfrau, der Vierwaldstätter See – so oft Urs auch schon an ihnen vorbeigefahren ist, kann er sich nicht sattsehen. Zudem macht es ihm Spaß zu sehen, wie die Dinge an der Strecke sich verändern. Hier ein neues Haus, dort ein neuer Sportplatz oder Park. So kam es auch, dass ihm eines Tages die alte Segeljacht auffiel, die kurz hinter einem Bahnübergang in der Nähe von Biel auf einem Hänger stand. In den folgenden Monaten fuhr er immer wieder daran vorbei. In den wenigen Sekunden, die er das Segelschiff im Blick hatte, bemerkte er, wie das Boot sich Stück für Stück veränderte. Es bekam einen neuen Anstrich und die Aufbauten wurden ausgebessert. Manchmal sah er einen alten Mann, der am Boot arbeitete. Urs freute das. Doch nach einigen Monaten schien es nicht mehr weiterzugehen. Einige Monate später bekam Urs den Eindruck, dass sich alles wieder zurückentwickelte. Es dauerte ein Jahr, da wirkte die neue Farbe stumpf, das Namensschild war unleserlich und auf dem Schiff stand Wasser. Urs wusste nicht, was geschehen war. Jedes Mal, wenn er an dem Schiff vorbeifuhr, sah er, wie der Verfall voranschritt. Gras und Pflanzen wuchsen am Hänger empor. Ein Jahr später hatten sie den Bootsrumpf erreicht. Im Jahr darauf war das Boot fast vollständig von Pflanzen überwuchert. Wann immer Urs jetzt an dem zugewachsenen Boot vorbeifuhr, wurde er nachdenklich. Das Bild des bewegungslosen Bootes, das von den Pflanzen überwuchert war, ließ ihn nicht mehr los. Urs begann, über sein Leben nachzudenken. Tagein, tagaus saß er im Führerstand seiner Lok. Bisher hat er das nie in Zweifel gezogen, aber je öfter er an der Jacht vorbeikam, desto mehr beschäftigte ihn der Gedanke, ob er vielleicht selbst so war wie diese Jacht. Stehen geblieben, bewegungslos und festgefahren. Hatte es bei ihm vielleicht schon begonnen, zuzuwuchern, ohne dass er es merkte? Hatte er aufgehört, in Bewegung zu sein, obwohl er doch täglich durchs Land raste? Aber war es nicht immer dieselbe Strecke, rauf und runter? Hatte sich sein Leben wirklich nicht mehr weiterentwickelt? Urs plagten die Zweifel. Er begann, über sein Leben nachzudenken. Schon als Kind, so erinnerte er sich, stand er lieber abseits, sah den anderen Kindern beim Fußballspielen oder Toben zu. Selbst hielt er sich raus. Zu groß schien ihm die Gefahr, sich zu verletzen oder seine Kleider zu zerreißen. Auch später im Leben war ein Höchstmaß an Sicherheit wichtig für ihn. Als seine Freunde auf ihr erstes eigenes Auto sparten, überlegte Urs, welche Versicherungen er im Leben bräuchte. Bald schon standen drei Ordner mit Versicherungspolicen in seiner Wohnung. Und es wurden immer mehr. Rente, Haftpflicht, Leben, Pflege – was immer sich versichern ließ, wollte Urs versichert wissen. Er brauchte das Gefühl von Sicherheit. Je mehr er nun darüber nachdachte, desto mehr fühlte sich sein »Schutzgitter« wie ein Korsett an.

Olivers Verlust

Während Urs erzählt, fällt mir ein anderer Mann auf. Es ist Oliver. Er ist Ende vierzig, hat lockige blonde Haare und trägt eine Sonnenbrille. Oliver ist sonnengebräunt und wirkt erholt. Dabei waren die letzten zwei Jahre die Hölle für ihn. Zuerst verstarb sein Vater unerwartet und hinterließ ihm und seinem Bruder das Möbelhaus, das sich seit mehreren Jahrzehnten im Besitz der Familie befindet. Nur drei Monate später verstarb sein Schwiegervater. Für Oliver begann eine anstrengende, arbeitsreiche Zeit. Sein Ausgleich zum täglichen Stress im Möbelhaus mit seinen 68 Angestellten waren die Urlaube mit seinem besten Freund Sascha. Bereits seit Jahren suchten sie sich entlegene Orte auf der ganzen Welt aus, verschifften ihre Motorräder und lebten zwei Wochen Abenteuer. So taten sie es auch in diesem Jahr. Es ging mit einer Gruppe von Fahrern nach Australien und sie fuhren durchs Outback gen Osten. Die Piste war staubig und der Sand flog ihnen nur so um die Ohren. Die Gruppe hatte sich auseinandergezogen. Jeder brauste für sich durch diese faszinierende Landschaft, als ihnen auf einmal ein Lastwagen entgegenkam. Er war in der Staubwolke kaum zu erkennen. Sascha touchierte den Lkw und verschwand aus dem Blickfeld. Oliver hielt an, drehte sich um und sah, dass auch der Lastwagen hielt. Der Fahrer sprang raus. Sie liefen zum Straßenrand. Dort lag Saschas Motorrad. Die anderen Motorradfahrer hatten nichts von dem Unfall mitbekommen und verschwanden. Oliver sah Sascha auf der Straße liegen und begann sofort mit der Wiederbelebung. Nach einer Dreiviertelstunde ohne Reaktion fasste Oliver den Entschluss, aufzuhören. Sascha starb in seinem Schoß. Als die anderen Fahrer zurückkehrten, war Sascha bereits tot.

Im folgenden Jahr fuhr Oliver nach Namibia, um den Unfall von Sascha gemeinsam mit einem Freund, der den Unfall ebenfalls miterlebt hatte, zu verarbeiten. Er brauchte diese Auszeit, musste einfach mal weg. Mit dem Geländewagen fuhren sie ziellos durch die unendliche Wüste. Oliver war gerade zehn Tage zurück in Deutschland, als er einen Anruf aus Italien bekam. Er setzte sich in den nächsten Flieger und fand sich wenige Stunden später auf einer Polizeiwache in den Dolomiten wieder. Ein Beamter reichte ihm eine Plastiktüte mit den persönlichen Habseligkeiten von Olivers Bruder. Dieser war am selben Morgen beim Skifahren in einer Lawine ums Leben gekommen. Seine Familie erwartete, dass er nach der Rückkehr eine Auszeit nehmen würde, aber bereits zwei Tage später war Oliver wieder in den Betrieb zurückgekehrt. Er fühlte sich verantwortlich und er musste funktionieren. Das war er den Menschen um ihn herum schuldig – so empfand Oliver das.

Oliver blickt hoch und schaut zu Urs und sagt dann ohne besondere Gefühlsregung: »Sascha hatte alle möglichen Versicherungen.«

Clemens, der Arzt

Während Oliver berichtet, merke ich, wie sich ein Mann in der Runde immer weiter zurückzieht, sich geradezu verkriecht. Er ist klein, schmächtig. Seine sehnigen Arme sind auf seine dürren Oberschenkel gestützt, sein Gesicht hat er in seinen Handflächen vergraben. Als ich ihn anspreche, sieht er hoch. Er wirkt müde. Es ist Clemens. Er ist Anfang sechzig und als Internist mit eigener Praxis in Süddeutschland tätig. Clemens ist evangelisch und kennt Gott nur aus dem Weihnachtsgottesdienst. Für ihn ist das mit dem Glauben alles sehr neu. Er erinnerte sich daran, dass er schon von klein an Arzt werden wollte, so wie vor ihm schon sein Vater und Großvater. Während seine Mitschüler nach dem Abitur noch verschiedene Studiengänge ausprobierten oder zunächst ins Ausland gingen, absolvierte Clemens den Test für medizinische Studiengänge und bestand mit Bravour. Hochmotiviert stürzte er sich ins Studium. Fast wie im Rausch durchlief er die vier vorklinischen Semester, dann den klinischen Studienabschnitt und das praktische Jahr. Auch die zweite ärztliche Prüfung gelang ihm auf Anhieb. Mit der Promotion hatte er bereits im fünften Semester begonnen, sodass er in kürzester Zeit den Titel »Dr. med.« seinem Namen voranstellen durfte. Durch einen Freund seines Vaters gelang Clemens der Einstieg an einer Uni-Klinik und er machte sich schnell einen Namen. Clemens schien in seiner Arbeit aufzugehen, daran gab es keinen Zweifel.

Gern absolvierte er die morgendliche Visite, sprach mit den Patienten und freute sich, wenn er ihnen Mut machen konnte. Die Erleichterung in den Augen der Menschen und die Hoffnung, die seine Worte auslösen konnten, erfüllten ihn. Akribisch bereitete er sich auf seine Operationen vor. Gleich ob es ein Routineeingriff war oder ein komplizierter Fall. Schon nach einem Jahr hatte Clemens sich unter den Kollegen einen hervorragenden Ruf erworben. Besonders bei einer jungen Schwester schien er gut anzukommen. So dauerte es nicht lange, bis Clemens und Martina begannen auszugehen. Aus einem ersten Flirt wurde Liebe und knapp ein Jahr später heirateten die beiden.

Dann bekam Clemens die Möglichkeit, eine eigene Praxis zu eröffnen. Ein glorreicher Schritt, wie sich schnell erweisen sollte. Schon bald war er weit über die Stadtgrenzen hinaus bekannt. Aus ganz Deutschland kamen Patienten in seine Praxis. Doch sosehr Clemens sich über den Erfolg freute, so sehr nagte eine Erkenntnis in seinem Hinterkopf. Erst ganz langsam, dann immer deutlicher. Clemens wurde sich darüber klar, dass er keine Lust mehr hatte, als Arzt zu arbeiten. Zuerst schob er dies auf eine momentane Laune. Vielleicht ging es ihm gerade nicht gut oder er durchlief eine kurzzeitige Krise? Doch das Gefühl blieb. Je länger der Zustand andauerte, desto schwerer fiel es Clemens, sich jeden Morgen aufs Neue zu motivieren. Manchmal passierte es ihm nun, dass er verschlief oder nach einem Grund suchte, die Praxis früher als geplant zu verlassen. Clemens versuchte sich an seinen Vater und seinen Großvater zu erinnern. Sie waren Ärzte aus Leidenschaft. Was war bloß mit ihm los? Warum verspürte er nicht mehr dieselbe Leidenschaft für seinen Beruf? Clemens hatte keine Antwort auf diese Frage, er wusste nur: Er musste eine Antwort finden – und zwar bald.

Es gibt vieles, was unser Leben, unser Handeln und unsere Entscheidungen beeinflusst. Oft sind es unsere Eltern, aber auch Großeltern, Freunde oder andere Vorbilder. Sie vermitteln uns Werte, geben Orientierung und lenken uns – oft unwissentlich – in eine bestimmte Richtung. All das ist normal, aber es ist wichtig, dass wir uns dessen bewusst sind. Deshalb bitte ich Sie nun, sich der folgenden Übung zu widmen.

ÜBUNG 5:
WAS HAT EINFLUSS AUF MEIN LEBEN?

Verbringen Sie einen Moment mit der Frage, an welche besonderen Menschen Sie zuerst denken. Wer hatte einen guten Einfluss auf Ihr Leben, wen wollten Sie nachahmen, wer hat Sie fasziniert? Wer war Ermutiger, Förderer, Verantwortungs- oder Leistungsträger? Wer hat Sie mit seiner Wärme oder Herzlichkeit beeindruckt oder Sie positiv geprägt?

Schreiben Sie nun zwei Vorbilder auf, die für Ihr Leben wichtig waren.

Was haben Sie in diesen Leben gesehen, das Sie begeistert? Was hat Sie an den Personen ermutigt oder Sie von ihnen überzeugt? Wie haben diese Personen Ihr Leben beeinflusst?

Bitte schreiben Sie Ihre Antworten hier auf:

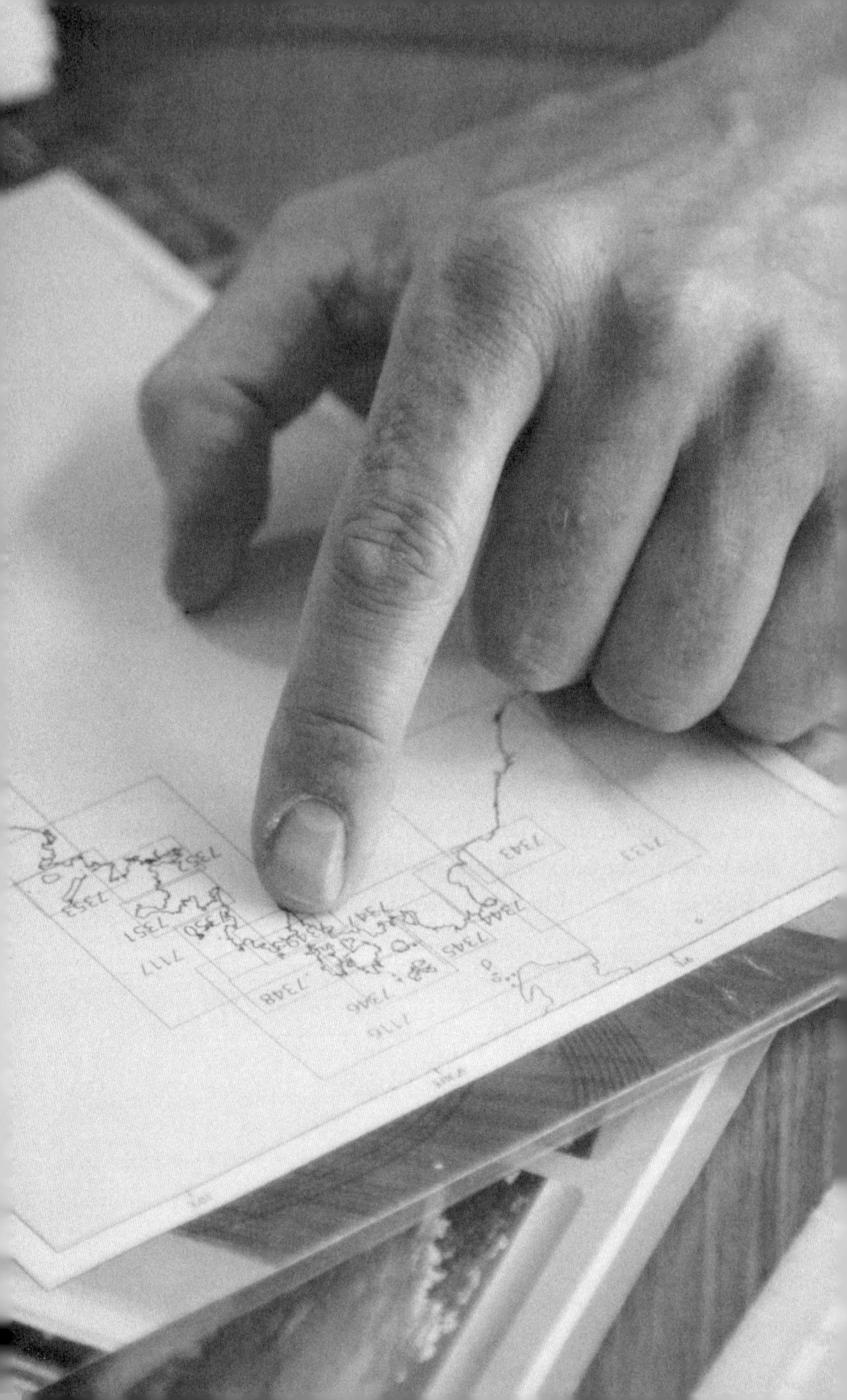

7343
7348
7345
7351
7117
7116
7346

5. DAS LOGBUCH – STANDORT UND NAVIGATION

Auf Grund gefahren

Vor einigen Jahren fuhren ein paar Freunde und ich in die Niederlande, um auf einem der dort typischen Plattbodenschiffe auf dem Ijsselmeer zu segeln. Unser Schiff wurde von einem erfahrenen Skipper gesegelt und wir genossen den Törn. An diesem Tag waren noch drei weitere Plattbodenschiffe unterwegs und wir machten ein kleines Rennen. Leider lagen wir schon nach kurzer Zeit hinten. Da verließ unser Skipper plötzlich den Tonnenstrich, um abzukürzen. Der Tonnenstrich markiert durch Bojen das Fahrwasser. Zunächst waren wir erstaunt, aber dann sagten wir uns, dass er ja ein Einheimischer sei und das Revier kennen würde. Was sollte also passieren? Jetzt freuten wir uns, als wir an den anderen Schiffen vorbeizogen, und wir winkten überheblich, bis plötzlich ein großer Ruck durch unser Schiff ging. Rums, wir saßen im flachen Wasser auf Grund. Nun freuten sich die anderen, als sie wiederum an uns vorbeizogen. Wir hingegen mussten warten, bis die Flut uns wieder aus dem Schlick

Unsere Entscheidungen haben Konsequenzen, für die wir Verantwortung tragen.

hob. Ein demütigendes Erlebnis. Der Skipper hatte die freie Entscheidung, den Zeichen zu folgen oder aber vom Weg abzuweichen. Uns war dies eine wertvolle Lehre. Es zeigte uns, dass es auf dem Meer und im Leben gefährlich werden kann, wenn man ohne Navigation unterwegs ist beziehungsweise die Anweisungen nicht beachtet. Wir müssen uns bei allem immer klar darüber sein, dass unsere Entscheidungen Konsequenzen haben, für die wir Verantwortung tragen.

Standortbestimmung

Wir kennen alle die Geschichte des genuesischen Seemannes Christopher Kolumbus. Auf der Suche nach Indien segelte er immer weiter nach Westen und landete in der Folge in Amerika. Seinen Irrtum nicht bemerkend, nannte er die dort angetroffenen Bewohner kurzerhand »Indianer«. Des Weiteren ist uns das Bild des Piraten mit der Augenklappe vertraut. Was heute als lustiges Faschingsaccessoire zu jedem Piratenkostüm gehört, hatte für Jahrhunderte einen sehr ernsten Hintergrund. Um die genaue Position des eigenen Schiffs zu bestimmen, nutzten Seeleute vom 13. bis zum 19. Jahrhundert den sogenannten Jakobstab bzw. später Sextanten. Hierbei musste die Sonne direkt anvisiert werden, was bei häufiger Wiederholung zur Erblindung des betreffenden Auges führen konnte.

Die beiden Beispiele verdeutlichen, welche elementare Bedeutung die Standortbestimmung für die Seefahrt seit jeher hatte. Doch nicht nur auf offener See, wo es außer Sternen und Sonne keine Anhaltspunkte zur Orientierung gibt, ist die Standortbestimmung wesentlich, sondern auch und gerade in unserem Leben. Dabei ist es fast schon paradox, dass wir wie selbstverständlich bei jeder Autofahrt in unbekannte Gegenden das Navigationsgerät nutzen, aber in unserem

Leben meist ohne Navigation unterwegs sind. Dabei ist nichts so unbekannt wie unsere eigene Zukunft.

In diesem Kapitel soll es deshalb darum gehen, unseren Standort zu bestimmen. Woran orientieren wir uns im Leben, wie funktioniert unsere Lebens-Navigation? Dabei ist es sinnvoll, auch einmal zurückzuschauen. Führen Sie Tagebuch oder haben Sie als Kind einmal ein Tagebuch geführt? Erinnern Sie sich noch daran, wie es war, die Aufzeichnungen später zu lesen? Tagebücher sind wie Logbücher unseres Lebens. Alle Kapitäne führen seit Jahrhunderten Logbücher. Darin werden die täglichen Ereignisse auf See aufgezeichnet und der jeweilige Standort auf See festgehalten. Auch unser Leben braucht manchmal so ein Logbuch und ein Tagebuch erfüllt diese Funktion. Es hilft uns zu sehen, woher wir kamen, welchen Weg wir genommen haben, und erlauben es uns so, unsere heutige Position zu bestimmen. Es wird so zum Bestandteil unserer Navigation.

Moderne Navigationsgeräte orientieren sich nicht mehr an der Position der Sterne oder der Sonne, sondern peilen verschiedene Satelliten an. Aus diesen Daten wird der eigene Standpunkt errechnet. Auf dieselbe Weise können wir auch unsere Lebensnavigation bestimmen. Welche Satelliten peilen wir im Leben an? Es ist wesentlich, dass wir uns darüber klar sind, wo wir gerade in unserem Leben stehen. Denn: Wer nicht weiß, wo er sich momentan befindet, kann auch nicht bestimmen, welchen Weg er nehmen muss, um an sein Ziel zu gelangen. Dennoch haben wir immer wieder die Tendenz, gänzlich ohne Navigation durchs Leben zu gehen. Zahlreiche Komödianten haben schon das Bild des Mannes karikiert, der lieber zehnmal um den Block fährt, anstatt einmal nach dem Weg zu fragen. Und es stimmt! Dabei ist die eigene Peilung gerade im Dunkeln enorm wichtig. Und meistens ist es dunkel, wenn uns auffällt, dass wir uns verfahren oder verlaufen haben. Sowohl buchstäblich als auch bildlich gesprochen. Dann, wenn wir das Gefühl haben, nicht mehr weiterzuwissen, beginnen wir erstmals uns zu fragen, wie wir an den Punkt gelangt sind, an dem wir nun feststecken. »Wie konnte mir das nur passieren?«, »Warum habe ich das nicht kommen sehen?« lauten die Fragen. Die Antwort: Den Männern war schon seit Jahren nicht mehr bewusst, wo sie sich im Leben eigentlich befanden.

Sowohl auf See als auch in unserem Leben gibt es eine Grundregel: Je mehr Satelliten wir anpeilen, desto genauer können wir unsere Position bestimmen. Deshalb möchte ich Sie dabei unterstützen, in den nächsten Kapiteln fünf Satelliten anzupeilen, die für die Ortung Ihres momentanen Standpunktes im Leben wesentlich sind.

Die fünf Satelliten

1. *Geschichte:* Was geschieht gerade in Ihrer großen Geschichte? Was ist Ihre genaue Position, Aufgabe, Rolle dabei?
2. *Sehnsucht:* Was macht Sie wirklich lebendig? Wofür leben Sie?
3. *Risiko:* An welchem Punkt haben Sie das Risiko gescheut? Welche Herausforderung haben Sie nicht angenommen?
4. *Training:* In welchem Bereich Ihres Lebens wachsen Sie gerade?
5. *Spiritualität:* An wen oder was glauben Sie? Wie erleben Sie Ihre Beziehung zu Gott?

Bereits während meiner Segelausbildung hat mich die Navigation fasziniert, die Seezeichen und die Symbole. Die Informationen auf See sind ganz anders als auf der Straße. Doch wenn ich sie kenne, mich auf sie einlasse und ihnen vertraue, dann werden sie mich sicher an mein Ziel bringen. Selbst in absoluter Dunkelheit kann ich meine Hafeneinfahrt finden oder einen Fluss hinauffahren. Obwohl ich keine Biegung des Flusses sehen kann, wird es immer ein Licht geben, das mich abholt und mir zeigt, wann ich den Kurs wohin korrigieren muss. Ein mächtiges Erlebnis. Es erinnert mich: Ich brauche ein Licht und ich muss mich darauf einlassen, ihm vertrauen.

Aber die Lichter zwingen uns nicht, ihnen zu folgen. Wir haben die Freiheit, auch den Irrlichtern und Sirenen zu folgen. Aus der Geschichte wissen wir, dass früher auf der Insel Sylt bewusst Irrlichter gesetzt wurden, um im Sturm orientierungslose Seefahrer aufs Land zu locken, damit dort ihre Schiffe zerschellen. Das gestrandete Gut gehörte dann den Insulanern. Es ist meine Verantwortung, ob ich im tiefen Wasser des Tonnenstrichs bleibe oder meinen Weg abkürze. Vielleicht sieht das Wasser dort auch noch tief aus – vielleicht ist es aber auch ein Irrweg, so wie auf meinem Törn im Ijsselmeer.

Ich brauche ein Licht und ich muss mich darauf einlassen, ihm vertrauen.

Bei der Navigation unseres Lebens geht es nicht um konkrete Koordinaten oder Orte, sondern im Wesentlichen um *Werte, Ziele und Visionen.*

Alexander gibt nicht auf

Am zweiten Tag an Bord legen wir eine Pause vor Anker in der Cala Corsara ein. Die Sarden belegten diese Bucht mit dem Namen »splendida«, was so viel wie fabelhaft oder prächtig bedeutet. Wir sehen hier die für dieses Segelrevier typischen Felsformationen. Ich lasse die Männer raten, was sie wohl in den Felsen erkennen können. »Ich sehe so was wie einen Kopf!«, ruft Frank. »Ja, das könnte fast Elvis sein«, erwidert Clemens. »Ja, genau«, sage ich. »Das dort ist Elvis, dann gibt es noch eine Bulldogge und so einiges mehr zu entdecken.«

Nach einer erfrischenden Zeit im Wasser hören wir die Geschichte von Alexander, der uns als letzter Mann an seinem Leben teilhaben lässt. Sie macht deutlich, wie wichtig eine Standortbestimmung im Leben eines Mannes ist. Alexander ist Mitte fünfzig, hat grau meliertes, volles Haar und markante Gesichtszüge. Er ist athletisch gebaut und sichtbar trainiert. In seinem dunkelblauen Polohemd und mit der Pilotenbrille sieht er jünger aus. Er stammt aus einem kleinen Ort in der Mitte Deutschlands. Wenige Kilometer von seinem Heimatort entfernt arbeitete er als diplomierter Volkswirt in einer großen Bank. Doch je länger er dort tätig war, desto mehr bemerkte er, dass zahlreiche Kollegen schon früh Herzinfarkte erlitten. Alexander war beunruhigt und beschloss nach einem längeren Gespräch mit seiner Frau, seine Position in dem Büro aufzugeben. Sie überlegten eine Weile und beschlossen dann, einen Surfshop auf der Insel Sylt zu eröffnen und daneben noch Strandkörbe zu vermieten. In kürzester Zeit wurde aus dem Alexander, der morgens im Anzug mit Aktenkoffer ins Büro gegangen war, ein Mann, der im Hawaiihemd, Shorts und Flipflops über den Strand lief und Strandkörbe aufstellte oder Surfbegeisterten aus aller Welt Boards und Zubehör verkaufte. Und auch wenn der neue Job natürlich stressige Zeiten beinhaltete, liebte Alexander seine neuen Aufgaben. Es war die richtige Entscheidung, da waren Alexander und seine Frau sich schnell sicher. Doch das neue Leben ereilte ein jähes Ende, als ein ungewöhnlich starker Herbstorkan das neue Leben von Alexander buchstäblich hinwegspülte. Alexander erinnert sich noch heute bestens daran, wie er nach der stürmischen Nacht zum Hafen gekommen war und nur noch die Überreste seiner Existenz vorgefunden hatte. Sämtliche Strandkörbe waren zerstört oder aufs Meer hinausgetrieben worden. Zudem hatte der Orkan die Frontscheibe seines Surfshops zerbrochen und so auch das Geschäft größtenteils verwüstet. Da zu Beginn ihrer neuen beruflichen Existenz keine Versicherung bereit gewesen war, die Strandkörbe zu versichern, fanden sich Alexander und seine Frau nun vor dem Nichts wieder. Erneut musste Alexander eine Standortbestimmung und Neuausrichtung vornehmen. Nachdem sich die Wogen ein wenig geglättet hatten, nahmen die beiden einen erneuten Anlauf und planten die

Eröffnung eines kleinen Hotels an der Westküste. Schnell war eine passende Immobilie gefunden. Voller Elan planten die beiden die Eröffnung. Doch dann folgte der Rückschlag. Die Gemeinde lehnte das Vorhaben rundweg ab. Nach einem langen Rechtsstreit mussten sie ihren Traum aufgeben. Zu diesem Zeitpunkt hatten sie schon eine erhebliche Summe in ihr Vorhaben investiert. Nun standen sie also wieder vor dem Nichts. Dennoch gelang es ihnen, sich noch einmal zu motivieren und einen neuen Anlauf zu nehmen. Dieses Mal eröffneten sie in Hamburg ein Geschäft für italienische Delikatessen. Die richtige Entscheidung, wie sich schnell zeigen sollte. Das Geschäft war so erfolgreich, dass sie bald zwei weitere Filialen eröffnen konnten.

Nachdem er geendet hatte, sagte Alexander, dass es ihn in all den Jahren am meisten gewundert hatte, dass er immer wieder ein starkes Gefühl von Hoffnung gehabt hatte, selbst als er nach dem Orkan in seinem zerstörten Surfshop saß und auf die Trümmer seiner Strandkörbe blickte.

Mein Platz in der großen Geschichte

Haben Sie sich schon einmal gefragt, wo Sie gerade in Ihrer Geschichte stehen? Haben Sie vielleicht etwas in Ihrem Leben missinterpretiert? Haben Sie die »große Geschichte« Ihres Lebens schon entdeckt oder sind Sie noch auf der Suche? Viele Männer stocken, wenn Sie den Begriff »große Geschichte« hören. Große Geschichte? Ich? »Ich bin doch nur ein einfacher Arbeiter am Band« oder »Ich bin als Sachbearbeiter ein ganz kleines Rädchen«, bekomme ich dann zu hören. Was soll an Ihrem Leben eine »große Geschichte« sein? Das ist die erste Frage. Ich bitte die Männer dann, sich an eine Situation oder einen Moment zu erinnern, in der oder in dem es auf sie besonders ankam.

Nach kurzem Überlegen kommen dann Antworten wie: »Als meine Mutter damals so krank war, da war nur ich für sie da, weil mein Bruder ja in China war« oder: »Wir hatten diese wichtige Präsentation in der Firma und zwei Tage vor dem Termin wurde mein Kollege krank. Ich habe dann alles allein gemacht und bekam dafür viel Lob.«

Wir alle spielen wichtige, unersetzbare und nicht austauschbare Rollen in unserem Leben. Es ist dabei nicht wichtig, wo auf der Karriereleiter wir uns befinden oder wie unser Familienstand ist. Gott hat uns einmalig erschaffen. Wir entscheiden, ob sich seine Möglichkeiten in unserem Leben entfalten. Er ist es, der uns eine große Rolle im Leben zugedacht hat. Und diese Rolle ist außerordentlich wichtig, denn nur wir können sie ausfüllen. Wenn wir unseren Part nicht spielen, wird das niemand anders tun. Sind wir bereit, Gott für unsere Rolle zu vertrauen und sie dann von Herzen anzunehmen? Nelson Mandela drückte es so aus: »Wir sind geboren worden, um den Glanz Gottes, der in uns ist, zu manifestieren.«

»Wir sind geboren worden, um den Glanz Gottes, der in uns ist, zu manifestieren.« (Nelson Mandela)

Die Erkenntnis über die eigene Rolle im Leben und deren Wichtigkeit führt dann bei vielen Männern zur zweiten Frage: Wenn es diese Rolle gibt, die ich spielen darf, warum sagt mir niemand, welche Rolle das ist?

Doch auch hier finden wir in der Bibel eine klare Aussage: *»Ich will dich unterweisen und dir den Weg zeigen, den du gehen sollst. Ich will dich mit meinen Augen leiten.«* (Psalm 32,8; L)

Gott lehrt und führt uns, auch wenn wir das *noch* nicht wahrgenommen haben. Er verbirgt dies nicht vor uns, auch wenn wir seine Führung mitunter noch nicht bemerkt haben. Unsere Rolle ist ein Geheimnis, ja. Aber es ist eines, das Gott demjenigen, den es betrifft, unbedingt offenbaren möchte. Das Problem ist nur: Wir suchen so oft am falschen Ort nach unserer Berufung. Wir vermuten unsere

Berufung zumeist in unserer Arbeit. Sie definiert schließlich zu einem großen Teil, wer oder was wir sind. Haben wir es weit gebracht, dann steht das für eine besondere Berufung; ist unsere Karriere eher enttäuschend verlaufen, dann meinen wir, dass Gott nichts Besonderes mit uns vorhat. Aber das ist falsch! Jeder Mann hat etwas, was nur er dieser Welt bieten kann! Auch Sie besitzen solche Charaktereigenschaften und Fähigkeiten. Versuchen Sie, sich deshalb Ihre Stärken durch folgende Fragen zu verdeutlichen:

1. Was habe ich bisher im Leben richtig gemacht? Was ist mir bisher gut gelungen?
2. Welche Mission, welchen Auftrag habe ich in meinem Leben?
3. Welche Charaktereigenschaften oder Fähigkeiten werden gerade bei mir trainiert?

Es fällt uns oft schwer, unsere Fähigkeiten zu bestimmen. So sehr sind wir darauf geeicht, unsere Schwächen zu analysieren. Nicht wenige Männer haben zudem geradezu Angst davor, Stärke zu zeigen. Nelson Mandela sagte einmal: »Unsere tief greifendste Angst ist nicht, dass wir ungenügend sind. Unsere tiefste Angst ist, über das Messbare hinaus kraftvoll zu sein.«

»Unsere tief greifendste Angst ist nicht, dass wir ungenügend sind. Unsere tiefste Angst ist, über das Messbare hinaus kraftvoll zu sein.« (Nelson Mandela)

Denken Sie nun noch einen Moment über folgende Frage nach: Was geschieht gerade in der großen Geschichte meines Lebens?

ÜBUNG 6:
MEINE LEBENSKURVE

Um Ihren momentanen Standpunkt im Leben genauer abzugrenzen, betrachten wir jetzt die zeitliche Komponente. Machen Sie im Geiste eine kleine Zeitreise zurück an den Beginn Ihres Lebens. Reisen Sie so weit zurück, wie Sie sich erinnern können. Dann betrachten Sie die Grafik unten und beginnen, eine Linie durch Ihr Leben zu zeichnen. Die Höhe der Linie bestimmt dabei den Grad Ihrer Zufriedenheit. Welche Lebensphasen haben Sie als besonders schön in Erinnerung, welche waren eher schwierig? Wann hatten Sie das Gefühl, dass alles so lief, wie Sie es sich wünschten, wann hatten Sie das Gefühl, Ihr Leben würde Ihnen entgleiten?

Wenn Sie sich nun das Auf und Ab in Ihrer Lebenskurve anschauen, versuchen Sie konkret zu benennen, was die motivierenden Faktoren in den Hoch-Zeiten und welches die demotivierenden Faktoren in den schwierigen Zeiten waren. Wodurch waren diese Zeiten so schön für Sie und die anderen so schwierig? Für Ihre nächsten Schritte und die Gestaltung Ihrer Zukunft ist es wichtig zu wissen, was Sie motiviert und was Sie demotiviert.

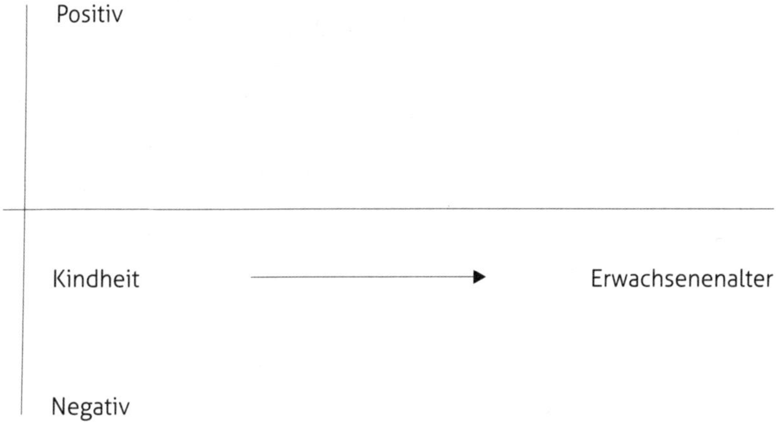

Hochachse von plus 5 bis minus 5 – Längsachse Alter von 0 bis 55

Lebenskurve

6.
DIE WEITE DES MEERES – SEHNSUCHT, LEIDENSCHAFT UND BERUFUNG

Lebensträume

Elegant durchpflügt der Bug unserer Jacht das Meer. Die Segel stehen gebläht im Wind. Immer wieder spritzt die Gischt über das Deck. Die Männer sitzen sehr entspannt an Deck und genießen den Wind, die Sonne und das Meer. Lukas, Urs, Jan und Frank setzen sich nah an den Bug.

»Als Kind habe ich immer davon geträumt, so über den Atlantik zu segeln«, sagt Lukas. »Die weite und exotische Welt – das hat mich fasziniert.«

»Ich wollte immer zum Zirkus«, sagt Jan und lacht.

»Du, zum Zirkus?«, fragt Lukas ungläubig.

»Ja, warum nicht?«, sagt Jan. »Ich dachte, ich würde einen guten Trapezkünstler abgeben. Ich fand das toll, da oben unter der Zeltkuppel zu turnen.« Pascal und Jan lachen.

»Tja, ich wollte eigentlich Bergführer werden«, sagt Urs. »Na ja, irgendwie bin ich das ja auch geworden – nur auf Schienen.«

Dann wendet Jan sich an Frank: »Was wolltest du mal machen?«

Frank zuckt die Schultern: »Weiß nicht.«

»Wie, ›weiß nicht‹? Wolltest du als Kind nicht irgendetwas Besonderes machen, hattest du nicht irgendwelche Sehnsüchte?«

»Darüber habe ich noch nie nachgedacht«, sagt Frank, der Stuckateur, der von seiner Frau betrogen worden war.

»Worüber?«, frage ich, als ich mich zu den vieren an den Bug setze, während Gerber am Ruder steht.

»Über Sehnsüchte«, sagt Frank und sieht dabei auf seine Füße. Und dann kommt es sehr leise aus ihm heraus: »Ich weiß gar nicht, was meine Sehnsüchte sind.«

»Keine Hobbys?«, fragt Lukas, der Immobilienmakler.

Frank schüttelt den Kopf und sagt: »Irgendwie gab es immer nur die Werkstatt. Es war immer klar, dass ich die Werkstatt übernehmen würde. Also habe ich mich voll darauf konzentriert.«

»Du hast nie an Mopeds rumgeschraubt oder Fußball gespielt?«, fragt Urs ungläubig. Frank hält für einen Moment inne. Dann schüttelt er erneut den Kopf. »Alles, was ich gemacht habe, war mal am Samstagabend in die Disco im Nachbarort zu gehen. Aber regelmäßige Hobbys ...«, Frank hält für einen Moment inne und fährt dann fort, »hatte ich keine.«

Die Männer nicken. Mancher beginnt dann, von damaligen Hobbys zu erzählen. Vom Tauchen oder Segelfliegen, von Rucksackreisen oder Bands, in denen er gespielt hat. Doch bei allen mussten diese Dinge hinter dem Beruf und der Familie zurückstehen und gerieten irgendwann ganz in Vergessenheit.

»Ich hätte gern Trompete gespielt«, sagt Frank plötzlich und ein Lächeln huscht über sein Gesicht. »Bei uns im Ort gab es eine Big Band. Richtig gut. Ich habe sie als Kind oft im Park gehört. Dort gab es jeden Sonntag Kurkonzerte. Der Trompeter hat mich dabei immer besonders begeistert.«

»Und warum hast du dann nicht mit dem Spielen angefangen?«, will Urs wissen.

Frank überlegt für einen Moment, dann sagt er: »Mein Vater meinte, dass man eben richtig Zeit investieren müsse, um ein guter Trompeter zu werden, und dass es mir zudem an Talent mangeln würde.«

»Aber du hast es doch nie ausprobiert«, meint Jan. »Woher wollte dein Vater dann wissen, dass du kein Talent hättest?«

»Niemand in der Familie hätte eine musische Begabung gehabt, hat er mir erzählt«, sagt Frank.

»Aber das vererbt sich doch nicht so genetisch, oder?«, fragt Lukas.

Frank sieht hoch. »Wohl nicht, aber bei uns wurde eben keine Musik gemacht. Ich hätte es nur schon gern ausprobiert.«

Als Frank das sagt, spüre ich förmlich, wie er innerlich zusammenzuckt. Da ist sie, *seine* Wunde.

Den Rest des Nachmittags genießen wir gemeinsam das Abenteuer des Segelns.

Am zweiten Abend ankern wir in einer der schönsten Buchten der Costa Smeralda, auf der Insel Santa Maria. In vier Meter Tiefe werfen wir unseren Anker in das türkisblaue Wasser und überprüfen, ob er sich gut eingegraben hat. Kurz nach unserer Ankunft stehen einige Männer zum Baden und Tauchen bereit an Deck. Schon höre ich entspanntes und ausgelassenes Lachen aus dem Wasser. Eine tolle Stimmung. Jan hat sich mit seiner Angelrute platziert und fängt nach kurzer Zeit bereits den ersten Fisch.

Das MännerCamp

Nach einem guten Abendessen sitzen die Männer und ich an Deck. Die Kerzen an Bord verbreiten ein angenehmes Licht. Wir hören das seichte Klatschen der Wellen gegen die Bordwand. Über uns, am tintenschwarzen Himmel, steht der Mond, hell und rund. Manche der

Männer haben sich einen Pullover über die Schultern gelegt, andere lehnen am Mast, den Blick in die sternenklare Nacht gerichtet. Dann beginne ich, den Männern eine Geschichte zu erzählen.

Eines Tages erhielt ich einen Anruf aus der Schweiz. Es war Adrian Nagel. Adrian leitet in der Schweiz das »Free-at-Heart«-MännerCamp. Er hatte von mir als Männer-Coach gehört und wollte mich kennenlernen. Also trafen wir uns auf dem Zürcher Flughafen. Persönlich waren wir uns sofort sympathisch. Doch als ich den Begriff »MännerCamp« hörte, war mir nicht wohl bei dem Gedanken. Vor meinem geistigen Auge sah ich dicke schwitzende Männer in weißen Unterhemden, die sich durchs Gelände robben. Im besten Fall, dachte ich, ist das so ein Outdoor-Survival-Kram. In jedem Fall aber das letzte Event, wo man mich finden würde. Darauf hatte ich wirklich keine Lust. Doch Adrian teilte seine Vision mit mir. Er orientierte sich mit dem Camp an John Eldredge, dem amerikanischen Autor des Buches »Der ungezähmte Mann«[2]. Dieses Buch hatte ich in meiner Krisenzeit gelesen und es hatte mir enorm viel Kraft und Hoffnung gegeben. Es ermutigte mich, den Weg zu meinem männlichen Herzen und zu meiner Berufung als Mann zu finden. Dann erzählte mir Adrian, dass er das Camp mit seinem Vater leiten würde, der, wie sich herausstellte, genauso alt wie mein Vater war. Das begeisterte mich. Sofort kam mir die Idee, mit meinem Vater zusammen hinzufahren. Obwohl mein Vater mit dem christlichen Glauben nichts am Hut hatte, willigte er ein.

Schon bei der Ankunft gefiel mir das Ambiente. Es wurde noch besser, als Adrian am ersten Abend verkündete, dass es nach den Gesprächen und Workshops jeden Abend Bier, Lagerfeuer und Zigarren für alle geben würde. Das war doch einmal eine Ansage. Mir gefiel der unreligiöse männliche Rahmen. Ich hörte tief gehende, berührende Lebensberichte, sah Filmclips, die mich nachdenklich machten, und verbrachte reichlich Zeit mit Gott allein in der Natur. Besonders gefiel mir der herzliche, freundschaftliche und lockere Umgang im

Leitungsteam. Diese Männer waren echt – sehr echt! Hier bin ich richtig, dachte ich.

Der authentische Schwung

Gerade ging es mir richtig gut, da zeigte Adrian einen Ausschnitt des großen Hollywoodfilms »Die Legende von Bagger Vance« mit Will Smith und Matt Damon. In dem Film geht es um den Golfprofi Rannulph Junuh. Dieser feiert im ersten Jahrzehnt des 20. Jahrhunderts große Erfolge und gehörte zu den besten Golfern der USA. Doch am Ende des Ersten Weltkriegs kehrt Junuh stark traumatisiert vom Geschützdonner und den Gräueln der Schlachten nach Hause zurück. Als bald darauf seine Lebensgefährtin, die Tochter eines Golfplatzbesitzers, in große finanzielle Schwierigkeiten gerät, sieht sie die Lösung ihrer Probleme darin, ein Golfturnier zu veranstalten. Rannulph soll dort gegen zwei der besten Golfer antreten. Gewinnt er das Turnier, kann sie die offenen finanziellen Forderungen begleichen. Doch der Plan geht nicht auf wie erwartet. Rannulph gelingt es nicht, an seine Form, die ihn vor dem Krieg berühmt gemacht hatte, anzuknüpfen. Er macht Fehler nach Fehler und schlägt den Ball schließlich in ein Waldstück. Das Turnier scheint für ihn gelaufen zu sein. Wäre da nicht sein Caddie, der mysteriöse Bagger Vance. Die Schlüsselszene des Films zeigt Rannulph auf der Waldlichtung. Er sieht auf den Ball und dann in die Richtung, in die er den Ball schlagen muss. Die Äste der Bäume, das Laub – alles wirkt wie ein düsterer Korridor. Es scheint unmöglich, den Golfball durch dieses Dickicht wieder auf den Platz zu bringen. Doch damit nicht genug. Während Rannulph in das Dickicht blickt, beginnt er wieder die Kriegsgeräusche in seinem Kopf zu hören. Er hört die Schüsse, das Rattern der Maschinengewehre, die

Schreie seiner Kameraden. Er beginnt zu zittern, verkrampft sich, hat Angst. Er will den Golfball in die Hand nehmen, obwohl er dadurch den Punkt verschenkt. Doch als er wieder hochschaut, steht Bagger Vance vor ihm. Er ist wie aus dem Nichts aufgetaucht. Und Bagger beginnt sehr sanft, fast liebevoll mit Rannulph zu sprechen: »Jeder hat sein Päckchen zu tragen, doch Sie haben Ihres schon zu lange getragen. Legen Sie's ab, fangen Sie neu an … Gehen Sie dorthin zurück, von wo Sie gekommen sind, und dort bleiben Sie stehen und erinnern sich an das, was mal war.« Rannulph zögert, sieht Bagger an. »Das ist zu lange her.« Doch Bagger hat irgendetwas in Rannulph bewegt. »Oh, nein, Sir, das war grade eben erst.« Er lässt die Worte wirken. Dann fährt Bagger fort: »Es wird Zeit für Sie, aus dem Schatten zu treten, Zeit, sich zu entscheiden.« »Ich kann nicht.« »Doch, Sie können und Sie sind nicht allein. Ich bin bei Ihnen. Ich war die ganze Zeit hier. Und jetzt spielen Sie – Ihr Spiel, das Spiel, für das allein Sie bestimmt sind, das Ihnen in die Wiege gelegt wurde.«

Und Rannulph greift den Schläger, sieht in die Richtung, in die er den Ball schlagen muss, und holt Schwung. Bagger Vance ermutigt ihn: »Erinnern Sie sich, erinnern Sie sich an Ihren Schwung. So ist es gut. Sammeln Sie sich. So ist es gut. Es ist an der Zeit.« Es wird ein Meisterschlag zurück aufs Grün. Junuh hat seinen *authentischen Schwung* wiedergefunden – eine absolut bewegende Szene. Ein Mann findet zurück zu seinem authentischen Schwung, zu seiner Bestimmung.

Spielen Sie Ihr Spiel, das Spiel, für das allein Sie bestimmt sind, das Ihnen in die Wiege gelegt wurde.

Als ich diese Szene sah, war ich tief bewegt. In diesen knapp fünf Minuten war meine persönliche Misere zusammengefasst, nein, war die Misere etlicher Männer zusammengefasst. Genau das war es, das war uns passiert: Wir haben unseren *authentischen Schwung* verloren bzw. ihn uns rauben lassen. In den Sätzen von Bagger Vance steckt viel von dem, was ich erlebt hatte. Noch lange hallte der Satz »Nun spielen Sie Ihr Spiel, für das allein Sie bestimmt sind« in mir nach. Da war sie wieder, die Rolle, die Gott für uns in unserem Leben vorgesehen hat. Diese Rolle, die nur wir spielen können. Zu dieser Rolle, zu diesem authentischen Schwung, wollen wir zurückfinden oder uns auf die Suche nach ihm machen.

Doch was ist dieser authentische Schwung? An einer anderen Stelle im selben Film wird Bagger Vance gefragt, ob Junuh gewinnen könne. Er antwortet: »Wenn er wieder zu seinem authentischen Schwung findet.« Authentisch? In jedem Einzelnen von uns steckt ein wahrer authentischer Schwung. Etwas, mit dem wir geboren werden. Er gehört uns, uns ganz allein. Keiner bringt ihn dir bei und du kannst ihn nicht lernen. Er ist etwas, was man sich bewahren muss. Mit der Zeit kann es passieren, dass die Welt uns unseren Schwung raubt. Dann ist er in uns begraben. Unter all dem »hätte dies, könnte das, sollte jenes«. Es gibt Menschen, die haben ihren Schwung komplett vergessen. Sie sind vom Weg abgekommen, ließen sich von Zwängen und anderen Menschen formen. Sie folgten einem vermeintlich richtigen Weg, der sie immer weiter weg von dem führte, was wirklich ihre Bestimmung ist.

In jedem Einzelnen von uns steckt ein wahrer authentischer Schwung. Etwas, mit dem wir geboren werden. Er gehört uns, uns ganz allein.

Als ich diesen Clip sah, spürte ich, wie Gott mich ganz direkt ansprach. Er sagte zu mir: »Dirk, willst du tot am Boden liegen bleiben und aufgeben oder wollen wir beide weitermachen?« Und ich schrie innerlich zu Gott: »Vater, ich will wieder leben, zurück zu dir – hilf mir!« Das war mein Schlüsselerlebnis.

Doch der Weg zurück zum authentischen Schwung ist kein leichter. Ich habe viele Monate gebraucht, um meinen Schwung wiederzufinden. Ein Jahr nach meiner Krise hielt ich ein Berufungs-Seminar in Neumünster. Da sprach mich der Leiter an, der mich schon aus der Zeit vor meiner Krise kannte. Er sagte: »Dirk, das Seminar ist gut und das Material ist gut. Aber wo ist der alte Dirk, der mit so einer Leidenschaft, mit so einem ansteckenden Brennen, von Gott, dem liebenden Vater schwärmt?« Die Frage traf mich ins Herz. Ich konnte es ihm nicht beantworten. Ich hatte meinen Schwung verloren und andere nahmen das deutlich wahr. Ich brauchte lange, um meinen authentischen Schwung wiederzuerlangen. Aber der Weg hat sich gelohnt.

Die falsche Rolle

Als ich ende, sehe ich in die Gesichter der Männer. Ich sehe, dass jeder von ihnen genau verstanden hat, wovon ich sprach. Es war Jan, der das Schweigen brach. Zunächst nickte er nur, aber dann sagte er immer bestimmter: »Ja, ja, ja … ich habe meinen authentischen Schwung verloren.« Er erhob sich und blickte für einen kurzen Moment über das nächtliche Meer. Dann hörten wir ihn sagen: »Ich bin Erfinder, das ist es, was ich bin – Erfinder in der Luftfahrtindustrie. Ich bin vom Weg abgekommen, als ich meine Erfindung in der Zahnmedizin gemacht habe. Das war gut, aber es hat nichts mit meiner Leidenschaft im Leben zu tun. Ich bin nicht der Geschäftsführer eines Unternehmens in der Medizintechnik. Das ist nicht meine Rolle. Ich spiele die falsche Rolle.«

»Erfolg entsteht dadurch, dass man sich auf das konzentriert, was man wirklich mag und worin man gut ist.« (Bill Gates)

Wir anderen konnten in diesem Moment förmlich spüren, wie Jan innerlich aufbrach, wie sich etwas seinen Weg bahnte, das er lange, zu lange, unterdrückt hatte.

Und dann hob Clemens den Kopf. Er lächelte Jan zu, so als wollte er ihm sagen: Ich verstehe genau, was du meinst. Clemens seufzte und erzählte dann. In seinem Kopf kreiste genau dieser Gedanke schon seit Monaten. Er hatte bereits erkannt, dass er sich in seinem Arztberuf heillos verrannt hatte. Er war so weit von seinem eigentlichen Weg abgekommen, dass er schon das Gefühl hatte, er wäre gegen eine Mauer gerannt, die ihn aufhalten musste. Er verspürte keinerlei Leidenschaft mehr für das, was er tat. Er sagte, er würde nur noch funktionieren, weil seine Umgebung das erwarte. Aber er merkte, dass das Feuer für seinen Beruf längst erloschen war. Selbst die Glut war bereits erkaltet. Es war, als wäre er innerlich abgestorben.

Es war an diesem Abend, als ginge ein Ruck durch manche der Männer an Bord. Als würde ihnen zum ersten Mal bewusst, dass das Leben, das sie gerade führten, nicht das war, für das sie bestimmt waren. Mancher mochte das, wie Clemens, schon erahnt haben.

Ich nutzte diesen Moment und erzählte den Männern von einem weiteren Filmausschnitt, den ich seinerzeit in dem Schweizer Männer-Camp zu sehen bekam. Es war eine Sequenz aus dem Film »October Sky« von Joe Johnston mit Jake Gyllenhaal und Chris Cooper, der auf einer wahren Geschichte basiert. Der junge Homer Hickam wächst in den 50er-Jahren in einer Kleinstadt in West Virginia auf. Seine Zukunft ist so vorhersehbar wie die all seiner Altersgenossen im Ort: Sie werden Bergleute. So wie es ihre Väter sind und schon ihre Großväter waren. Doch dann erlebt der 14-jährige Homer, wie der russische Satellit Sputnik über die USA hinwegfliegt. Dieses Erlebnis inspiriert Homer und einige seiner Freunde, selbst Raketen zu bauen und diese zu starten. Doch dies bringt sie in erhebliche Schwierigkeiten, sowohl bei ihren Familien als auch im Ort. Sie stoßen auf Widerstand und Entmutigung und müssen eine Reihe von Hindernissen überwinden. Homer leidet dabei besonders unter der Ablehnung, die sein Vater seinen Experimenten entgegenbringt. Dieser versucht, seinen Sohn von den Versuchen abzubringen, indem er ihn fortwährend entmutigt und Homers Visionen herabwürdigt. An der Seite der Jungs steht nur ihre Chemielehrerin, die in den Raketen-Experimenten eine Chance erkennt, die Zukunft der Jungs zu verändern. Sie ermutigt die Jungs, an einem wissenschaftlichen Wettbewerb teilzunehmen. Denn wenn sie diesen gewinnen, erhalten sie die Chance, aufs College zu gehen, und können so der vorhersehbaren Tristesse ihres Bergmanndaseins doch noch entkommen.

Auch dieser Film berührte mich zutiefst, denn er verband drei Aspekte, die in meiner Arbeit als Coach immer wieder auftauchten: das Verhältnis zum Vater, unsere Sehnsüchte und die Wunde, die vielen von uns geschlagen wurde.

Sehnsucht – der Geruch des Meeres

In Psalm 37,4 heißt es: *»Habe deine Lust am Herrn, so wird er dir geben, was dein Herz begehrt.«* Darin stecken zwei wesentliche Punkte, die unsere Sehnsüchte betreffen. Zunächst kommt es darauf an, mit Gott zu gehen, unser Leben mit ihm zu verbringen. Denn wenn wir das tun, dann wird er uns zu unseren Sehnsüchten, die er in uns angelegt hat, führen. Wichtig ist, dass wir beides gemeinsam betrachten: Mit Gott unterwegs zu sein und sich von Ihm die Sehnsüchte im Herzen offenbaren zu lassen, bringt mich meiner Berufung in dieser Welt ein großes Stück näher. Gehen wir einerseits nur mit Gott und ignorieren

»Wenn du ein Schiff bauen willst, so trommle nicht die Männer zusammen, um Holz zu beschaffen und Werkzeuge vorzubereiten oder die Arbeit einzuteilen und Aufgaben zu vergeben – sondern lehre die Männer die Sehnsucht nach dem endlosen weiten Meer.«
(Antoine de Saint-Exupéry)

unsere Sehnsüchte, dann führt das zu einem Glauben, der unsere Seele tötet. Ein solcher Glauben besteht nur aus Gesetzlichkeit. Wir folgen den Geboten und Regeln, ohne ihren Sinn und ihre Bedeutung wirklich zu erkennen und auszufüllen. Folgen wir andererseits nur unseren Sehnsüchten und lassen Gott aus dieser Gleichung heraus, landen wir an sehr dunklen Orten.

Meine Sehnsucht ist es, Menschen zu entwickeln, zu ermutigen und voranzubringen. Der Hunger der Welt besteht darin, dass viele Menschen ihre Orientierung verloren haben und sich nach Unterstützung sehnen, um ihren Weg – und damit das Leben – wiederzufinden. Diese beiden Dinge kommen bei mir als Coach zusammen. Wenn ich Menschen hierbei unterstützen kann, bin ich wie der Fisch im Wasser.

»Der Platz, an den Gott dich ruft, ist dort, wo deine tiefste Sehnsucht und der ungestillte Hunger dieser Welt aufeinandertreffen.« (Frederick Buechner)

Wenn wir lebendig geworden sind und das tun, was Gott uns ganz speziell und nur uns anvertraut hat, dann verherrlichen wir Gott damit. Seinen Sehnsüchten zu folgen und Gott zu verherrlichen, das schließt sich keinesfalls aus. Deshalb ist es wichtig, dass wir die Sehnsüchte erkennen, die durch Gott auf unser Herz geschrieben sind. Wir dürfen uns unseren Sehnsüchten nähern und ihnen Raum geben. Nur so erlangen wir Orientierung im Leben. Zu viele religiös geprägte Menschen haben sich von ihren Sehnsüchten entfernt, weil sie glauben, dass es ihre Heiligkeit zerstört, doch ohne Sehnsucht kann man seinen Platz in der Geschichte nicht finden.

Das Geheimnis deines Lebens ist in verschlüsselter Form auf dein Herz geschrieben. Dieser Code setzt sich aus deinen Sehnsüchten zusammen.

Der Kirchenvater Irenäus von Lyon erkannte schon: »In einem lebendigen Menschen verherrlicht sich Gott.«

ÜBUNG 7:
WAS MACHT MICH LEBENDIG?

Stellen Sie sich nun bitte folgende Fragen:

1. Was macht mich lebendig? Was hat mich schon immer lebendig gemacht, von meiner Kindheit bis heute? Erstellen Sie eine Liste von Dingen, Umständen und Aktivitäten, die Sie lebendig machen. (Lebensliste)

2. Was macht mich stumpf? Was nimmt mir den Lebenssaft? Was tötet mich? Machen Sie eine Liste von Dingen, Umständen und Aktivitäten, die Sie innerlich abtöten. (Todesliste)

7.
DAS LECK IM RUMPF – DIE WUNDE

Urs und seine Wunde

Die Männer an Bord schweigen. Die Stimmung schwankt irgendwo zwischen Aufbruch und tiefer Gedankenverlorenheit. Nun ist es nicht mehr nur Frank, der von seiner Wunde berichtet, die ihm zugefügt wurde, als sein Vater ihm das Trompetenspielen ausredete. Es ist Urs, der Lokführer, der plötzlich einen Brief hervorzieht. Der Brief ist von seiner Mutter. Mit belegter Stimme beginnt er zu erzählen.

»Ich war gerade sechs Jahre alt, als mein Vater versuchte, mich in der Tränke auf unserem Hof umzubringen.« Die anderen Männer zucken zusammen. Und Urs fährt fort:

»Ich kam gerade vom Schwimmen. Da merkte ich, dass etwas mit meinem Vater nicht stimmte, als ich den Hof betrat. Er kam auf mich zu, ergriff mich und zog mich hinüber zur Viehtränke. Dort begann er, meinen Kopf unter Wasser zu drücken. Ich schlug wie wild um mich, aber ich konnte nichts gegen ihn ausrichten. Das Seltsame war, dass ich wusste, dass er es nicht mit Absicht tat. Oder anders gesagt, er war nicht im Vollbesitz seiner geistigen Kräfte. Er war psychisch krank. Mein Glück bestand darin, dass ein Nachbar es sah und mir zu Hilfe kam. Zusammen mit meinem Bruder gelang es ihm, meinen Vater wegzuzerren. Mein Vater wurde wenige Wochen später dann in eine psychiatrische Einrichtung eingewiesen. Aber ich leide seitdem an einer unheimlichen Angst vor Wasser. Ich bin nie wieder schwimmen gegangen, obwohl ich kaum etwas mehr liebe als das Wasser.«

Als Urs dies sagt, blickten alle Männer auf.

»Du hast Angst vor Wasser und machst dennoch diesen Segeltörn?«, fragte Pascal.

»Genau deshalb«, antwortete Urs. »Über Jahre habe ich mich mit Gottes Hilfe dem Wasser wieder angenähert. Einmal konnte ich sogar schon wieder schwimmen gehen. Ich bin bereits sehr weit mit meinem Prozess der Heilung gekommen und wollte nun meine Angst ein für alle Mal hinter mir lassen, indem ich ausprobiere, ob ich es schaffe, eine Woche auf einem Boot auf dem Meer zu sein. Ich sehne mich seit Jahren danach, wieder im Meer zu schwimmen, so wie früher, und hoffe, es auf dieser Reise das erste Mal wieder tun zu können.«

»Wow«, entfährt es Lukas und er nickt anerkennend. »Bisher hast du dich gut geschlagen, würde ich sagen.«

Urs nickt. Doch dann hält er einen Brief hoch. »Den hat meine Mutter mir vor der Reise noch mitgegeben«, sagt Urs. »Ich dachte, der Brief wäre dazu gedacht, mich zu ermutigen, aber ich habe mich getäuscht. Ich habe ihn am Flughafen geöffnet. Seitdem weiß ich, dass ich es nicht hätte tun sollen.«

»Warum, was steht drin?«, fragt Lukas.

»Meine Mutter sagt mir darin, dass ich es nicht schaffen werde, dass ich zu schwach bin. Sie hält diese Reise für eine schlechte Idee und befürchtet, dass ich die Reise abbrechen muss. Sie hat sogar geschrieben: ›Du wirst auf dieser Reise sterben.‹«

Beim letzten Satz zuckten die Männer zusammen. Wie konnte sie ihrem Sohn so etwas schreiben? Wie kann eine Mutter ihr Kind so entmutigen? Ein Raunen geht durch die Gruppe. Da ist sie, die

Wunde von Urs. Seit vielen Jahren hat er sie mit sich umhergetragen und stand nun kurz davor, sie zu überwinden. Doch seine Mutter hat ihn mit dem Brief wieder runtergezogen, hat Selbstzweifel gesät und ihn wieder ein Stückchen weiter in Richtung Resignation gestoßen.

Vielleicht wäre es Urs tatsächlich in den kommenden Tagen gelungen, diese Wunde heilen zu lassen, damit er seiner Sehnsucht nach dem Schwimmen folgen kann? Als ich diese Geschichte hörte, war ich total bewegt und dachte nur bei mir: Gott, bitte lass mich diesen Mann nach dieser Woche wieder heil an Land absetzen!

Vor einigen Jahren war ich zu einem Treffen in der Schweiz eingeladen. Ich freute mich darauf. Es würden viele Männer dort sein, die ich noch nicht kannte. Es fällt mir zumeist sehr leicht, mit mir bisher unbekannten Männern ins Gespräch zu kommen. Ich gehe auf sie zu, spreche sie an und erlebe so häufig, dass sich interessante Kontakte ergeben. Nur dieses Mal war dort ein Mann, den ich auf Anhieb nicht mochte. Ich konnte nicht genau benennen, was das Problem war. Er war mir einfach unsympathisch. Ich wollte nicht mit ihm sprechen. Wir stellten uns in der Runde vor, und als er zu Wort kam, beschrieb er sein Leben als eine einzige Botschaft der Ablehnung. Dies war seine Wunde: Ablehnung. Und er strahlte sie aus, ohne auch nur ein Wort zu sagen. Und wie hatte ich reagiert? Mit Ablehnung. Und schon wurde er erneut in diesem Bereich durch mich verletzt. Als ich seine Geschichte hörte, war er dann der erste Mann, auf den ich zuging, um ihn näher kennenzulernen. Und ich wurde reich beschenkt. Diese Situation verdeutlichte mir wieder: Wir strahlen den Geruch unserer Wunde aus – auch ohne Worte.

Nicht nur wir selbst entfernen uns von unseren Sehnsüchten – wir werden auch von ihnen entfernt. So wie Homer Hickam in *October Sky* von seinem Vater, als dieser ihm die Idee mit der Rakete auszureden versucht. Homer hat das Glück, eine Chemielehrerin zu haben, die an sein Vorhaben glaubt und das Potenzial in ihm und seiner Sehnsucht erkennt. Sie weiß, dass seine Sehnsucht, eine Rakete zu bauen, die Basis für ein besseres Leben sein kann. Doch nicht jeder von uns hat diese »Chemielehrerin« in seinem Leben. Oft sind wir von Menschen umgeben, die versuchen, uns von unseren Sehnsüchten abzubringen. Sehr oft sind dies Autoritätspersonen in unserem Leben. Es sind die Zweifler, die einen vermeintlich guten Rat für uns haben. Es sind diejenigen, die uns ja nur davor bewahren möchten, einen Fehler zu machen oder enttäuscht zu werden. Sie legen uns verbal den Arm um die Schulter und ziehen uns an sich, um uns ins Gewissen zu reden. Oder sie entmutigen uns, indem sie die möglichen Schwierigkeiten aufzeigen, die auf uns zukommen könnten, falls wir an unserem Vorhaben festhalten. Manche gehen noch einen Schritt weiter und sagen uns ganz direkt, dass sie uns für nicht geeignet halten, diesen Sport auszuüben oder jenes Studium zu beginnen. Was immer es auch ist, es sind Menschen, die uns davon abhalten wollen, unseren Sehnsüchten zu folgen.

Hierfür gibt es eine ganze Reihe von Gründen. Doch fast nie geht es dabei um unser Wohl! Es gibt soziologische Studien, die zeigen, dass wir fortwährend versuchen, die Menschen in unserem Umfeld auf unserem Niveau zu halten. Der Grund: Es beängstigt uns, wenn Menschen um uns herum die gesellschaftliche Leiter höher erklimmen, als es uns gelungen ist. Die Ursachen dafür sind zweierlei: Zum einen stecken dahinter Verlustängste. Wenn der Mensch, den ich liebe, sich weiterentwickelt, wendet er sich womöglich von mir ab und sucht sich Menschen, die sich auf seinem Entwicklungsstand befinden. Zum anderen ist es ein ganz egoistischer Grund: Wenn jemand in meinem Umfeld mehr erreicht als ich, dann fühle ich mich als »Verlierer«. Ich muss mir dann die Frage stellen: »Warum habe ich das nicht auch geschafft?«. Das führt dazu, dass Menschen quasi automatisch dafür sorgen, dass ihr soziales Umfeld auf ihrem »Level«

bleibt. Die einfache Formel dahinter: Wenn es dir nicht gelingt, höher zu kommen, dann werde ich auch nicht erniedrigt. Daher wird jeder entmutigt, der höher hinaufwill. Das resultiert dann in Sätzen wie: »Bist du dir sicher, dass du das schaffst?« oder: »Ich kenne jemanden, der hat sich damit ganz schön auf die Nase gelegt« oder: »Na ja, die meisten Menschen brechen das ja ohnehin bald wieder ab.« Wendet der Mensch aus unserem Umfeld sich dann von seinem Vorhaben ab, fühlen wir uns besser und bestärken ihn noch in seiner Entscheidung. Das Gleichgewicht ist wiederhergestellt. Wir bleiben auf Augenhöhe.

Doch wir bedenken nicht, was wir anderen Menschen damit womöglich antun. Fast jeder von uns kennt diese Entmutigungen. Sie verletzen uns. Manche ein ganzes Leben lang. Sie klaffen als Wunde in unserer Biografie. Eine Wunde, die nicht verheilt. Deshalb ist es umso wichtiger zu erkennen, was diese Wunde in unserem Leben ist und wer sie uns wodurch zugefügt hat.

Die Wunden in unserem Leben werden nicht nur einmal geschlagen. Wir müssen davon ausgehen, dass es immer wieder neue Versuche gibt, uns Wunden zuzufügen. Oft werden die Wunden sehr strategisch geschlagen: Die Angriffe haben meistens nur ein Ziel, dass wir unsere Sehnsüchte verlieren und von unserer Berufung abgedrängt werden.

Die Wunde wird meist genau dort geschlagen, wo unsere größte Sehnsucht liegt.

Denn wenn wir unsere Sehnsucht verlieren, dann verlieren wir unseren Weg, unseren authentischen Schwung. Den Schwung, für den nur du geboren wurdest. Mir ging es so, als ich merkte, dass ich die Erwartungen meiner Eltern an meine schulischen Leistungen nicht erfüllen konnte. Die Folge: Ich floh in Drogen, Kriminalität und in ein ausschweifendes Nachtleben. Dann fand ich zu Gott, wurde Leiter eines Jugendwerkes und glaubte mich sicher gegen Anfeindungen. Doch als der Leserbrief mein Engagement in der Pfadfinder-AG beendete, fügte mir das eine tiefe Wunde zu. Ich fiel in das beschriebene schwarze Loch. Verlor mich in Depression und Resignation. Es dauerte drei Jahre, bis ich den Weg herausfand. Aber auch heute bin ich nicht immun gegen Wunden, die in den Bereich meiner Sehnsucht zielen, Menschen zu fördern und zu ermutigen.

Die große Enttäuschung

Vor nicht allzu langer Zeit schickte ein Bekannter eine E-Mail herum. Darin führte er aus, dass er sich in einer Krise befände und dass in seinem Leben so einiges nicht rund laufen würde. Er bat uns, ihm ehrlich zu sagen, wie wir ihn sehen würden. Ich war davon beeindruckt und setzte mich hin, um ihm einen Brief zu schreiben. Während ich darüber nachdachte, sagte Gott mir, dass ich in diesen jungen Mann investieren sollte. Ich sollte ihn in mein Team aufnehmen. Wenig später kam er zu uns nach Schleswig-Holstein. Gemeinsam wollten wir an seinen Herausforderungen arbeiten. Ich freute mich auf diesen gemeinsamen Weg. Denn genau hier lag ja meine Sehnsucht. Menschen entwickeln, ihnen zu persönlichem Wachstum zu verhelfen – das war und ist es, wofür ich brenne. Enthusiastisch machte ich mich an die Arbeit. Der Anfang war vielversprechend und wir machten schnell Fortschritte, was meine Begeisterung noch beflügelte. Dann, nach mehreren Monaten gemeinsamen Zusammenlebens und Wachstums, kündigte er mir aus heiterem Himmel an, dass ihm dies alles zu eng sei, dass er alles hinschmeißen werde und er gehen wolle.

Einfach so. Knall auf Fall. Ich war wie vor den Kopf gestoßen. In den letzten Monaten hatte ich viel Zeit und Kraft in ihn investiert und nun nahm er seine Sachen und schlug die Tür hinter sich zu. Ich war zutiefst frustriert. Die Enttäuschung war riesengroß und ich spürte, wie tief die Wunde ging. Er hat mich mit der Ablehnung meiner Arbeit genau dort getroffen, wo ich am meisten brenne. Er hat mich dort zurückgewiesen, wo meine Leidenschaft am größten ist. Meine sofortige Reaktion: Ich werde nie mehr in Menschen investieren. Doch was hätte das für Konsequenzen für das Team? Machen wir allein weiter? Das kann es auch nicht sein.

Wunden führen zu Abmachungen, zu inneren Versprechen an sich selbst: »Damit ich so etwas nie wieder erleben muss, werde ich nie wieder dies oder jenes tun!« Ich wollte nie wieder rechnen, weil die Demütigungen durch Lehrer tief saßen. Das war eine totale Vermeidungsstrategie. Doch irgendwann bemerken wir, dass wir uns damit schaden. Wir verhindern selbst, dass die Wunde heilen kann.

Ich vermute, dass Sie sich irgendwo in den Geschichten von Urs oder mir wiederfinden. In fast jeder Biografie nehmen wir die Spuren solcher Wunden wahr. Die entscheidende Frage ist: Wie geht ein Mann mit seinen Wunden um? Verdrängt er diese oder stellt er sich seinen Wunden, hat den Mut, genau hinzuschauen und Heilung zu erfahren? Was ist mit Ihrer Geschichte? Was haben Sie mit Ihrer Sehnsucht gemacht und wo hat Resignation diese erstickt?

Bedenken Sie dabei: Die Reise von der Resignation zurück zur Sehnsucht kann manchmal recht lang sein. Es ist an uns, gegen die Resignation zu kämpfen, um so wieder an unsere Sehnsüchte heranzukommen. Ihre Sehnsucht ist entscheidend für Ihre Berufung.

ÜBUNG 8:
WO LIEGT MEINE WUNDE?

Stellen Sie sich bitte folgende Fragen:

1. Wo liegt meine Wunde? Wodurch wurde meine Sehnsucht erstickt oder bekämpft?

2. Was sind meine Abmachungen, die ich getroffen habe, um nicht wieder verletzt zu werden? Welche Schutzfunktionen habe ich aufgebaut?

8.
DER WIND IM SEGEL – MOTIVATION

Voll motiviert?

»Ich weiß nicht«, sagt Oliver und wischt sich den Mund mit der Serviette ab. Wir sitzen im kleinen Hafen von La Maddalena und haben gerade fantastisch gegessen. »Ich weiß, ich sollte mich freuen, hier zu sein«, sagt Oliver mit einem Lächeln im Gesicht. »Das mache ich auch. Sehr sogar! Aber, das Schöne an solchen Ausflügen ist es, dass mir dabei immer bewusst wird, wie sehr ich auch das mag, was ich sonst mache. Ich habe viel Spaß an meinem Beruf, meinem Umfeld. Ich bin hoch motiviert, wenn ich morgens zur Arbeit gehe, ins Möbelhaus komme und meine Mitarbeiter treffe. Es macht mir einfach riesig Spaß.«

Ich finde es immer ermutigend, Menschen zu treffen, die etwas machen, was sie wirklich motiviert. Dabei spielt es keine Rolle, ob es sich dabei um den Beruf, ein Hobby oder eine wohltätige Aktion handelt. Ganz gleich, woher Menschen ihre Motivation beziehen – es ist wunderbar, sie so zu erleben.

Erinnern Sie sich an Ihre Kindheit. Als Kinder konnten wir uns alle leidenschaftlich einem Spiel widmen. Vielleicht bauten wir mit

Lego, spielten mit Playmobil oder kickten auf dem Fußballplatz mit unseren Freunden. Nichts konnte uns in diesen Momenten ablenken, die Stunden verflogen wie Minuten. Wir waren ganz in unserem Element. Doch je älter wir werden, desto mehr wird die Kür von der Pflicht verdrängt. Schon bei der Einschulung hören nicht wenige Kinder den fatalen Satz: »Jetzt beginnt der Ernst des Lebens.« Ein Satz, der nichts anderes bedeutet als: »Nun ist Schluss mit den Dingen, die dir Spaß machen.« Und wir akzeptieren dies. Machen es nicht alle so? Muss sich nicht jeder anpassen, sich einfügen, die eigenen Träume und Hoffnungen zurückstellen, um sich ein sicheres Auskommen und einen respektablen Platz in der Gesellschaft zu erkämpfen? Doch Vorsicht: Dabei geht schnell der Elan verloren, die Freude an dem, was wir tun. Wir tun immer mehr, wofür wir uns eigentlich nicht begeistern. Mit anderen Worten: Wer zu lange in einem Bereich läuft, für den er nicht wirklich brennt, brennt aus.

> Wer zu lange in einem Bereich läuft, für den er nicht wirklich brennt, brennt aus.

Fragen Sie sich deshalb: *Wofür brenne ich eigentlich? Wo liegen meine Sehnsüchte?* Unsere Sehnsüchte sind eng verknüpft mit unserer Motivation. Das weiß jeder, der sich dabei ertappt, wie er wichtige Aufgaben zugunsten von Dingen aufschiebt, die ihn mehr motivieren. Wenn wir hingegen richtig motiviert zur Sache gehen, scheinen uns Dinge zu gelingen, die wir zuvor für unmöglich gehalten haben. Motivation wiederum ist eng verknüpft mit unseren Begabungen. Jeder Mensch ist einzigartig begabt. Im Folgenden soll es nun darum gehen, was uns motiviert und wo unsere Fähigkeiten und Stärken liegen.

Grundlagen einer gesunden Entwicklung

Bereits Anfang des 20. Jahrhunderts interessierten sich die Psychologen Alfred Adler und Viktor Frankl für die Frage: Was braucht ein Mensch, um sich gesund zu entwickeln und zu einem gesunden, mündigen Menschen zu werden? Ihrer Meinung nach ist dazu Folgendes nötig:

Was muss der Mensch tun, um sich gesund zu entwickeln?[3]

Seine ureigenen Stärken (Meisterschaft) …

- entdecken
- entwickeln
- trainieren bis zur Professionalität
- einsetzen innerhalb einer Gemeinschaft
- und dies genießen

Seinen einzigartigen Platz innerhalb eines Teams …

- entdecken
- einnehmen
- sich dort weiterentwickeln
- und dies genießen

Den Sinn in seinem Beitrag am Ganzen …

- entdecken
- entfalten
- erfahren
- und dies genießen

Aus diesen Erkenntnissen resultiert, dass wir dann motiviert werden, wenn wir …

- einige unserer Fähigkeiten und Persönlichkeitsstärken einsetzen können
- einige der Umgebungsfaktoren erleben, die uns motivieren, und
- einige unserer Werte ausleben können

In Bezug auf unseren Beruf heißt das beispielsweise: Je mehr unserer Motivationsfaktoren sich in unserem Beruf finden, desto motivierter sind wir.

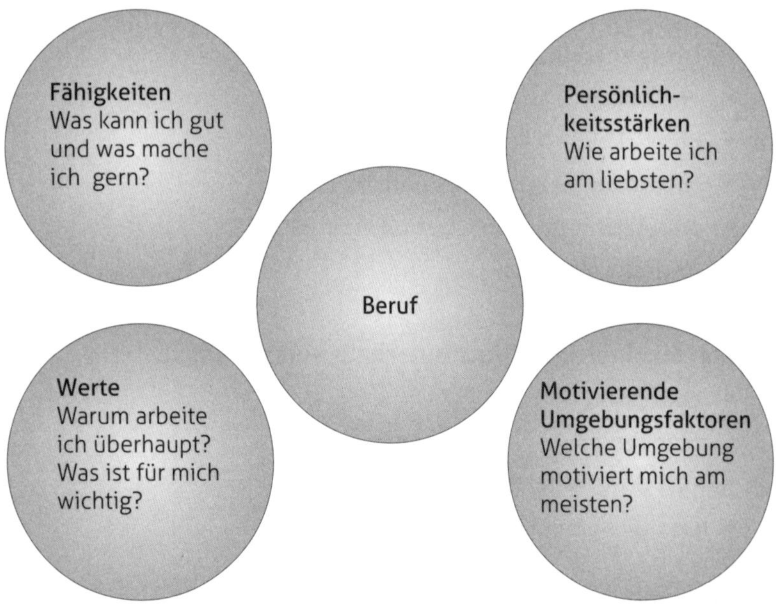

Ressourcen[4]

Wenn Sie sich also fragen: »Was ist meine Berufung?«, dann lohnt es sich, diese vier Kreise genauer zu erforschen.

Fähigkeiten

Arthur F. Miller, amerikanischer Autor, Key-Note-Speaker und Management-Berater sowie Gründer von *People Management International*, hat in seinem Leben ca. 30 000 Menschen zu ihren Motivationen erforscht und dabei festgestellt, dass jeder Mensch mit sieben bis zehn natürlichen Fähigkeiten geboren wird. Diese können sich in folgenden Bereichen bewegen:

- Dinge und Tiere
- Menschen
- Informationen
- Kreativität

Im Folgenden finden Sie 48 Basisfähigkeiten zusammengestellt.[5]

Fragen Sie sich nun: Welche dieser Fähigkeiten setze ich gern ein oder würde ich gern einsetzen? Schreiben Sie diese auf oder markieren Sie diese in den folgenden Kästen.

Fragen Sie sich dann, welche der Fähigkeiten sich bereits zu Stärken entwickelt haben. Schreiben Sie auch diese auf oder markieren Sie diese im jeweiligen Kasten.

Wählen Sie jetzt die zehn Fähigkeiten aus, die jeweils zwei Markierungen haben.

Darüber hinaus bitten Sie zwei Menschen, die Sie gut kennen, jeweils fünf Fähigkeiten anzukreuzen, die diese als Ihre Stärken ansehen.

Aus diesen drei Listen (Ihren eigenen und den beiden Fremdbewertungen) wählen Sie nun Ihre Favoriten aus. Die Frage lautet: *Was sind meine zehn stärksten, natürlichen, motivierenden Fähigkeiten?* Setzen Sie diese in die folgende Prioritätenpyramide ein. Dabei tragen Sie die wichtigste Fähigkeit ganz oben in die Spitze der Pyramide ein. Die nächstwichtigste darunter und so weiter. Die obersten drei

Fähigkeiten sollen die sein, die Ihnen am meisten Kraft, Freude und Leben geben. Auf der untersten Ebene können es auch Fähigkeiten aus Hobby oder Freizeit sein. Es geht nicht darum, was Sie am besten können, sondern was Sie am liebsten machen.

Umgang mit Menschen

- Anleitung folgen
- dienen
- nachempfinden, Mitleid haben
- kommunizieren
- überzeugen
- verhandeln, entscheiden
- gründen, aufbauen
- behandeln
- beraten
- unterrichten
- führen
- bei Konflikten vermitteln

Umgang mit Informationen

- verwalten
- kalkulieren
- Dinge ins Rollen bringen
- forschen
- bewerten
- organisieren
- verbessern, anpassen
- logisch denken
- planen, entwickeln
- strukturieren
- Konzepte entwickeln
- integrieren

Umgang mit Dingen und Tieren

- Gegenstände behandeln
- mit Erde und Natur arbeiten
- Maschinen bedienen
- mit dem Computer umgehen
- Präzisionsarbeit ausführen
- bauen
- malen, anstreichen
- reparieren
- dekorieren
- mit Elektronik umgehen
- kochen, backen
- mit Tieren umgehen

Bereich Kreativität

- vorführen, amüsieren
- musizieren
- bildhauerisch tätig sein
- tanzen
- Pantomime aufführen
- Theater spielen
- zeichnen
- designen, entwerfen
- schreiben
- kreativ denken
- fotografieren
- Sport treiben

48 Motivationsfähigkeiten[4]

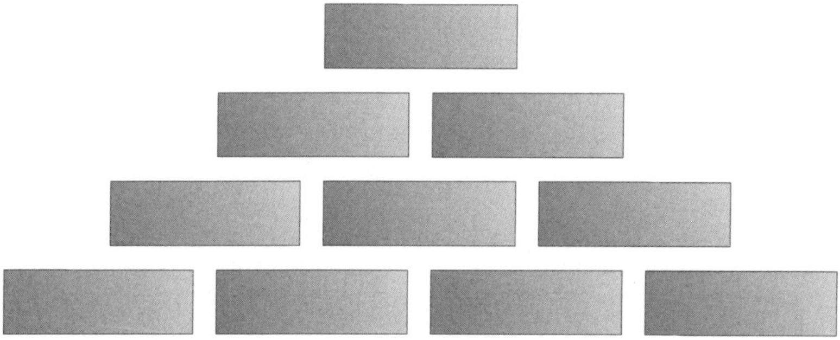

Prioritätenpyramide (1) – Motivationsfähigkeiten

Persönlichkeitsstärken

Im nächsten Schritt wenden wir uns den Persönlichkeitsstärken zu. Hierfür nutze ich das bereits 1930 vom amerikanischen Psychologen William Moulton Marston entwickelte DISG-Modell, welches er in seinem Buch »The Emotions of Normal People« beschrieb. Diese Einteilung liefert Ihnen einen wunderbaren Einblick in Ihre Persönlichkeitsstärken sowie in die Faktoren, die für Ihre Motivation wichtig sind.

D = Dominant und Direkt
I = Initiativ und Interaktiv
S = Stetig und Stabil
G = Gewissenhaft und Genau

Im Folgenden werden die wichtigsten Persönlichkeitsstärken in die vier DISG-Bereiche unterteilt.

Überlegen Sie nun für einen Moment, welche Persönlichkeitsstärken Sie bei sich am deutlichsten erkennen. Entscheiden Sie sich für zehn Stärken, die Ihnen am wesentlichsten erscheinen, und markieren Sie diese. Nun fragen Sie erneut zwei Menschen, die Sie gut kennen, welche der Persönlichkeitsstärken ihrer Meinung nach bei Ihnen besonders ausgeprägt sind.

Dominant/ Direkt

- Konfliktbereit
- Ergebnisorientiert
- Liebt Herausforderungen
- Entscheidet schnell
- Unabhängig
- Bringt Dinge ins Rollen
- Gibt die Richtung vor
- Löst Probleme
- Durchsetzungsfähig
- Direkt in der Kommunikation

Initiativ/ Interaktiv

- Brückenbauer
- Knüpft leicht Kontakte
- Optimistisch
- Begeistert
- Kommuniziert gut und gerne
- Flexibel
- Schafft eine motivierende Atmosphäre
- Genießt das Leben
- Beeinflussend
- Spontan

Stetig/ Stabil

- Geduldig
- Stellt Harmonie her
- Guter Team-Mitarbeiter
- Hört empathisch zu
- Loyal
- Schafft ein stabiles Umfeld
- Strukturiert
- Fühlt sich verantwortlich
- Pragmatisch
- Unterstützend

Gewissenhaft/ Genau

- Logischer Denker
- Freude an Details
- Qualitätsbewusst
- Reflektiert kritisch
- Gründlich
- Respektiert Regeln
- Hört analytisch zu
- Vorsichtig
- Beobachtend
- Genau

Persönlichkeitsstärken[4]

Jetzt wählen Sie aus den drei Listen die zehn Persönlichkeitsstärken aus, die Ihnen am wichtigsten erscheinen. Bitte gehen Sie dabei wie oben vor: Ordnen Sie die Persönlichkeitsstärken in absteigender Priorität und schreiben Sie diese in eine Pyramide, wie die zuvor abgebildete.

Motivierende Umgebungsfaktoren

Ein lautes Büro, überall klingeln Telefone, das Fax rattert, Türen fliegen zu, Kollegen rufen sich über Tische hinweg Informationen zu – für viele Menschen ist eine solche Umgebung nicht geeignet, konzentriert zu arbeiten, während andere es lieben und gerade nach dem Stress suchen, weil sie den Druck brauchen, um Höchstleistungen abzurufen. Die Umgebung, in der wir am produktivsten sind, variiert von Mensch zu Mensch stark. Mancher bevorzugt die kleine Kammer, wo er allein und versunken an einem Problem feilen kann, während ein anderer den Austausch mit anderen braucht. Manch einer sitzt gern am Schreibtisch, während es für andere nicht genug Bewegung geben kann.

Sie sehen, es lohnt sich, einmal die Umgebung in Augenschein zu nehmen, in der wir am liebsten arbeiten. Denn dort, wo wir uns wohlfühlen, sind wir motivierter und produktiver. Stellen Sie sich Ihre Traumstelle vor, Ihren Traumberuf oder die perfekte berufliche Umgebung. Was brauchen Sie, um sich wie der Fisch im Wasser zu fühlen?

Ähnlich wie in den Abschnitten über Ihre Fähigkeiten und Persönlichkeitsstärken gilt es nun, die Umgebungsfaktoren zu bestimmen, in denen Sie sich rundum wohlfühlen. Wenn Sie sich nun vorstellen, Sie dürften sich Ihre Traumstelle bauen, was bräuchten Sie, um optimal leben und arbeiten zu können? Wählen Sie zehn der unten aufgelisteten idealen Umstände aus.

Dominant/ Direkt

- Sichtbare Resultate
- Entscheidungsfreiheit
- Herausforderungen
- Große Projekte
- Selbstständiges Handeln
- Wenig Kontrolle durch das Umfeld
- Wenig Detailarbeit
- Klare Ziele

Initiativ/ Interaktiv

- Abwechslung
- Zusammenarbeit mit Menschen
- Zeit, das Leben zu genießen
- Freiraum ohne Probleme
- Flexible Bedingungen
- Möglichkeit zu kommunizieren
- Öffentliche Anerkennung
- Freundliche, offene Atmosphäre

Stetig/ Stabil

- Sicherheit und Stabilität
- Zeit, sich auf Änderungen einzustellen
- Arbeit in einem kleinen Team
- Anerkennung der eigenen Person
- Klar formulierte Erwartungen
- Harmonisches Umfeld
- Klare Beziehungen
- Strukturierte Arbeitsweise

Gewissenhaft/ Genau

- Klar, formulierte Erwartungen
- Klare Spielregeln
- Erläuterungen von Änderungen
- Anerkennung der Leistungsqualität
- Klare Stellenbeschreibung
- Gelegenheit, Fragen zu stellen
- Aufgaben, die Präzision erfordern
- Ungestörtes Arbeitsumfeld

Motivierende Umgebungsfaktoren[4]

Verfahren Sie hier wie bei den vorherigen Pyramiden und wählen Sie auch hier die 10 Faktoren aus, die Ihnen am wichtigsten sind, und tragen Sie diese in absteigender Priorität wie schon oben in eine Pyramide ein.

Mit diesen Übungen haben wir die Fähigkeiten, die Persönlichkeitsstärken und die motivierenden Umgebungsfaktoren beschrieben:

die drei Teilbereiche der inneren Motivation, also dem Antrieb, der aus uns selbst heraus entsteht.

Nehmen Sie sich nun noch ein paar Minuten Zeit und überlegen Sie, ob die Begriffe und die Prioritäten so auf Sie passen. Manchmal ist es gut, die Reihenfolge noch einmal ein bisschen zu verändern, um mehr Klarheit zu erlangen. Schließen Sie diesen Prozess erst ab, wenn die Beschreibung wirklich gut auf Sie passt. Erkennen Sie sich wieder? Fühlen Sie sich gut beschrieben? Können Sie vielleicht schon Punkte ausmachen, wo es noch hakt, wo Sie sich Veränderungen wünschen? Gibt es vielleicht Veränderungsmöglichkeiten, die Sie schon identifizieren können?

Natürlich lässt sich nicht jeder Kindheitstraum heute noch umsetzen. Mit 40 kann ich nicht mehr Fußballprofi werden. Aber ich kann immer noch in einem Verein spielen oder mich als Trainer für eine Jugendmannschaft anbieten. Auch so lässt sich ein Ausgleich für einen Beruf finden, der nicht zu hundert Prozent Ihrer Leidenschaft oder Sehnsucht entspricht. Wichtig ist, dass Sie mindestens in einem Teil Ihres Lebens Ihre Leidenschaft ausleben können. Man hat herausgefunden: Wenn wir in unserer Arbeit zu 30 Prozent in unseren Motivationsfähigkeiten laufen, bewirkt dies genügend Schub für die anderen 70 Prozent. Dazu ist es wichtig zu wissen, was mir Kraft, Freude und Leben gibt.

Manchmal bringen schon kleine Kurskorrekturen wieder mehr frischen Wind in das Leben. Es ist auch hier wie beim Segeln. Ich reiße nicht plötzlich das Ruder herum und segle in eine ganz andere Richtung, sondern Schritt für Schritt – Grad für Grad werden Kurskorrekturen langsam eingeleitet.

Vor einiger Zeit hatte ich einen Handwerksmeister bei mir im Berufungs-Coaching. Wir hatten gemeinsam die drei Pyramiden »gebaut«, und danach sagte er zu mir: »Es ist unglaublich, was das in meinem Kopf auslöst, wenn ich meine Motivationsfähigkeiten mal so klar benenne. Bei den Persönlichkeitsstärken merke ich, wie das mein Herz berührt«. Und als wir das ideale Umfeld fertig benannt hatten, sprang er von meinem Sofa, hüpfte im Raum herum und sagte: »Ich spüre es bis in meine Beine, was es mit mir macht, wenn ich mein ideales Umfeld mal so klar benennen kann«. Das war für mich sehr eindrücklich zu erleben, wie dieser Meister seines Handwerks jeden einzelnen unserer Schritte körperlich erlebte und nachvollziehen konnte.

ÜBUNG 9: BEIM VORSTELLUNGSGESPRÄCH

Stellen Sie sich vor, Sie befänden sich in einem Vorstellungsgespräch und werden um Folgendes gebeten: »Beschreiben Sie mir doch bitte einmal Ihre Fähigkeiten, Ihre Persönlichkeitsstärken und Ihr ideales Umfeld.« Dazu nehmen Sie Ihre Pyramide vor Augen und gehen Ihre Punkte Schritt für Schritt mit ein paar beschreibenden Worten durch, um beim Sprechen, beim Vortragen, zu spüren, ob das wirklich gut für Sie passt.

9. DAS ZIEL DER REISE – LEBENSZIELE, VISIONEN, TRÄUME

»Du bist der Steuermann!«

Die Frage nach der Seekrankheit ist vor so einem Segeltörn immer ein Thema. Meine Erfahrung zeigt, dass hier die Psyche und die Angst eine große Rolle spielen. Da sich unser Gleichgewichtsorgan erst mal auf die Schwankungen des Schiffes einstellen muss, kann es sein, dass der erste Tag auf See etwas Unwohlsein hervorruft. Meist ist dies aber am zweiten Tag vorbei. Nicht so bei Pascal. Er hat nun schon, und das ist ziemlich unüblich, seit mehreren Tagen mit Übelkeit zu kämpfen. Aber anstatt sich zu beklagen oder Gedanken zu äußern, eventuell sogar die Reise abzubrechen, hält er zum großen Erstaunen der anderen Männer tapfer durch.

»Nur wer sein Ziel kennt, findet den Weg.« (Lao-Tse)

Während die anderen Männer in ruhigen Momenten am Bug oder an den Mast gelehnt sitzen und ihre Blicke über die silbern glänzende Wasseroberfläche schweifen lassen, kämpft Pascal gegen sein Handicap.

Nun, am vierten Tag, nachdem wir den Hafen von La Maddalena verlassen haben, gehe ich erneut zu ihm. Pascal richtet sich ein wenig auf und versucht ein bemühtes Lächeln. Für einige Minuten sitzen wir nur ruhig da. Dann sehe ich ihn an und sage: »Pascal, ich möchte etwas ausprobieren, aber ich brauche dazu dein Einverständnis.«

Pascal sieht mich verwundert an. Was will ich wohl von ihm? Als wir in Richtung Ruder gehen, drehen die anderen Männer ihre Köpfe und blicken zu Pascal. Lukas nickt und lächelt, und auch Clemens bemüht ein Lächeln. Doch ich spüre, wie verunsichert die Männer sind. Wird Pascal sich gleich wieder über die Reling hängen? Doch bevor es dazu kommt, bitte ich ihn, sich ans Ruder zu stellen. Pascal folgt meiner Bitte, wobei er sich ängstlich an der Reling festhält. Oliver, der bisher am Ruder stand und den vorgegebenen Kurs segelte, macht Pascal mit einem aufmunternden Lächeln Platz. Dann mache ich einen Schritt zur Seite und deute an, dass Pascal das Ruder in die Hand nehmen soll. Er sieht mich zweifelnd an und ich ermutige ihn nochmals. Zaghaft ergreift Pascal das Ruder. Ich beuge mich von hinten über ihn und erkläre ihm den Kompass, der vor dem Ruder angebracht ist. Dann nenne ich ihm einen Kurs und er korrigiert den Kurs der Jacht so lange, bis der gewünschte Kurs anliegt.

Wir probieren das mehrmals aus und langsam gewinnt Pascal Gefallen an seinem Steuermanndasein. Allmählich umklammern seine Finger das Ruder fester, sein Blick hellt sich auf und schon nach wenigen Minuten scheint es mir, als würde die Farbe in sein Gesicht zurückkehren.

»Ich bestimme den Kurs«, sagte Pascal und lacht. »Wollen wir da oder dort lang?«

»Du bist der Steuermann!«, werfe ich zurück. »Du bestimmst, wo es langgeht.«

Je länger Pascal am Ruder steht und den eingeschlagenen Kurs verfolgt, desto besser geht es ihm. Es freut mich zu sehen, dass er einen Weg gefunden hat, bei uns an Deck zu sein.

Wir genießen den schönen Segeltag. Während alle Männer an Deck sitzen, erzählt Pascal, was in dem Moment mit ihm passiert ist, als er das Steuer in die Hand nahm: »Es waren zweierlei Dinge. Zum einen war es wie beim Autofahren. Manchen Menschen wird auf dem Rück- oder Beifahrersitz schlecht, aber sobald sie am Steuer sitzen, geht es ihnen gut. Aber das war es bei mir nur zum Teil. Es kommt noch etwas dazu – etwas Symbolisches. Als Dirk mir erlaubte, den Kurs zu ändern, weil ich schließlich der Steuermann sei, da schoss es mir durch den Kopf: Ja, ich bin der Steuermann, ich entscheide, wohin es geht! Ich weiß nicht, aber ich habe das Gefühl, dass ich mich die ganzen letzten Jahre von anderen Menschen habe einmauern lassen. Sie bestimmen, was ich mache und wie mein Leben auszusehen hat. Dadurch habe ich gänzlich die Vision für mein Leben verloren. Ich habe gar keine Träume mehr. Wozu auch träumen, wenn ohnehin ein anderer bestimmt, wohin dein Weg dich zu führen hat? Ich bin in meinem Leben total passiv geworden und dadurch in das Burn-out gelaufen. Als ich auf diesem Schiff passiv in der Ecke saß, war mir über einige Tage kotzübel. Erst als ich das Ruder fest in die Hand nahm, mein Ziel am Horizont fest vor Augen hatte, wich die Übelkeit. Diese Lektion habe ich heute verstanden.«

Die Männer nickten zustimmend. Ich legte Pascal meine Hand auf die Schulter und freute mich für ihn. Dieser Moment heute auf See hatte ihm nicht nur geholfen, seine Seekrankheit endlich zu überwinden, sondern ihm auch etwas über sein Leben verdeutlicht. Es war ein Anfang.

Pascal brauchte diesen Moment, diese Auszeit an Bord, um überhaupt darüber nachdenken zu können, was er eigentlich im Leben wollte, was seine Träume, Visionen und Ziele waren. Er hatte sich das Ruder seines Lebens im wahrsten Sinne des Wortes aus der Hand nehmen lassen, anderen das Entscheidungsrecht über sich gegeben. Das erkannte er an Bord, in einer Situation, die so anders war als sein Alltag.

Zwei Jahre nach diesem Törn besuchte ich Pascal in der Schweiz und fragte ihn, wie es ihm gehe. Er antwortete, es gehe ihm sehr gut und er habe sein Ruder fest im Griff. Wir beide wussten ganz genau, was mit dieser starken Metapher gemeint war. Und genau das brauchen wir. Wir brauchen diese Momente, in denen wir innehalten, uns einmal dem Alltag entziehen und uns Zeit nehmen, wieder groß zu träumen.

Im Hamsterrad ist kein Raum für Träume

Vor einigen Jahren kam ein Hochleistungssportler in mein Coaching. Während er mir gegenüber auf der Couch saß und wir über sein Anliegen sprachen, bemerkte ich, wie seine Oberschenkel unentwegt in Bewegung waren. Zudem rieb er seine Handflächen ständig aneinander und sein Blick war flatterhaft. Er wirkte, als würde er hier auf meinem Sofa an einem Wettrennen teilnehmen, und mir war klar, dass ich ihn zunächst dabei unterstützen wollte, zur Ruhe zu kommen. Also begann ich, über Entschleunigung und Innehalten zu sprechen. Für einen Moment sah er mich unsicher an und wurde dann richtig zornig: »Ich will nicht entschleunigen! Ich will schnell an mein Ziel kommen – also lass uns schnell weitermachen!« Doch wo sollte ich da weitermachen? Er war wie ein Hamster im Hamsterrad. Wie sollte ich da mit ihm über Träume und Visionen sprechen? Er wollte mir nicht zuhören. Damit wir aber an unsere Träume, Visionen und Ziele herankommen, müssen wir einmal innehalten und uns aus unserer gewohnten Umgebung herausbewegen.

»Auch ein Hamsterrad sieht von innen aus wie eine Karriereleiter.« (Unbekannt)

Im Alltag tragen wir alle viel zu häufig die Scheuklappen der vermeintlichen Realität. »Das geht doch nicht!«, »Wann soll ich das denn machen?«, »Ich habe doch Verpflichtungen«, »Dafür ist es in meinem Leben zu spät« – so lauten nur einige der ausweichenden Antworten. Der amerikanische Motivationstrainer, Unternehmer und Autor Jim Rohn formulierte es so: *»Wenn du etwas wirklich willst, findest du einen Weg. Wenn du es nicht willst, findest du eine Ausrede.«*

»Wenn du etwas wirklich willst, findest du einen Weg. Wenn du es nicht willst, findest du eine Ausrede.« (Jim Rohn)

Also müssen wir herausfinden, was wir wirklich wollen. Wo liegt der Horizont, zu dem wir segeln möchten? Um das herauszufinden, brauchen wir Zeit und Ruhe und müssen uns die Scheuklappen von unseren Augen nehmen, denn mit Scheuklappen lässt sich schlecht in die Weite schauen.

Gibt es für mein Leben einen anderen Traum?

Die grundlegende Frage, die wir uns stellen sollten, lautet: Gibt es für mein Leben vielleicht einen anderen Plan, eine andere Bestimmung? Gibt es ein Ziel, an dem ich noch gar nicht angekommen bin, auf das ich vielleicht noch nicht einmal zugehe?

Kinder stellen sich ihr Leben so vor, wie sie es sich wünschen. Sie möchten Astronaut werden oder Pirat, Tierarzt, U-Boot-Kapitän und vieles mehr. Bei ihren beruflichen Träumen geht es nicht darum, wie man das erreicht, sondern nur darum, dass man dieses Leben lebt. Je älter wir werden, desto mehr wird das »Was« durch das »Wie« verdrängt. Es heißt nicht mehr: »Ich möchte Schauspieler werden«, sondern: »Wie soll ich denn Schauspieler werden, ich kann mir die Ausbildung nicht leisten und wovon soll ich auf dem Weg dorthin leben?« Die Umstände beginnen unsere Träume zu formen und im Endeffekt zu ersticken. Deshalb möchte ich Sie in diesem Kapitel eindringlich bitten: Machen Sie sich davon frei! Begeben Sie sich auf ein imaginäres, weites Feld. Es gibt nichts, was Sie einschränkt. Ich weiß, das ist nicht leicht. Auch ich konnte das nicht auf Anhieb. 1996 befand ich mich auf einer weiteren Schule für Leiter und traf dort den Gründer von »Jugend mit einer Mission«, Loren Cunningham. Er hatte so ziemlich jedes Land der Erde bereist und sprudelte nur so von Visionen. Sein Enthusiasmus war absolut ansteckend und begeisterte uns. Dann bekamen wir eine Aufgabe von ihm: Wir sollten träumen – und zwar mit Gott. Wir arbeiteten gerade an einer Abschlussarbeit der Schule. Diese sollte jeder von uns Teilnehmern innerhalb der nächsten vier Wochen ausarbeiten. Dafür wurde jedem von uns ein Mentor zur Seite gestellt. Ich ging also in mein Zimmer und begann zu träumen. Mir kamen dabei ein paar Ideen und ich schrieb sie auf. Stolz ging ich danach zurück zu meinem Mentor und präsentierte sie. Nachdem dieser meine Notizen gelesen hatte, sah er mich mitleidig an und sagte: »Dirk, du hast die Aufgabe nicht verstanden. Du sollst nicht deine netten kleinen Ideen für die Zukunft aufschreiben, sondern mit Gott träumen.« Bumm – das war ernüchternd. Also ging ich zurück und begann von Neuem. Für eine Weile saß ich da mit einem Stift in der Hand und blickte auf das weiße Blatt vor mir. Dann begann ich zu träumen. Eine Stunde und vier Seiten später wusste ich: Das ist es! Das, was da vor mir geschrieben stand, war echt. Es brachte alles zusammen, was ich seit Langem auf dem Herzen getragen hatte, und es war definitiv viel zu groß für mich.

Aber es war der Auslöser für unseren Weg aus der Schweiz zurück nach Deutschland und den Neuaufbau eines christlichen Trainingszentrums in Eutin. Ich hatte gewaltig geträumt und dieser Traum änderte unser Leben grundlegend. Er wurde wahr. Diese Lektion zeigte mir, was passieren kann, wenn wir einmal mutig in Gottes Möglichkeiten träumen, wenn wir Scheuklappen und innere und äußere Zwänge ablegen und uns ganz auf diesen Traum einlassen.

Den eigenen Träumen Raum lassen

Nun möchte ich Sie bitten, Ihren Träumen Raum zu geben, sich ganz auf Ihre Träume einzulassen. Bitte nehmen Sie sich für die kommenden Übungen Zeit. Suchen Sie sich einen ruhigen Raum, machen Sie es sich gemütlich. Vielleicht zünden Sie sich ein paar Kerzen an oder machen leise Musik an – alles, was Ihrem Wohlbefinden dient, ist erlaubt.

Erste Szene

Stellen Sie sich eine Konzerthalle vor. Es ist dunkel, nur die Scheinwerfer an der Decke der Halle werfen bunte Lichter auf die Bühne. Sie befinden sich in einer Menschenmenge. Die Menge drängt zur Bühne. Auch Sie blicken in Richtung Bühne und dort sehen Sie sich selbst oder besser gesagt – Ihr zukünftiges Ich. Ihr zukünftiges Ich, das sind Sie in einigen Jahren. Im Laufe unseres Lebens verändern wir uns alle. Unser Charakter entwickelt sich, unsere Fähigkeiten und unsere Ausstrahlung. Das Ich auf der Bühne zeigt Sie nach einiger Reife und Entwicklung kurz vor Ihrem Tod. Wichtig: Es geht nicht um Ihr Alter! Es geht vielmehr darum, dass Sie sich darauf konzentrieren, wie Sie wären, wenn Sie wüssten: »So bin ich vollkommen fertig. Es gibt nichts mehr zu ändern.« Wichtig ist dabei, dass das Bild Sie begeistert! Sie müssen sagen können: »So ist es richtig gut, es gibt nichts mehr zu ändern!« Ihr zukünftiges Ich hat eine tolle Ausstrahlung.

Dann beginnt Ihr zukünftiges Ich zum Publikum, in dem auch Sie sich befinden, zu sprechen. Währenddessen bemerken Sie eine Veränderung bei den anderen und sich selbst. Ihr zukünftiges Ich hat eine starke Wirkung auf Sie und das Publikum. Alle im Saal haben sich grundlegend verändert. Sie sind sich der Tragweite dieses Ereignisses bewusst. Sie wissen, dass sie nicht mehr die gleichen Personen sein werden, wenn sie den Saal verlassen.

Stellen Sie sich nun bitte folgende Fragen:

- Welche Wirkung hat Ihr zukünftiges Ich auf Sie selbst und die anderen?
- Wie wurden Sie und die anderen verwandelt?
- Wodurch konnte Ihr zukünftiges Ich so eine starke Wirkung haben?
- Was strahlt Ihr zukünftiges Ich aus? Beschreiben Sie diese Ausstrahlung so genau wie möglich.

Zweite Szene

Drehen Sie nun einmal die Uhren zurück. Betrachten Sie eine Zeit in Ihrem Leben, als Sie Ihre volle Kraft spürten. Eine Zeit, als Ihr Rückgrat, Ihre Arme und Ihre Fingerspitzen vor Erregung vibrierten. Eine Zeit, in der es Sie nicht im Geringsten interessierte, was andere über Sie dachten, in der Sie ganz und gar lebendig waren. Es kann dabei um Ihr Hobby, eine Freizeitaktivität, ein schönes Projekt oder einen schönen Urlaub gehen.

- Wo waren Sie damals?
- Was haben Sie gemacht?
- Wer war in Ihrer Nähe?
- Was ging damals in diesen Leuten vor?
- Welche Wirkung hatten Sie auf diese Leute?

Nun stellen Sie sich vor, dass nicht mehrere Menschen, sondern nur eine einzige Person in diesem Moment bei Ihnen war. Und diese Person hatte die Fähigkeit, genau in diesem Moment in Ihr Herz zu sehen. Was würde diese Person mir über Sie in diesem Moment erzählen?

Dritte Szene

Kehren Sie jetzt wieder in den Saal zurück. Die Menschenmenge steht noch immer vor der Bühne. Doch dieses Mal betritt Ihr heutiges Ich die Bühne. Alles ist wie beim letzten Mal. Sie blicken auf die Menschenmenge. Gleich werden Sie zu ihnen sprechen. Als Sie ans Mikrofon treten, bleibt die Zeit auf einmal für einen kurzen Moment stehen. Plötzlich hören Sie eine Stimme an Ihrem Ohr, die Sie mit

Ihrem Namen anspricht und die dann zu Ihnen sagt: In den nächsten 30 Sekunden hast du die Chance, jede gewünschte Wirkung auf all diese Menschen zu erzielen. Es ist eine einmalige Chance und es ist nur eine Wirkung. Doch diese Wirkung wird all die Menschen für immer verändern. Durch deine Botschaft verändert sich ihr Leben. Es sind 30 Sekunden – ab jetzt! 30,… 15, …

- Was wäre Ihre Botschaft, die diese Menschen für immer verändern würde?
- Welche Wirkung hatten Sie auf diese Leute? Ihre Botschaft kommt wirklich in den Herzen der Menschen an.

Diese Übung verdeutlicht uns, wofür wir stehen und was wirklich in uns lebt.

Es bringt die Edelsteine, die Schätze Ihres Lebens hervor. Das Phänomen dieser Übun, gerade bei der ersten Frage, ist: Ihre Seele kann formulieren, in welche Richtung Gott sie entwickeln möchte.

Die Wunderfrage oder die Perspektive des Adlers

In der Zeit meiner großen Lebenskrise stellte ich alles infrage. Insbesondere meine berufliche Zukunft. Ich wusste einfach nicht mehr, was ich wollte. Ich war so entmutigt und orientierungslos. Im Rahmen des Coachings, das ich durchlief, stellte mir der Coach die sogenannte »Wunderfrage«: Stellen Sie sich bitte Folgendes vor: Sie gehen ins Bett und haben eine sehr gute Nacht. Sie schlafen tief und fest. Als Sie aufwachen, sind Sie gut erholt. Doch als Sie sich umsehen, können Sie Ihr Glück kaum fassen. Über Nacht ist ein richtig großes Wunder passiert: Alle Ihre Wünsche und Träume im Bereich Ihrer Berufung haben sich erfüllt. Sie springen aus dem Bett und wissen, vor Ihnen liegt der perfekte Tag. – Bitte seien Sie bei dieser Übung mutig und kühn, alles ist möglich!

Wie sieht dieser Tag aus? Versuchen Sie, ihn so genau wie möglich zu beschreiben: Wo sind Sie? Was tun Sie? Wer ist noch da? Wohin gehen Sie? Wie fühlt es sich an?

Als ich diese Übung machte, notierte ich mir meine Träume für die Zukunft. Ich würde mit Männern arbeiten. Männer, die in Verantwortung stehen. In viel Verantwortung. Ich würde sie coachen, ermutigen, herausfordern und begleiten. Dann dachte ich mir, wie stark wäre es, wenn ich diese Coaching- und Lebensthemen mit den Männern an Bord einer Segeljacht auf dem Meer bearbeiten könnte.

Während ich das notierte, spürte ich, wie ich immer lebendiger wurde. Das war es, das wollte ich machen. Doch gleichzeitig sagte ich zu mir: »Dirk, hör auf zu spinnen, das wird doch nichts! Und wie willst du deine Familie damit ernähren? Hör am besten jetzt auf. Am Ende bist du nur frustriert, dass es nicht klappt.« Mit diesen Gedanken legte ich meine Notizen zur Seite und vergaß sie. Doch ich unterschätzte die Macht dieser Übung.

Ein Jahr später erinnerte ich mich an die Notizen und holte sie wieder hervor. Ich traute meinen Augen nicht. Schritt für Schritt war ich genau auf dem Kurs, den ich ein Jahr zuvor niedergeschrieben hatte. Sehen Sie, was ich heute mache! Und ich kann damit meine Familie ernähren.

Was ist das Geheimnis dieser Übung? Es ist im Grunde kein Geheimnis. Wenn wir uns auf der Spur unserer Sehnsucht befinden, setzt dies ungeheure Kräfte frei. Wir sind dadurch hoch motiviert. Unbewusst hatte ich mich auf ein Ziel ausgerichtet und war unentwegt genau in diese Richtung gegangen. So wie ein Navigationsgerät, das, einmal auf ein Ziel geeicht, dieses so lange verfolgt, bis es am Ziel ankommt.

Im Nachhinein frage ich mich oft, wo ich wohl heute wäre, wenn ich damals nicht gewagt hätte, so groß zu träumen.

Lebensbereiche und Prioritäten

Nachdem wir uns bei der Wunderfrage in der Adlerperspektive befunden haben, setzen wir nun langsam zur Landung an. Im Folgenden wird es konkreter.

Stellen Sie sich Ihr Leben als Torte vor, mit den einzelnen Lebensbereichen als Stücken. Wie würden die Überschriften auf den Tortenstücken aussehen? Beispiele sind: Ehe, Kinder, Familie, Beruf, Gemeinde, Spiritualität, Hobbys, Freunde, soziales Engagement, Ich bzw. Freizeit.

Wenn Sie fertig sind, suchen Sie sich bitte fünf bis sieben der Tortenstücke aus. Fragen Sie sich, in welchem dieser Bereiche Sie aktuell am meisten Handlungsbedarf sehen. Sortieren Sie die Bereiche dann in absteigender Priorität. Wie verteilen sich die Prioritäten in Ihrem Leben?

So könnte Ihre Torte zum Beispiel aussehen:

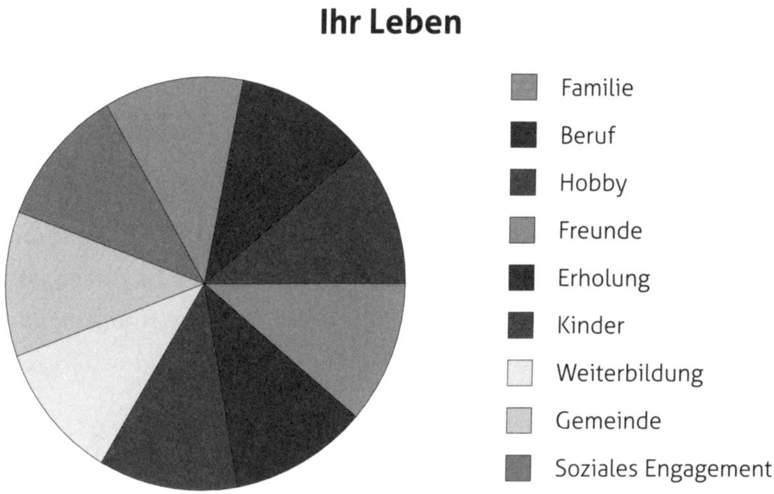

Lebensbereiche

Das Ziel – die Vision wird konkret

Betrachten Sie die Bereiche, die Sie ausgewählt haben, noch einmal genau. Stimmt die Reihenfolge der Prioritäten? Ja? Gut! Im nächsten Schritt werden wir noch konkreter. Betrachten Sie jetzt den Punkt, der Ihre höchste Priorität bildet. Nun geht es darum, eine Vision für diesen Schritt zu formulieren. Dazu ist es zunächst notwendig, dass Sie einen Zeitraum bestimmen, in dem die Vision für diesen Bereich umzusetzen ist. Das können zum Beispiel ein, zwei oder auch drei Jahre sein. Wichtig: Es muss ein Zeitrahmen sein, der Ihnen realistisch erscheint. Nicht zu zeitnah, sodass Sie unter Druck kommen. Jedoch auch nicht zu weit in der Zukunft, sodass Sie Ihr Ziel aus den Augen verlieren könnten.

»Eine Vision ist ein Blick auf die Zukunft, der positive Emotionen hervorruft.«

Nehmen wir ein Beispiel: Lebensbereich »Beruf«: Klärung meiner beruflichen Situation, Zeitraum ein Jahr. Nun stellen Sie sich vor, wir treffen uns zufällig in einem Jahr auf dem Marktplatz in Ihrem Wohnort.

Nun frage ich Sie: »Hallo, wie geht es Ihnen? Wie hat sich Ihre berufliche Situation verändert?« Sie strahlen mich an und sagen: »Sie glauben ja nicht, was in meinem Leben im letzten Jahr passiert ist. Zuerst habe ich ...« Sie erzählen mir die Geschichte so strahlend und enthusiastisch, dass Passanten sich zu uns umdrehen und sich fragen, worüber Sie so begeistert sind.

ÜBUNG 10: VISIONSENTWICKLUNG

Beschreiben Sie nun ganz konkret, was Sie mir in dieser Situation auf dem Marktplatz erzählen werden:

Achtung: Seien Sie mutig! Beschreiben Sie die Entwicklung als Fakten. Sagen Sie: *»Ich bin – ich habe – ich mache.«*

Wenn Sie Ihren Text ausformuliert haben, fassen Sie ihn bitte in drei bis vier starke, aussagekräftige Sätze zusammen.

Gehen wir nun noch einmal zurück zur Szene auf dem Marktplatz: Nachdem Sie geendet haben, frage ich Sie: »Und wie fühlt sich das an? Wie ist Ihr Lebensgefühl bei dieser Beschreibung?«

Beschreiben Sie Ihre Gefühle, wenn Sie an Ihre Vision denken:

Nun lesen Sie sich bitte Ihre Vision einmal laut vor. Löst sie in Ihrem Leben Kraft und Freude aus? Dann sind wir auf der richtigen Spur.

ÜBUNG 11: AKTIONSSCHRITTE: DIE DREI M'S

In dieser Übung werden wir noch konkreter. Erinnern wir uns: Zunächst haben wir die Lebensbereiche betrachtet und Sie haben diejenigen mit der höchsten Priorität, dem aktuell größten Handlungsbedarf, ausgewählt, dann haben Sie das Ziel – Ihre Vision – formuliert und nun geht es darum, noch konkreter zu werden. Nun erarbeiten wir einen greifbaren Weg, wie Sie Ihrer Vision deutlich näher kommen können.

Erneut legen wir zuerst einen Zeitrahmen fest, in dem Sie Ihre Aktionsschritte hin zu Ihrem Ziel umsetzen möchten. Ein Tipp: Nehmen Sie keinen zu großen Zeitrahmen, sonst besteht die Gefahr, dass Sie Ihr Ziel aus den Augen verlieren und sich um Ihre Motivation bringen. Das könnte zum Beispiel so aussehen: *Lebensbereich – Beruf – Klärung meiner beruflichen Situation – Zeitraum für die Aktionsschritte: 3 Monate.*

Nun frage ich Sie: Was sind die konkreten Schritte, die Sie einleiten können, um Ihrer Vision ein Stückchen näher zu kommen? Wo können Sie sich zum Beispiel informieren, mit wem können Sie sprechen, was organisieren oder abklären, um Ihrer Vision deutlich näher zu kommen? Ganz wichtig an dieser Stelle: Sie sind der Experte für Ihre Lösung und den Weg zu Ihrem Ziel!

Wenn diese Aktionsschritte definiert sind, folgt der letzte Schritt: Überprüfen Sie die definierten Aktionsschritte mit den drei Ms: *machbar, messbar, motivierend.*

Betrachten Sie die Aktionsschritte und fragen Sie sich bei jedem: Ist er machbar? Ist er messbar? Und motiviert mich die Aussicht, diesen Schritt in Angriff zu nehmen? Ist eines der drei Kriterien nicht erfüllt, müssen Sie nachjustieren. Nur wenn wirklich alle drei Bedingungen erfüllt sind, können wir davon ausgehen, dass Sie genügend Schub haben, um Ihrem Ziel deutlich näher zu kommen. In dieser Phase spüren die Männer, dass es manchmal ein wenig unbequem – da sehr konkret – werden kann. Es geht hier auch um die Frage, ob ich bereit bin, einen Preis für mein Ziel, für meinen Gewinn, zu zahlen. Hier erkenne ich, ob es einem Mann wirklich ernst ist oder ob er nur nette Worte sagt. Nur wer bereit ist, sich Veränderung etwas kosten zu lassen, wird sein Ziel erreichen. Und das kann manchmal bedeuten, sich überhaupt hoffnungsvoll in Bewegung zu setzten oder auch mal ein Risiko einzugehen.

Was bedeutet dies konkret?

Machbar: Ist der Schritt von Ihnen überhaupt durchführbar? Liegt es in Ihrer Kraft, in Ihren Möglichkeiten?

Messbar: Lässt sich der Erfolg des Schrittes messen? Dies könnte zum Beispiel durch eine zeitliche Komponente geschehen: »In 14 Tagen habe ich …« – dadurch wird der Schritt messbar. Theoretisch könnte ich Sie dann in 14 Tagen anrufen und fragen, ob Sie Ihr Ziel erreicht haben.

Motivierend: Sind Sie motiviert, diesen Schritt zu gehen? Falls dies nicht der Fall ist, können Sie diesen Aktionsschritt nicht durchführen. Stattdessen sollten Sie überlegen: Was motiviert Sie mehr oder wie kann Ihre Motivation für diesen Schritt erhöht werden?

Erarbeiten Sie auf diese Weise drei bis vier Aktionsschritte für die kommenden Monate. Denken Sie ruhig groß – aber auch immer konkret. Es muss greifbar sein. Denn: Sie möchten Ihr Ziel ja in einem Jahr erfüllt sehen!

Zum Schluss kommt die letzte Gegenprobe: Sehen Sie sich Ihre drei bis vier Aktionsschritte genau an. Lesen Sie diese am besten laut vor.

»Wenn ich bis ..., wenn ich bis ..., wenn ich bis ..., das ... und das ... unternommen habe, dann komme ich meiner Vision, also ..., deutlich näher.«

Lesen Sie jetzt Ihre Vision noch einmal laut vor!

Nun haben wir Ihre Vision formuliert und durch Aktionsschritte den Weg dorthin konkretisiert. Wie hören sich Ihre Vision und die dazugehörigen Aktionsschritte für Sie an? Stimmt die Richtung? Sind Sie motiviert, diese auch wirklich anzugehen? Möchten Sie vielleicht an einem Punkt noch nachbessern? Wenn Sie sagen: »Ja, ich sehe mein Ziel klar vor Augen, ich bin sortiert und habe den Mut, die Aktionsschritte anzugehen«, dann ist das Etappenziel erreicht. Manchmal ist es an dieser Stelle hilfreich, einen Bekannten, Freund oder den Ehepartner in Ihren Plan einzuweihen, verbunden mit der Bitte, nach einiger Zeit nachzufragen, ob Sie auch wirklich auf Kurs sind. Das kann enorm helfen, den Transfer zu sichern.

Seien Sie nicht überrascht, wenn Ihnen auf dem Weg dorthin einige Risiken und Herausforderungen begegnen. Das muss so sein, denn das hat mit unserem Training und Wachstum zu tun. Damit werden wir uns in den nächsten Kapiteln beschäftigen.

10.
DAS MEER UND DIE STÜRME – RISIKO UND HERAUSFORDERUNG

Urs und seine besondere Herausforderung

Die Jacht liegt hart am Wind. Inzwischen habe ich das Ruder von Pascal wieder übernommen. Die Krängung des Bootes lässt den einen oder anderen Mann schon ein wenig nervös werden, so schräg liegt die Jacht im Meer. »Klar zur Wende!«, rufe ich und die Fockcrew macht sich für dieses Manöver bereit, was nicht leicht ist, da das Deck vom Salzwasser ganz rutschig ist. Dann erklingt das Surren der Winschen, und das Schlagen des Focksegels verstummt augenblicklich. Die Männer sind mittlerweile vollkommen durchnässt, so oft schlug die Gischt bereits über das Schiff. Auf der Leeseite reicht das Wasser bereits bis an den Rand der Reling. Der Wind reißt an den Windjacken und zerzaust das Haar. Wer kann, sucht sich einen Platz, an dem er sich festhalten kann. Dann hebt sich der Bug erneut und schlägt mit einem lauten Platschen auf die nächste Welle, die luvseitig heranrollt. Wieder schlägt eine Wasserfontäne über das Deck. Ich stehe am Ruder und habe mich mit einem Arm an der Reling untergehakt, um nicht wegzurutschen. Ein sicherer Stand ist jetzt entscheidend.

Doch der starke Wind hat auch sein Gutes, denn so erreichen wir die Iles Lavezzi schon am Mittag. Wir gehen in der malerischen Bucht Cala Lazarina vor Anker, um einen kleinen Badestopp einzulegen. Die Bucht liegt recht windgeschützt gegen den starken Nordwestwind, den wir heute haben. Dieser starke Wind ist typisch für diese Region. Es sind die Ausläufer des Mistrals, der sich im Rhonetal bildet, mit 7 bis 8 Windstärken an der Côte d'Azur aufs Mittelmeer trifft und in der Region Sardinien und Korsika langsam ausläuft. Diese kleine Bucht, die schon zu Korsika gehört, hat ihren eigenen Charme und wir kommen schnell zur Ruhe. Nach ein paar Minuten ist der Wind schon vergessen und die Sonne breitet sich wieder über uns aus.

Die Männer liegen an Deck oder hängen ihre Jacken zum Trocknen auf. Pascal ist immer noch aufgekratzt, er konnte den ganzen Tag mit uns an Deck verbringen. Lukas sitzt an der Reling und versucht sich weiter an den Knoten. Für einen Moment sehe ich ihm dabei zu, wie er sich abmüht. Schon seit Tagen scheitert er am Palstek. Er ist mittlerweile richtig nervös. Ich will gerade unter Deck, um einige Eintragungen in mein Logbuch zu machen, als ich bemerke, wie Urs aus der Kajüte an Deck kommt. Er trägt seine Badehose und hat ein Handtuch über die Schulter geworfen. Ich nicke ihm freundlich zu, bevor mir klar wird, was ich da eigentlich gerade sehe. Das ist Urs. Der Urs, der als Kind von seinem Vater in eine Tränke gedrückt wurde und für drei Jahrzehnte eine solche Angst vor Wasser entwickelte, dass er sich in kein Schwimmbad traute, geschweige denn im Meer schwimmen konnte! Erst in den letzten Jahren hat er sich wieder langsam an das Element Wasser herangetraut. Nun beobachte ich, wie er am Heck an der kleinen Leiter steht. Für einen scheinbar endlosen Moment lässt Urs seinen Blick über die Wasseroberfläche gleiten. Ich beobachte, wie sich sein Brustkorb hebt und senkt. Seine Arme hängen am Körper herab. Dann legt er sein Kinn auf die Brust, atmet noch einmal tief ein, streckt die Arme nach vorn und gleitet mit einem leisen Platschen ins Meer. Es kommt mir wie eine Ewigkeit vor, bis ich seinen Kopf einige Meter weiter wieder auftauchen sehe. Auf seinem Gesicht steht ein breites Grinsen. Er schüttelt das Wasser aus den Haaren und winkt uns zu. Wie in Zeitlupe winke ich zurück, so beeindruckt bin ich von diesem Moment. Mir gehen nur vier Worte durch den Kopf: Er hat es geschafft! Ich trete an die Reling, nun mit einem Lachen auf dem Gesicht, und winke ihm zu. Er winkt zurück, taucht wieder ab und auf und dann erklingt ein lautes Juchzen durch die gesamte Bucht. Spätestens jetzt stehen die anderen Männer an der Reling und winken ihrem Mannschaftskollegen euphorisch zu. Jedem ist klar, was dieser Moment für Urs bedeutet.

Urs hat seine Herausforderung angenommen. Er wusste um das Risiko, wusste, dass dieser Schritt ihn um Jahre zurückwerfen könnte. Er konnte nicht wissen, wie er auf den Moment reagieren würde, in dem sein ganzer Körper unter Wasser tauchte. Würde er bestehen oder würden die Bilder von damals wieder die Oberhand gewinnen und die Angst zurückkehren? Wie sich Urs dem Risiko und der Herausforderung gestellt hat, hat mich tief berührt. Und das spricht in jedem von uns etwas an. John Eldredge schreibt in seinem Buch »Der ungezähmte Mann«, dass jeder Mann drei Dinge im Leben vollbringen muss:

Ein Abenteuer bestehen.
Eine Schlacht schlagen.
Eine Prinzessin erobern.

Für Urs war der Gang auf die Jacht mit Sicherheit ein Abenteuer, und der Kampf gegen seine Angst vor Wasser war eine Schlacht, die er schlagen musste – und gewonnen hat.

Zwei Fragen, die jeder Junge im Herzen trägt

Für Urs war die Bewältigung seiner Angst vor dem Wasser eine besonders große Herausforderung, denn ihm fehlte eine Voraussetzung, die laut Eldredge wesentlich ist, damit wir uns den oben genannten Aufgaben stellen können. Jeder Junge trägt zwei Fragen in seinem Herzen:

Bin ich der geliebte Sohn?
Habe ich es wirklich drauf?

Es sind diese beiden Fragen, die wir beantwortet haben möchten. Werden diese nicht durch unseren irdischen Vater beantwortet, der uns dadurch unseren empfundenen Wert und unsere Identität gibt, tragen auch erwachsene Männer diese Frage noch vor sich her. So wusste auch Urs nicht, ob er der geliebte Sohn war und ob er es wirklich draufhat, schließlich war es sein eigener Vater, der versucht hatte, ihn zu töten.

Bei vielen Männern drückt sich die Nicht-Beantwortung dieser Frage später im Leben durch einen besonderen Geltungsdrang aus – oder, im anderen Extrem, durch Minderwertigkeit und Entmutigung. Sie wollen entweder bewundert und anerkannt werden und scheinen ständig um Aufmerksamkeit zu buhlen oder sie wollen Mitleid und entziehen sich jeglicher Verantwortung. Sie senden beständig Signale aus, die entweder sagen: Sieh mich an, bewundere mich, meinen Erfolg, mein Geld, meine Frau, mein Haus, mein Auto oder sie baden im Selbstmitleid und sagen: Ich bin nichts und ich kann nichts.

Doch genau hier liegt das Problem. Diese beiden Fragen können von den Menschen um uns herum nicht beantwortet werden. Wenn also unser irdischer Vater diese Frage nicht beantwortet hat, bleibt sie unbeantwortet, es sei denn, wir bekommen die Frage durch den

»himmlischen Vater« beantwortet, aber dazu später mehr. Wenn wir noch auf der Suche nach den Antworten auf diese Fragen sind, versuchen wir nun auf eigene Faust, uns diese Selbstsicherheit zu verschaffen. Doch mag es uns auch scheinbar gelingen, indem wir beruflich und privat erfolgreich sind, so steht diese Selbstsicherheit auf tönernen Füßen. Nur zu leicht kann sie ins Wanken geraten und letztendlich einstürzen. Wir alle kennen die Geschichten von erfolgreichen Menschen, die scheinbar ohne Anlass auf einmal den Boden unter den Füßen zu verlieren scheinen. Wie oft fragen wir uns dann, warum ein so erfolgreicher Mensch, der doch sichtbar alles zu haben scheint, auf einmal in Alkohol, Drogen oder Depressionen versinken kann? Was ist dort passiert? Warum hat dieser Mensch sich offenbar nicht so gefühlt, wie wir ihn von außen erlebt haben?

Gerade Menschen, die in den Medien und im Kulturbereich erfolgreich sind, sind nicht selten von genau diesem Geltungsdrang und der Suche nach Anerkennung getrieben. Oft lesen wir in ihren Biografien, dass sie den Eltern und besonders häufig dem Vater nicht genug waren. Nun ist ihr Leben davon bestimmt, es ihren Eltern zu zeigen: »Seht her, aus mir ist etwas geworden!« Ihr Leben wird dadurch zu einem ewigen Kampf um die Anerkennung einiger weniger Menschen. Oftmals sogar nur um die Anerkennung eines Menschen. Bleibt diese aus, helfen auch Millionen Fans und grenzenloser Reichtum nicht weiter. Dieses Loch, das die fehlende Anerkennung durch Eltern, und bei Männern durch den Vater, gerissen hat, lässt sich nicht durch Materielles stopfen. Wir erkennen also, dass es einen riesigen Unterschied macht, ob der Vater über uns ausgesprochen hat: »Du bist der geliebte Sohn und ganz gleich, was du beginnst, es wird dir gelingen« oder ob dies in unserem Leben nicht passiert ist. Denn wenn wir dies nicht gehört haben, bleibt der Weg zu unserer ureigenen gottgegebenen Stärke erst mal versperrt.

Bin ich der geliebte Sohn?
Habe ich es wirklich drauf?

Am Nachmittag lichten wir den Anker in der Cala Lazarina und kreuzen nach Bonifacio. Auf dem Weg dorthin, und auch im Hafen von Bonifacio selbst, sehen wir mehrere Mega-Jachten. Ein gigantischer Anblick. Es sind die Statussymbole derjenigen, die es gemeinhin »geschafft« haben. Ich frage mich beim Anblick dieses Reichtums, wie es wohl in den Herzen der Männer aussieht, denen die Jachten gehören. Sind ihre zwei Fragen im Herzen beantwortet: »Bin ich der geliebte Sohn?« und »habe ich es wirklich drauf?« Sind sie mit dem Erreichten zufrieden oder lastet vielleicht ein enormer Druck auf ihnen – höher, weiter, länger, schneller?

Die Stärke eines Mannes

Viele Männer haben den Zugang zu ihrer eigenen Stärke und Schöpferkraft verloren. Mir erscheint es manchmal wie in einem Hundewettrennen. Der Hund jagt dem Stoffhasen nach und kann ihn doch nicht erreichen. Und sollte er ihn doch irgendwann erwischen, wird er sich fragen: Dafür bin ich so gejagt, war es das wert?

Es geht nicht um Erfolg, große Autos, schöne Frauen und viel Geld. Die wahren Schätze eines Mannes liegen weit tiefer. Sie heißen: Persönlichkeit, Charakter und Herz.

Andere wiederum lassen sich vom Wesentlichen ablenken oder entziehen sich ihrer Verantwortung und lassen Frau und Kinder sitzen. Wieder andere ahnen noch, dass sie diese Stärke irgendwo haben, aber sie haben Angst vor dieser Stärke, Angst, in dieser Stärke zu leben, ja in ihr zu laufen. Manch einer verzweifelt so sehr in diesen Irrungen, dass er nur noch den Freitod als Ausweg sieht. Ich bezeichne diese Entwicklung in meinen Trainings oft als *»Schlachten der Männer«*. Bei einem Seminar machte mich schließlich ein teilnehmender Metzger darauf aufmerksam, wie Tiere heute geschlachtet würden. Sie werden betäubt und anschließend lässt man sie ausbluten. So schockierend dieses Bild auch ist, es passte für mich sofort zur Situation der Männer heute. Konsum, Medien und andere äußere Einflüsse betäuben viele von uns. Dabei merken wir gar nicht, wie wir langsam ausbluten. Irgendwann fühlen wir uns ohnmächtig, haben das Bewusstsein für uns, unsere Umgebung und unser Leben gänzlich verloren. Schlapp und blutleer gehen wir durchs Leben. Ohne Ziel und unserer Stärke beraubt. Doch was ist mit dieser Stärke gemeint? Was ist echte Stärke? Es geht dabei nicht um Macho-Sein, nicht um Muskeln, um Posieren oder Imponiergehabe. Es geht nicht um Erfolg, große Autos, schöne Frauen und viel Geld. Die wahren Schätze eines Mannes liegen weit tiefer. Sie heißen: Persönlichkeit, Charakter und Herz.

Stärke ist es, wenn ich einen anderen ermutigen kann, ihn wertschätze und anerkenne, weil ich selbst weiß, wer ich bin. Mein Charakter zeigt sich dann, wenn es mir gelingt, mich nicht korrumpieren zu lassen. Ganz gleich, wie attraktiv das Angebot auch sein mag. Charakter zeigt sich an dem, was ich tue, wenn keiner zuschaut. Mir als Skipper ist es wichtig, auf der Jacht einen sicheren Ort zu schaffen, an dem die Männer wissen, dass sie Fehler machen dürfen. Ich möchte sie unterstützen, ganz ohne Masken aufeinander zuzugehen. Um ihnen zu verdeutlichen, wie sicher die Jacht als Ort ist, erkläre ich ihnen deshalb am Anfang, dass die Jacht nicht umkippen kann. Selbst bei stärksten Winden können sie sich auf der Jacht sicher fühlen, denn sollte die Jacht tatsächlich einmal in eine gefährliche Schräglage kommen, verliert das Ruder seinen Widerstand. Dadurch dreht sich die Jacht umgehend in den Wind und damit aus der Schräglage heraus.

Mir als Skipper ist es wichtig, auf der Jacht einen sicheren Ort zu schaffen, an dem die Männer wissen, dass sie Fehler machen dürfen.

Die Jacht signalisiert so, dass sie zu viel Druck im Segel hat, und löst das Problem umgehend selbst. Dies hat sich ein weiser Konstrukteur gut ausgedacht, um die Jacht zu schützen. Ich wünschte manchmal, dass Männer unter Druck genau solche Sicherheitsmechanismen hätten. Doch leider überhören Männer genau dann die Signale ihres Körpers oder ihres Umfeldes, laufen so unter zu viel Druck und nehmen dauerhaft Schaden. Die Männer auf dem Schiff sind sicher, solange sie sich an die Anweisungen des Skippers halten. Dieses Bild lässt sich wunderbar auf Gott übertragen, der unser Skipper ist und unser Lebensschiff gebaut hat. Ein weiser Konstrukteur, der gut für uns sorgt!

Verantwortung übernehmen und Schuld zugeben können

Ein weiteres Zeichen unserer Stärke ist unsere Schuldfähigkeit. Also die Fähigkeit, sich seiner Verantwortung zu stellen und seine Schuld beziehungsweise seine Fehler zuzugeben. Mir fallen hier auf Anhieb etliche Beispiele ein, die uns tagtäglich vor Augen führen, wie wenig schuldfähig wir Männer und gerade Männer in Verantwortung sind. Beispiel Politik und Wirtschaft: Jeder von uns kennt Fälle von Politikern oder Wirtschaftsführern, die sich angesichts eines Skandals oder Fehlverhaltens aus ihrer Schuld zu winden suchen. Verantwortung wird abgeschoben, Unwissenheit vorgetäuscht und am Ende müssen andere – zumeist Untergebene – das Feld als Bauernopfer räumen.

Doch auch mancher mag sich dabei ertappen, dass er die Verantwortung für seine Fehler ablehnt. Vor einiger Zeit erzählte mir ein guter Freund folgende Geschichte: Sein Gemeindehaus wurde renoviert. An einem Samstagmorgen wollte nun auch mein Freund helfen. Man übertrug ihm die Aufgabe, die Vorhangstangen anzubringen. Mit

Bohrer, Leiter und Werkzeugen machte er sich an die Arbeit. Er ging von Raum zu Raum und bohrte Löcher. Am Abend, nach getaner Arbeit, war er ziemlich stolz auf sein Tagwerk und ging nach Hause. So ahnte er nichts Böses, als am Montagmorgen das Telefon klingelte. Am Apparat war der Verantwortliche für die Umbauarbeiten. Ohne Umschweife fragte er meinen Freund, ob dieser am Samstag gebohrt hätte. Mein Freund hörte das Unheil in der Stimme und schaltete sofort um auf »Verteidigungsmodus«, indem er antwortete: »Ich habe nicht überall gebohrt!« Doch die Gegenfrage folgte sogleich: »Hast du im großen Sitzungszimmer gebohrt?« Kleinlaut gab mein Freund zu, dort gebohrt zu haben, und erfuhr dann, dass er die Abwasserleitung des oberen Stockwerks erwischt hatte und dass das Abwasser in der Folge ins Sitzungszimmer gelaufen war. So etwas Blödes. Doch worüber sich mein Freund in dem Moment am meisten ärgerte, war seine Reaktion gewesen. Er hatte versucht, sich aus seiner Verantwortung zu stehlen, dabei war doch klar, dass er verantwortlich gewesen ist. Warum fiel es ihm so schwer zu sagen: »Ja, ich war's!«? Wir fürchten uns vor den möglichen Konsequenzen und ducken uns weg, verstricken uns in Ausreden oder ertappen uns dabei, noch zu leugnen, auch wenn es längst eindeutig ist, dass wir die Verantwortung tragen. Genau so, wie wir es immer wieder von den wirtschaftlichen und politischen Führungskräften vorgeführt bekommen, über die wir uns natürlich ärgern.

Es ist wichtig, dass wir schuldfähig sind und verantwortlich zeichnen, für das, was wir tun. Denn nur so können wir wirklich Verantwortung tragen. Mir ist bewusst, dass viele Menschen gar keine Verantwortung tragen wollen, weil es zu unbequem ist oder sie sich für unfähig halten. Mir ist aufgefallen, dass ich bisher fast ausschließlich die Opfer von Scheidungen getroffen habe. Immer ist der andere Schuld. Wann haben Sie einmal jemand getroffen, der zugegeben hat: »Ich habe es vermasselt. Die Ehe ist wegen mir kaputtgegangen.« Die gute Nachricht ist, dass Gott uns befähigt hat, gemeinsam mit Ihm,

Verantwortung zu tragen. Gott mutet uns immer nur so viel zu, wie wir auch (er)tragen können. So schreibt der Apostel Paulus: *»Aber Gott ist treu und wird nicht zulassen, dass die Prüfung über eure Kraft geht. Wenn er euch auf die Probe stellt, sorgt er auch dafür, dass ihr sie bestehen könnt.«* (1. Korinther 10,13; G) – Diese Erkenntnis muss sich in unserem Bewusstsein tief verankern.

Zugegeben, das fällt nicht leicht. Ich vergleiche dies immer mit dem Fahrschüler, der seine Theoriestunden absolviert. Er lernt alles, kennt Schilder und Regeln und besteht die theoretische Prüfung. Dann sagt der Fahrlehrer zu ihm: »So, nun geht es ans Lenkrad und auf die Straße.« Der Fahrschüler ziert sich, will noch nicht, meint, er sei noch nicht so weit. Aber genau dafür hat er doch gelernt. Für diesen Moment, in dem er die Theorie in der Praxis anwenden kann. Wovor fürchtet er sich also? Davor, in der Praxis Fehler zu machen. Also Dinge, von denen er theoretisch weiß, dass sie verkehrt sind. So ist es mit uns Menschen: Wir machen Fehler und wir wissen, dass es Fehler sind, aber wir haben Angst vor den Konsequenzen. Diese Angst vor den (möglichen) Konsequenzen führt dazu, dass wir entweder nicht die Wahrheit sagen oder uns gar nicht erst »auf die Straße« trauen. Also: Machen wir uns bewusst, dass wir diese Angst nicht haben müssen! Alles, was uns bedroht, welcher Sturm auch immer aufziehen mag, welche Versuchung uns auch begegnen mag – es muss an Gott vorbei. Wenn wir einen Sturm aufziehen sehen, wenn sich die vermeintliche Katastrophe nähert, wenn wir zu unseren Fehlern stehen müssen, dann dürfen wir gewiss sein, dass Gott die Konsequenzen kennt! Er weiß, dass wir damit umgehen können. Er wird uns nicht mehr zumuten, als wir überwinden oder (er)tragen können.

Aber Gott ist treu und wird nicht zulassen, dass die Prüfung über eure Kraft geht. Wenn er euch auf die Probe stellt, sorgt er auch dafür, dass ihr sie bestehen könnt. (1. Korinther 10,13; G)

Keine Angst vor dem Sturm

Es ist nicht nur wichtig, vertrauensvoll durch die Stürme unseres Lebens zu gehen, sondern darüber hinaus zu erkennen, dass wir diese Stürme sogar brauchen. Ja, ohne diese Stürme würden wir uns nicht weiterentwickeln, nicht zu unserer vollen Stärke finden. Bleiben wir beim Bild des Fahrschülers: Wir wissen, dass wir nur mit Erfahrung zu guten Autofahrern werden, und zu diesen Erfahrungen gehören auch Grenzsituationen. Ein Wegrutschen im Winter, eine steile Kurvenlage oder ein gerade noch verhinderter Auffahrunfall lehren uns meist mehr über eine angemessene Fahrweise, als die Theorie es vermag. Wir müssen uns also in kontrollierte »Gefahren« begeben, um zu wachsen.

Mir ist dies gerade vom Segeln bewusst. Ich erinnere mich daran, wie ich meinen SKS-Segelschein machte, den Sportküstenschifferschein, der es mir fortan erlaubte, auf dem offenen Meer zu segeln. Wir saßen in Neustadt an der Ostsee, wo unsere Lehrgangsjacht vor Anker lag, und tranken noch einen Kaffee vor der Prüfung. Wir waren drei Prüflinge, unser Skipper, der uns geschult hatte, und der Prüfer, der unsere Prüfung abnehmen sollte. Durch die Fensterscheiben des Cafés sahen wir in den folgenden Minuten einen handfesten Sturm aufziehen. Dennoch gingen wir zum Hafen, wo der Hafenmeister schon auf uns wartete. Er riet uns, das Boot lieber noch mehr zu sichern, aber unser Skipper lehnte ab. Wir wollten ja gleich raus. Auch der Prüfer war einverstanden. Das Gesicht des Hafenmeisters werde ich nicht mehr vergessen. Aber die Ruhe und Sicherheit, die unser Skipper und Lehrer ausstrahlte, verschaffte uns ein gutes Gefühl. Ich erinnerte mich in diesem Moment an seine Worte, dass man mit jedem Sturm klarkommt, wenn man nur seine Segelfläche anpasst. Mit diesem Rat bestieg ich als erster Prüfling das Boot. Wir hatten Windstärke 7 und Böen der Stärke 8 – es war also sehr ruppig. Aber voller Vertrauen machte ich mich an die Prüfung. Dazu gehörte auch das Manöver »Mann über Bord« unter Segeln. Ein schweres Unterfangen unter den gegebenen Bedingungen. Als ich fertig war, dachte ich nur: »Mal sehen, wie die anderen das machen.« Da sagte der Prüfer plötzlich: »Wir brechen ab, der Wind ist zu stark. Die anderen Prüflinge bekommen ihre Prüfung so.« Als wir ihn verwundert ansahen, deutete er auf unseren Skipper und meinte: »Wenn ihr mit ihm eine Woche gesegelt seid, von ihm gelernt habt, dann weiß ich, dass ihr segeln könnt.« Die anderen Prüflinge freuten sich, aber ich freute mich auch, denn ich wusste, dass ich meinen Sturm überstanden hatte. Ich hatte nun die Gewissheit, dass ich gut für einen aufkommenden Sturm auf See vorbereitet bin. Aber ich hatte auch ein noch größeres Vertrauen in unseren Skipper und Lehrer gewonnen. Er traute mir zu, dass ich die Prüfung meistern würde, und ließ mich raus auf See. Er wusste, dass diese Bedingungen mich zwar herausfordern, aber nicht überfordern würden. So konnte ich als Segler in dieser Prüfung wachsen. Genau das ist es, was Gott von uns will: Wir sollen durch die Prüfungen, die er uns auferlegt, in unseren Stärken wachsen. Er weiß, was in uns steckt, und das ist oft so viel mehr, als wir selbst glauben.

Aus diesem Grund habe ich mich immer wieder solchen Herausforderungen gestellt und sie akzeptiert, wenn sie auf mich zukamen, um weiterzuwachsen. Zuletzt nahm ich an einem Seenot-Sicherheitstraining bei der Marine teil. Ich hatte großen Respekt vor den Aufgaben, denn dort ging es richtig zur Sache. So mussten wir Teilnehmer einen brennenden Helikopter allein löschen, riesige Löcher im Rumpf, in die das Wasser mit brutalem Druck eindrang, unter ganzem Körpereinsatz stopfen und Rettungsinseln sowie Leuchtmunition praktisch einsetzen. Es forderte unsere volle Konzentration und unseren ganzen Einsatz, und am Abend war ich vollkommen fertig. Aber ich war auch erleichtert, weil ich wusste, dass ich mich gut auf diese Extremsituationen vorbereitet hatte. Meine Verantwortung ist es, mich gut vorzubereiten. Für den Rest vertraue ich Gott. Wenn wir diese Gewissheit haben, dann tragen wir das Vertrauen in uns, das wir benötigen, um unsere Stärke auszuleben.

Alles eine Frage des Vertrauens

An diesem Punkt werfen wir noch einmal einen Blick auf unsere Berufung. Warum folgen wir ihr nicht? Der Grund ist so einfach wie traurig: Weil uns das Vertrauen fehlt. Wir trauen Gott nicht zu, dass er uns auf dem Weg unserer Berufung begleitet und stützt. Und warum fehlt uns das Vertrauen? Weil unsere Vergangenheit uns im Weg steht. Erinnern Sie sich an Ihre Wunde, die Ihnen genau dort geschlagen wurde, wo Ihre größte Stärke liegt? Sie ist bei den meisten Menschen nicht verheilt. Wann immer wir uns unserer Berufung zuwenden, beginnt sie wieder zu pulsieren und erinnert uns an all die Risiken, die auf dem Weg lauern. Sie nimmt uns das Vertrauen, vergiftet unsere Gedanken mit Bildern des Scheiterns und verstärkt das Gefühl der Unzulänglichkeit. Wir entscheiden, was oder wer unsere Zukunft bestimmt: Sind es unsere Erlebnisse und Erfahrungen oder ist es das, was Gott gesehen hat, als er uns schuf? Doch erinnern wir uns an den Satz: *Wer zu lange in einem Bereich läuft, für den er nicht wirklich brennt, brennt aus.* Wenn wir der Berufung für unser Leben nicht folgen und uns den damit verbundenen Risiken nicht stellen, landen wir an dunklen Orten. In einem Gleichnis von Jesus wird beschrieben, wohin der Knecht kommt, der das, was er von Gott bekommen hatte, nicht eingesetzt hat: ein Ort des Todes, an dem Heulen und Zähneklappern herrscht (Matthäus 25,14-30). Könnte dies nicht auch ein Bild für Depression oder Burn-out sein? Albert

Schweitzer drückte es folgendermaßen aus: *»Die Tragödie des Lebens besteht in dem, was in einem Mann stirbt, während er lebt.«*

Gut, werden Sie vielleicht sagen, woher soll ich wissen, dass Gott mich auf diesem Weg begleitet? Nun, schauen wir einmal in die Bibel: Sie ist voll von Geschichten, in denen Gott Männer ins Risiko ruft. Abraham, der von Gott den Auftrag erhält, seinen eigenen Sohn zu opfern, und der losgeht, um genau dies zu tun – um gerade noch rechtzeitig zu erfahren, dass Gott nur seine Treue testen wollte. Moses, der einen Ägypter tötete und fliehen musste. Gott ruft ihn zurück und fordert ihn auf, zum Pharao zu gehen, um die Freiheit für sein Volk zu erbitten. Was für ein Risiko! Paulus, der unter dem Namen Saulus noch Christen verfolgte, aber dann durch Jesus verändert wird und fortan unter Lebensgefahr sein Leben für Jesus einsetzt. Es gibt noch unzählige mehr, die hier nicht erwähnt werden können. Gott hat immer wieder Männer ins Risiko berufen, um sie so zu dem werden zu lassen, wofür sie berufen waren, und um hervorzubringen, was Herrliches in ihnen steckt.

»Die Tragödie des Lebens besteht in dem, was in einem Mann stirbt, während er lebt.«
(Albert Schweitzer)

Auf unserer männlichen Reise brauchen wir Risiko

Wir brauchen das Risiko auf unserer Reise. Es ist Teil unserer Initiation als Mann. Welches Risiko wir auf uns nehmen sollten, hängt dabei davon ab, wie weit wir auf unserer männlichen Reise sind. Die meisten von uns haben bisher eher wenig Risiken auf sich genommen. Nun geht es darum, in kleinen Schritten in Richtung Risiko im Leben zu gehen und dabei zu lernen, dass wir vertrauen können. Das kann die Segelstunde sein, die Sie schon lange nehmen wollten, die Weiterbildung oder der Tanzkurs. Es kann auch ein Akt der Vergebung sein. Die Versöhnung mit dem Vater, Kind oder Nachbarn, mit dem man schon lange im Streit liegt, oder der Anruf bei einem Freund, den man beim letzten Zusammentreffen unrecht getan hat. Wichtig ist, dass wir zuerst einmal unsere Komfortzone verlassen.

Die folgende Grafik verdeutlicht dies.

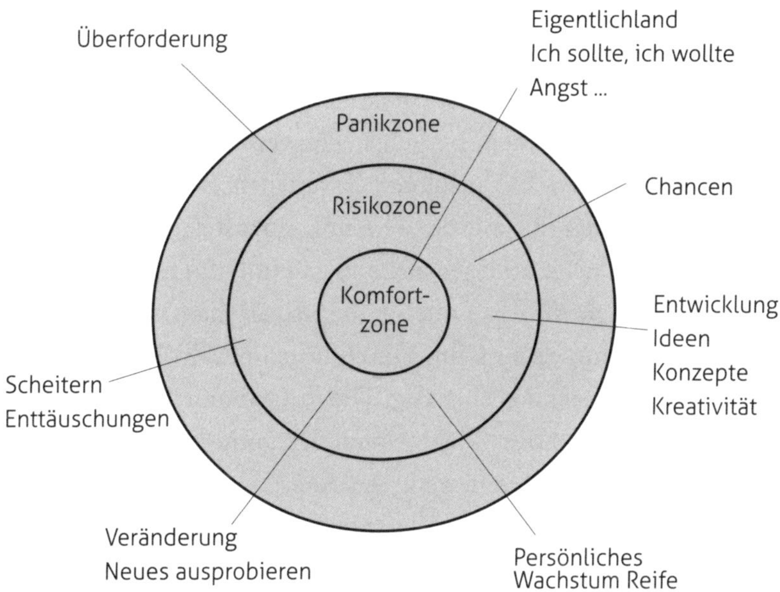

Die Lebenszonen

Verbleiben wir in unserer Komfortzone, dann begegnen wir unserer Umwelt mit Aussagen wie: »Ich wollte eigentlich«, »Ich müsste mal …« oder »Ich sollte …«. Wenn wir darin verharren, entwickeln wir uns nicht weiter. Das Leben bleibt, wie es ist. Wir ignorieren unsere Berufung und existieren weiter wie bisher. Erst wenn der Drang, dies zu ändern, groß genug wird, schaffen wir es, diesen inneren Kreis zu verlassen. Wir treten aus der Komfortzone heraus. So gelangen wir in den zweiten Kreis, in die Risikozone, in der wir Ideen entwickeln, Konzepte entwerfen und sich dadurch neue Chancen für unser Leben ergeben. Doch hier begegnen uns auch Enttäuschungen. Wir erleben Scheitern und Zurückweisung. Das darf uns aber nicht aufhalten: Es gehört dazu. Wichtig ist, dass uns diese Erfahrungen nicht zurückwerfen und uns in die Komfortzone umkehren lassen. In der Risikozone findet Wachstum statt. Es kann auch mal passieren, dass wir kurzfristig in die Panikzone hineinrutschen, doch dazu mein Tipp: In der Panikzone sollten Sie sich nicht zu lange aufhalten.

Ein Bekannter von mir ist passionierter Gleitschirmflieger und berichtete mir von einem typischen Flugverhalten, in das gerade unerfahrene oder ängstliche Piloten oft verfallen. Beim Gleitschirmfliegen geht es darum, mit der Thermik aufzusteigen, um so eine lange Flugstrecke zurücklegen zu können. Nun liegt es in der Natur der Sache, dass thermische Luftströmungen turbulent sind. Wir kennen das von Flugreisen. Beim Durchfliegen der Wolkenschichten wackelt oder zittert das Flugzeug. Dieses Phänomen verstärkt sich bei Gleitschirmen noch. Viele Piloten bekommen Angst, wenn sie in diese Turbulenzen einfliegen. Das Angstzentrum im Hirn sorgt folglich für ein andauerndes Unwohlsein. Sobald der Pilot sich aber entscheidet, wieder aus der Thermik herauszufliegen und den Schirm in ruhigere Luftmassen bringt, hört dieses Unwohlsein schlagartig auf. Das Ergebnis: Der Pilot beginnt, thermische Luftströmungen zu vermeiden. Nur wird es ihm so nie gelingen, größere Strecken zurückzulegen oder lange in der Luft zu bleiben. In der Folge verlieren viele dieser Piloten die Lust am Fliegen und geben es am Ende ganz auf. Man kann das Pilotenverhalten gut mit dem Rückfall in die Komfortzone vergleichen. Auch dort werden wir über Zeit unseren Antrieb verlieren. Das beständige Verschieben von Dingen die wir »eigentlich mal machen wollen« nimmt uns die Lust, überhaupt etwas anzufangen. Schließlich fehlt uns das Erfolgserlebnis, wirklich etwas erreicht oder verändert zu haben.

Der Pilot, der in der Thermik bleibt und erkennt, dass er seinem Schirm vertrauen kann und dass dieser ihn sicher durch die turbulente Luft bringt, durchbricht diesen Kreislauf. Er erlebt, dass die Erfahrung des Risikos ihn buchstäblich weiterbringt. Ihm erschließen sich neue Horizonte. Er kommt seiner Berufung als Pilot näher, mit dem Schirm weitere Strecken zu überwinden, und gewinnt so mehr Lust am Fliegen.

Vor einiger Zeit wurde eine Studie veröffentlicht, in der ältere Menschen gefragt wurden, was sie anders machen würden, wenn sie ihr Leben noch einmal von vorn beginnen könnten. Die häufigste Antwort: Ich würde mehr wagen, mehr Risiken eingehen. Also, worauf warten Sie noch? Stellen Sie sich einmal vor, wie Ihr Leben aussehen würde, wenn Sie den sogenannten »inneren Schweinehund« überwinden, Ihre Komfortzone verlassen und den Schritt ins Risiko wagen. So wie Urs diesen Schritt wagte, als er vom Boot ins Meer sprang. Stellen Sie sich vor, wie Sie so Ihrer Berufung näher kommen können, und malen Sie sich aus, was für ein Mann Sie sein könnten, wenn Sie diese Schritte gehen.

Wir werden noch über die Prinzessin, also Ihre Partnerin, sprechen. Aber an dieser Stelle möchte ich schon mal einen Gedanken zur Sehnsucht der Prinzessin einstreuen. Es gibt Frauen, die lieben Sicherheit über alles und werden dem Mann davon abraten, seinen Gleitschirm in den Wind zu stellen. Dann gibt es aber auch die Frauen – so wie meine –, die es lieben, im gemeinsamen Abenteuer des Lebens mit ihrem Mann zu fliegen. Für mich bedeutet das Leben in Fülle!

Denken wir an dieser Stelle noch einmal über die Frage nach, wofür Männer geschaffen wurden. Der Entwurf einer Sache offenbart, wofür sie geschaffen wurde. Ein Jeep ist kein Rennwagen, ein Zelt keine Luxusvilla, ein Fallschirm kein Flugzeug. Sicher, man kann Dinge zweckentfremden, aber sie erfüllen ihren Zweck dann am besten, wenn man sie zu dem gebraucht, wofür sie geschaffen wurden. Also, wofür sind Männer eigentlich geschaffen worden? Die Jacht ist für den Wind gemacht, nicht um im Hafen herumzudümpeln. Nur auf See, wenn die Segel am Wind liegen, entfaltet sie ihre ganze Kraft. So ist es auch mit uns Männern. Nur haben wir uns oft schon damit abgefunden, nicht mehr das Leben zu leben, für das wir ursprünglich geschaffen wurden. Stellen Sie sich eine Jacht vor, die fest vertäut, gut gefendert, traurig im Hafen liegt und sagt: »Früher, da war ich mal draußen auf dem Meer, da habe ich die Kraft des Windes gespürt. Aber jetzt fühle ich mich viel sicherer im Hafen. Und auch die Toiletten sind hier näher. Ich schaue lieber den anderen Jachten draußen auf dem Meer beim Segeln zu.« Wir Männer sollen Leben stiften und fruchtbar machen! Man kann dies rein biologisch betrachten, aber ich meine eine übertragene Dimension des »Fruchtbar-Seins«. Die Menschen um uns herum, unsere Frau, unsere Kinder, unsere Freunde, unsere Kollegen, sollen ein Umfeld haben, in dem sie wachsen und sich entfalten können. So können sie wiederum ihre Gaben entwickeln und sie zum Wohle anderer einsetzen. Dort, wo wir die Menschen um uns herum ermutigen, befähigen und freisetzen, da laufen wir in unser ursprünglichen Bestimmung. Und als Männer sollen wir beschützen. Die Menschen um uns herum sollten sich sicher fühlen und nicht ausgenutzt werden. In diesem Zusammenhang fallen mir zwei Zitate von Nelson Mandela ein: »Es ist nichts Erleuchtendes daran, sich so klein zu machen, dass andere um dich herum sich nicht sicher fühlen.« Und: »Wenn wir von unserer eigenen Angst befreit sind, befreit unsere Gegenwart automatisch andere.«

»Es ist nichts Erleuchtendes daran, sich so klein zu machen, dass andere um dich herum sich nicht sicher fühlen.« (Nelson Mandela)

Von uns sollte daher ein Gefühl von Geborgenheit ausgehen, in dem sich andere wohlfühlen. Diese Geborgenheit kann ich als Mann nur ausstrahlen, wenn ich weiß, wer ich bin und welcher liebende Vater hinter mir steht, mich ermutigt und hält.

»Wenn wir von unserer eigenen Angst befreit sind, befreit unsere Gegenwart automatisch andere.« (Nelson Mandela)

Doch wir Männer wurden zweckentfremdet. Man redet uns seit Langem ein, dass es für uns um Positionen, Status, Reichtum und Besitz geht. Dadurch, dass wir uns auf diese »Werte« stürzen, verursachen wir viele der Schmerzen, unter der die Gesellschaft leidet. Wir haben uns unsere Bestimmung rauben lassen. Anstelle fruchtbar zu machen, widmen wir uns der Selbstverwirklichung. Anstatt andere zu ermutigen, verfallen wir der Gier und Lust. So ist es kein Wunder, dass Kinder und Frauen sich in unserem Umfeld nicht mehr sicher fühlen und sich nicht entfalten können.

Es ist nicht leicht, diesen Pfad zu verlassen. Mitten im Wettlauf um Karriere, Geld und Statussymbole plötzlich stehen zu bleiben und zu sagen: »Ich steige aus. Das ist nicht, wofür ich geschaffen wurde!« Schnell kommen die anderen Akteure und klopfen uns auf die Schulter, ermutigen uns, weiterzumachen, das Rennen doch zu Ende zu laufen. Aber gibt es dieses Ende überhaupt? Oder ist es ein Rennen im Hamsterrad? Unendlich, ohne Ziel? Ich möchte Sie an diesem Punkt ermutigen, auszusteigen. Auszusteigen aus dem Hamsterrad. Verlassen Sie die Komfortzone. Nehmen Sie das Risiko an, anders zu sein. Widerstehen Sie den Verlockungen des Status quo und beginnen Sie, in Ihrer Bestimmung als Mann zu laufen. Das Risiko ist es wert! Ein neues Leben könnte sich vor Ihren Augen entfalten.

ÜBUNG 12: HERAUSFORDERUNGEN ANNEHMEN

Nehmen Sie sich bitte einige Minuten Zeit und denken Sie über folgende Fragen nach:

An welcher Stelle im Leben haben Sie Herausforderungen nicht angenommen? Wo haben Sie das Risiko gescheut?

Wie könnte Ihr nächster Vertrauensschritt oder Wachstumsschritt aussehen? In welchem Bereich möchten Sie diesen unternehmen?

11.
DIE REISE – TRAINING UND WACHSTUM

Urs braucht Veränderung

Aus den Boxen am Vordach erklingt eine Paghjella der korsischen Gruppe I Muvrini und verhallt in der Nacht. Die Lichter der kleinen Hafenrestaurants, die wie aufgereiht nebeneinanderliegen, werden auf der nachtschwarzen Oberfläche des Wassers gespiegelt. Hier und dort tauchen Masten oder Bootsflanken aus der Dunkelheit auf, um dann im Rhythmus der sanften Hafenwellen wieder aus den Lichtkegeln zu verschwinden. Der Himmel zieht sich wie ein kolossales, schwarzes Zelt über uns, in dem Abermillionen kleine Pailletten glitzern. Dann und wann weht der lauwarme Abendwind Gesprächsfetzen von den anderen Tischen und Restaurants herüber. Es herrscht noch geschäftiges Treiben im Hafen von Bonifacio, an der Südspitze Korsikas, in dem wir nach einem langen Törn festgemacht haben. In den Hafen von Bonifacio einzulaufen ist beeindruckend, steil ragen die Felswände zu beiden Seiten empor. Zunächst waren die Männer erschöpft von dem Törn, der uns heute viel abverlangt hat. Doch nach einem wunderbar schmackhaften Abendessen sind die Kräfte wieder zurückgekehrt und nun genießen wir unseren Wein. Alles scheint für einen Moment stillzustehen. Es ist erst der vierte Abend an Bord unserer Jacht und es scheint uns, als ob wir uns schon lange kennen würden, so viel haben wir schon voneinander erfahren und miteinander erlebt. Urs, der Lokführer, kreist mit der Fingerspitze um den Rand des Weinglases und seufzt.

»Müde?«, frage ich und wende mich ihm zu.

Er lächelt milde, ohne mich anzusehen. Dann holt er tief Luft und sagt: »Ja, auch – aber das ist es nicht.«

Ich sage nichts, halte die Stille aus. Dann merke ich, wie es Urs drängt, etwas zu sagen: »Es ist seltsam, aber obwohl ich von Montag bis Sonntag Tausende Kilometer auf der Schiene zurücklege, habe ich eben immer das Gefühl, nicht voranzukommen. Ja, es ist sogar so, dass ich glaube, hier in diesen Tagen auf dem Boot weitergekommen zu sein als in den ganzen letzten Jahren.«

Pascal sagt: »Ja, das kommt mir auch so vor.«

»Ich spüre, nein ich weiß, dass ich die Veränderung brauche. Jetzt!«

Ich nicke.

»Aber es geht mir alles nicht schnell genug«, fügt Urs an.

Ich überlege für einen Moment, wie ich darauf am besten reagieren soll. Ich verstehe Urs – nur zu gut. Aber es gibt etwas Wichtiges, das er lernen muss.

»Urs, das mag nun nicht die Antwort sein, die du dir von mir erhoffst, aber es ist wichtig, dass wir unser Leben als Reise begreifen.«

»Wie meinst du das?«, fragt Urs zurück.

»Na ja, eine Reise besteht aus vielen Schritten. Nehmen wir an, dass du eines Tages aufwachst und dir wünschst, in die USA zu reisen. Kannst du das dann sofort machen?«

»Nur, wenn ich Urlaub habe«, gibt Urs zurück.

»Genau, aber den musst du ja zuerst einreichen und meistens geht das nicht, einen Tag bevor du abreisen möchtest. Du musst den Urlaub schon Wochen oder Monate vorher beantragen. Dann musst du einen

Flug buchen, deine Reise vor Ort planen. Vielleicht benötigst du noch Reisedokumente? Und dann beginnt die eigentliche Reise. Zunächst musst du zum Flughafen fahren, dann dort einchecken und warten. Es folgt der Flug, der von Deutschland, Österreich oder der Schweiz viele Stunden dauert. Nicht zuletzt folgt der Akt der Einreise in die USA. Auch das kann mehrere Stunden dauern. Erst dann kannst du deinen Zielort erreichen. Du siehst also, dass von dem Moment, an dem du dein Ziel planst, bist zu dem Moment, an dem du tatsächlich ankommst, oft Monate vergehen. Mit unserem Leben ist es ähnlich, nur dass alles in einem viel größeren Maßstab stattfindet.«

Urs seufzt.

Eine Berufung reift heran

»Keine Sorge, natürlich dauert nicht alles so lange. Aber es ist wichtig, dass wir eins verstehen: Manchmal ist es für uns erst dran, in gewissen Lebensbereichen oder Charaktereigenschaften zu reifen, bevor wir in das hineinkommen können, was wirklich auf unserem Herzen liegt. Es ist ähnlich wie bei der Geburt eines Kindes. Es braucht eine gewisse Zeit, viel Geduld, Wachstum, Vorbereitung und dann bei der Geburt Kraft und das richtige Timing.«

Urs sowie auch die anderen Männer hören aufmerksam und interessiert zu. Einige sehen nachdenklich aus.

»Oft ist es doch so, dass wir ein Bild von dem haben, was wir uns wünschen. Vielleicht träumst du davon, in ein anderes Land auszuwandern? Sagen wir nach Italien. Du siehst dich dort im Garten deines kleinen Häuschens, umgeben von Zitronenbäumen. Das Meer liegt nicht weit, es ist warm, du genießt die Sonne. Dazu hast du dir deinen Traum erfüllt, ein kleines Restaurant zu eröffnen. Nun, das ist die Visualisierung deines Zieles, deines Traumes. Aber um dorthin zu kommen, bedarf es einer ganzen Reihe von Schritten. Und es ist dir vielleicht nicht klar, ob du bereit bist, diese Schritte alle zu gehen. Erst wenn du den Level erreicht hast, also die Fähigkeiten besitzt, die du brauchst, um das erträumte Leben zu meistern, kommst du wirklich dort an. Denn um diesen Traum zu erfüllen, benötigst du zunächst Geld, um überhaupt erst ein Haus zu mieten und ein Restaurant zu eröffnen. Du musst vielerlei Formalien hinter dich bringen, etliche Dokumente besorgen, Kontakte vor Ort knüpfen, Werbung für dein Lokal machen und vieles mehr. So ist es auch in unserem Leben. Wir müssen zunächst die Fähigkeiten erlernen, die wir brauchen, bevor wir das Leben führen können, das wir uns erträumen. Aber wie wir schon erfahren haben: Es gibt eine Berufung für uns, die Gott in unser Herz gelegt hat, und wir sollen danach streben. Nur geht es nicht von jetzt auf gleich. Je mehr wir aber wachsen, desto näher kommen wir dem Traum Gottes für unser Leben. Mit anderen Worten: Wir müssen zunächst trainieren.«

Urs nickt. Er scheint unsicher zu sein, ob er noch so lange warten kann.

»Ich verstehe dich gut«, sage ich zu Urs. »Es ist nicht leicht, das zu akzeptieren. Zumal wir manchmal das Gefühl haben, dass sich nichts bewegt. Nichts vorangeht. Auch mir ging es so. Ich habe mich in manchen Bereichen abgestrampelt und hatte das Gefühl, nicht vom Fleck zu kommen. Doch wenn ich dann innehielt, merkte ich auf einmal, dass sich an anderer Stelle etwas in meinem Leben geändert hatte. Es war fast so, als versuchte ich, etwas in meinem Leben zu reparieren, und während ich ganz darauf fokussiert war, wurde an ganz anderer Stelle in meinem Leben etwas neu gemacht. Etwas, das ich zuvor gar nicht im Blick hatte. Mit anderen Worten: Während ich mich abmühte, meinen Gartenzaun zu reparieren, machte mein Nachbar sich daran, unser Dach in Ordnung zu bringen, durch das es schon seit Wochen regnete. Und wenn ich dann frustriert aufgab, den Zaun in Ordnung zu bringen, und hoch zum Dach schaute, wurde mir klar: Das war viel wichtiger als mein Zaun. Genauso ist es mit Gott. Er arbeitet bei uns an den Dingen, die er für wichtig erachtet – und manchmal merken wir das erst, wenn er fertig ist. Wichtig ist, dass wir Gott dabei vertrauen.«

Nun merkte ich, wie ein Lächeln über Urs' Gesicht huschte.

»Du kannst ihm vertrauen«, legte ich nach. »Auch wenn es manchmal schwerfällt. Er will dir nur Gutes.«

Der wohlwollende Vater

»Woher weiß ich das?«, fragt Urs. »Ich meine: Woher weiß ich, dass er mich nicht als Feind ansieht?«

Während ich überlege, wie ich Urs darauf antworten kann, kommt Gerber, der General, an unseren Tisch und setzt sich wieder zu uns. Er hatte einen kleinen Spaziergang durch den Hafen gemacht. Urs und ich nicken ihm zu. Urs bietet ihm die Karaffe mit dem Wein an, aber Gerber lehnt ab. Er stützt die Ellenbogen auf und beugt sich vor.

»Störe ich?«, fragt er.

»Überhaupt nicht«, beeilen Urs und ich uns zu sagen. Dann fällt mir eine Szene ein, die die Frage von Urs im übertragenen Sinn beantworten kann, und ich beginne zu erzählen: »Kennst du den Film ›Die drei Musketiere‹? Darin gibt es eine wunderbare Szene zwischen Vater und Sohn. Beide trainieren den Schwertkampf. Dann plötzlich gelingt dem Sohn ein guter Schlag. Er glaubt, seinen Vater besiegt zu haben, doch als er sich siegesgewiss über den Vater beugt, hält dieser ihm einen zuvor verdeckten Dolch an den Bauch und sagt zu seinem Sohn: ›Sieh runter – das hat mir ein Freund beigebracht.‹

Der Sohn blickt erschrocken und sein Vater fährt fort: ›Weißt du Junge, dein Gegner wird nicht immer so edel sein wie du. Denke immer daran. Mehr kann ich dir nicht beibringen.‹ Daraufhin schenkt der Vater dem Sohn sein Schwert mit den Worten: ›Behalte es. Die Zeit ist für mich gekommen, es weiterzugeben, vom Vater an den Sohn.‹ Der Sohn greift das Schwert und betrachtet es bewundernd. ›Die Waffe eines Musketiers‹, kommt es ihm über die Lippen. Doch wieder lenkt der Vater die Aufmerksamkeit des Jungen auf etwas Wichtigeres. Er sagt: ›Die wichtigste Waffe eines Musketiers ist sein Herz. Alle für einen, einer für alle.‹ Dann sieht der Vater auf seinen Sohn und fügt hinzu: ›Du erinnerst mich an jemanden.‹ Der Sohn erwidert: ›An dich?‹ Doch der Vater schüttelt den Kopf und sagt: ›Nein, an den Mann, der ich sein wollte, als ich so alt war wie du. Und nun geh, mein Sohn.‹

In diesem Moment kommt die Mutter hinzu. Sie sieht auf Vater und Sohn und sagt zu ihrem Sprössling: ›Pass auf dich auf und lass dich nicht in einen Kampf verwickeln.‹

›Oh, wenn ich ein Musketier werden will, muss ich wohl ein wenig kämpfen‹, erwidert der Sohn. ›Aber bitte nicht in der ersten Reihe‹, erwidert die Mutter und der Vater legt nach: ›Sohn, du weißt ja …‹

›Ja, Vater, ich soll mich nicht in Schwierigkeiten stürzen‹, sagt der Sohn vorschnell. Doch der Vater schüttelt den Kopf und erwidert: ›Falsch! Stürze dich in Schwierigkeiten. Mach Fehler, kämpfe, liebe und vergiss niemals – du bist unser Sohn.‹ – So weit diese eindrückliche Geschichte.«

In dieser Szene steckt so viel von dem Umgang, den auch Gott mit uns sucht, während er uns auf dem Weg zu unserer Berufung begleitet. Er liebt uns, und dazu gehört es, dass er uns auch auf Gefahren aufmerksam macht, dass er uns herausfordert und uns Zeiten voller Widerstände erleben lässt. Und genau wie der Vater in diesem Film, fordert auch Gott uns auf, das Leben zu leben. Wir dürfen, ja sollen

Fehler machen. Und so wie der Musketier seinen Sohn immer wieder auf das wirklich Wesentliche ausrichtet, so ist auch Gott bemüht, uns immer wieder auf das auszurichten, worauf es wirklich ankommt.

Es geht an unsere Grenzen

Dabei haben wir oft das Gefühl, dass wir an unsere Grenzen gelangen. Es scheint plötzlich, dass wir in unserem Leben an einen Punkt kommen, an dem wir zu zerbrechen drohen. Wir haben das Gefühl, dass wir nicht mehr können. Dass, wenn wir auch nur einen Millimeter weitergehen, alles zu Ende ist. Zeiten der Einsamkeit, Depression sind solche Momente, in denen wir meinen, einen Punkt erreicht zu haben, den wir nicht überschreiten können. »Ich kann nicht mehr!«, entfährt es uns dann. »Ich weiß nicht mehr weiter!«, »Ich bin am Ende!«, »Mir kann niemand mehr helfen«. Doch wir sind nicht allein.

Kennen Sie diese kleine Geschichte, die seit Jahren in Büchlein und auf Postkarten auftaucht? Darin betrachtet ein Mensch ein Leben in Form von Fußspuren, die im Sand verlaufen. Er sieht seine Fußspuren und die Fußspuren Gottes, die neben seinen zu sehen sind. Er ist froh, denn Gott hatte ihm ja versprochen, ihn nie alleinzulassen. Doch plötzlich sieht er einen Abschnitt, in dem nur noch ein Paar Fußspuren im Sand verläuft. Bei genauerer Betrachtung erkennt er zudem, dass es genau die Krisenzeiten seines Lebens waren, in denen nur noch ein Paar Fußspuren zu sehen ist. Vorwurfsvoll wendet er sich an Gott und sagt: »Hattest du mir nicht versprochen, immer bei mir zu sein? Und nun sieh dir mein Leben an. Gerade wenn es mir schlecht ging, hast du mich alleingelassen.« Zum Glück war dieser Mensch in der Lage, Gottes Stimme zu hören, sonst hätte diese Geschichte hier ein trauriges Ende gefunden mit der Frage: »Warum hast du mich alleingelassen, als ich dich am meisten brauchte?« Doch nun hört er Gottes Stimme und die gesamte Situation verändert sich: Er hört Gott zu sich sprechen: »Mein Sohn, als du nur eine Spur im Sand gesehen hast, da habe ich dich getragen.«

Wir dürfen uns darauf verlassen, dass Gott unsere Grenzen kennt. Er geht nicht darüber hinaus. Er weiß, was wir zu leisten imstande sind, und wird uns nie härter trainieren, als wir vertragen können. Er ist wie der Freund, der mit uns ins Fitnessstudio kommt und uns beim Bankdrücken hilft. Wir selbst denken nach dem zweiten Set, dass es nicht mehr geht, aber der Freund ermuntert uns, sagt uns, dass wir noch ein Set schaffen. Er steht uns zur Seite, feuert uns an und wir erkennen: Ja, tatsächlich, einer geht noch.

Wie reagieren wir auf Krisen?

Häufig haben wir das Gefühl, gerade in Krisenzeiten besonders herausgefordert zu werden. Nun, warum werden wir oft vor die größten Herausforderungen gestellt, wenn es uns ohnehin schlecht geht? Warum nicht dann, wenn wir Kraft und Ressourcen haben? Wenn Sie so wollen, liegt es in unser menschlichen Natur: Wir haben die Tendenz, uns Gott gerade dann zuzuwenden, wenn es uns schlecht geht. Auf sinkenden Schiffen oder in abstürzenden Flugzeugen gibt es kaum noch Agnostiker. Dann, wenn wir das Gefühl haben, dass uns nichts und niemand mehr helfen kann, wenden wir uns Gott zu. In Krisenzeiten zeigen wir zudem unser wahres Gesicht. Hier zeigt sich, was wir wirklich im Herzen tragen. Und die gute Nachricht lautet: Gott bleibt in diesen Zeiten bei uns, ganz gleich, was er in unserem Herzen vorfindet. Aber er hat ganz klare Vorstellungen davon, was er aus unserem Herzen machen möchte. Die entscheidende Frage lautet dabei, wie wir auf diese Krisen reagieren. Es gibt drei mögliche Reaktionen von Menschen auf Krisen:

Resignation – Wir geben auf, verlieren die Hoffnung, werden passiv.

Rebellion – Wir kämpfen gegen das an, was uns passiert, verweigern aktiv.

Annahme – Wir nehmen die Krise und ihre Folgen an. Wir übernehmen Verantwortung und gestalten. Hieraus entsteht persönliches Wachstum. Ein gelingendes Leben ist ein gestaltetes Leben.

Erinnern Sie sich noch an Ihren ersten Liebeskummer? Wie alt waren Sie? Alles schien zu Ende zu sein. Das Leben hatte seinen Sinn verloren, richtig? Die ersten Tage verbrachten sicherlich viele damit, resigniert zu Hause zu sitzen. Vielleicht haben Sie Fotos aus glücklicheren Tagen betrachtet oder die Musik gehört, die Sie mit Ihrer Liebe verbanden. Und dann irgendwann drang ein neuer Gedanke durch: Ich muss um meine Liebe kämpfen, sie zurückgewinnen. Vielleicht standen Sie plötzlich mit Rosen vor ihrer Tür oder schrieben ihr Briefe, in denen Sie Ihre Liebe beschworen? Doch wie oft war das von Erfolg gekrönt?

> Es ist eine große Kunst, die richtigen Fragen zu stellen. Gerade in Zeiten der Herausforderung sollte die Frage nicht »Warum?« sein, sondern »Wozu?«.

Dann folgten Wochen und Monate des Schmerzes, bis plötzlich dieses andere Mädchen auftauchte, das Ihnen die Sprache verschlug. Oder als etwas anderes in Ihrem Leben wichtiger wurde. Ob Sie es bewusst wahrnahmen oder nicht, Sie hatten die Situation angenommen. Sie waren weitergegangen und hatten das Vorherige hinter sich gelassen. Dieser Prozess ist gleichbedeutend mit Wachstum. Und um dieses Wachstum geht es.

Es ist eine große Kunst, die richtigen Fragen zu stellen. Gerade in Zeiten der Herausforderungen sollte die Frage deshalb nicht lauten:

Warum? Sondern es ist besser, sich in diesen Zeiten zu fragen: Wozu?

Dazu gehört auch der Aspekt der Vergebung. Auf unsere Lebensreise begegnen uns verschiedene Menschen und Situationen. Diese Begegnungen können sehr positiv, ermutigend und inspirierend sein. Es gibt aber auch die Momente und Menschen, die uns verletzen und enttäuschen – Ereignisse, bei denen unser Vertrauen missbraucht und unsere guten Absichten verdreht werden.

Bitter oder besser werden?

Kennen Sie das Gefühl? Mit viel Hingabe haben wir uns in einen Menschen investiert und plötzlich wendet sich diese Person von uns ab, macht uns Vorwürfe und verdreht einem plötzlich jedes Wort im Mund. Versprechen und Abmachungen werden gebrochen, Freundschaften gehen in die Brüche oder man erfährt, wie hinter seinem Rücken geredet wird. Das sind die Erlebnisse, die Menschen bitter und hart machen können. Alte mürrische Männer werden nicht alt und mürrisch geboren. Wie sie dem Leben begegnet sind, die Entscheidungen, die sie getroffen haben, haben sie bitter und mürrisch gemacht. Was wird aus Ihrem Leben? Ein Krug voll saurer Milch oder ein reifer, gut gelagerter Wein? Ein alter, mürrischer Greis oder ein lebensfroher, weiser Mann?

Dies entscheidet sich an jeder Lebenssituation, in welcher wir die Möglichkeit haben, bitter oder besser (engl. *bitter or better*) zu werden. Da, wo wir lernen und uns entscheiden, loszulassen, zu vergeben und neu anzufangen, wird unser Leben immer mehr zu einem guten, reifen Wein. Wenn wir uns entscheiden, festzuhalten und nicht zu vergeben, werden wir zunehmend hart und bitter, und unser Leben wird »sauer«.

»Das ist nicht immer leicht«, seufzt Gerber und reibt sich mit der Handfläche über das Gesicht.

»Nein, sicherlich nicht«, sage ich. Doch Gerber reagiert nicht auf das, was ich sage. Dieser große Mann mit dem rasierten Haarschnitt, unter dessen Hemd sich die Muskeln anspannen und dessen markante Gesichtszüge an einen Helden aus einem Hollywoodfilm denken lassen, sitzt zusammengesunken am Tisch. Mit leiser Stimme sagt er: »Ich bin gerade sehr geprüft worden.« Und dann erzählt er vom Tod seines ersten Kindes. Seine Frau und er hatten sich so sehr gefreut, als sie erfuhren, dass sie ein Kind erwarteten. Voller Freude stürzten sie sich in die Vorbereitungen. Sie richteten das Kinderzimmer ein und posteten Bilder im Internet. Sie kauften Babykleidung, Kinderwagen, tauschten Ideen für Namen aus, legten sich ein größeres Auto zu und informierten sich im Umfeld über Hebammen. Je näher der Geburtstermin rückte, desto größer war die Begeisterung auf die baldige Elternschaft. Es schien, als würde kaum ein Kind mit so viel Vorfreude erwartet werden. Und dann, einen Tag vor dem errechneten Geburtstermin, der Schock: Herzstillstand. Das Kind musste tot zur Welt gebracht werden.

Resignation und Verzweiflung wollten ihn und seine Frau durchdringen. Ein Schmerz, der sie zu zerbrechen drohte. Gefolgt von einer Rebellion, der Weigerung, die Tatsache zu akzeptieren. Aber, so berichtete Gerber, schließlich hatten sie die Situation angenommen. Und erst dann erlebten sie Gottes ganz persönlichen Trost. Ja, Gerber erzählte sogar, stolz auf seinen verstorbenen Sohn zu sein und ihm ein Gedicht geschrieben zu haben. Dieser Verlust blieb eine Erfahrung, die er niemandem auf der Welt wünschte, aber er hatte sie angenommen und war an dem Schmerz und dem Umgang mit dem Verlust gewachsen und Gott in dieser schweren Zeit um so viel näher gekommen.

So schwer es uns zunächst fällt, dies zu akzeptieren, so sehr nutzt Gott diese Momente, um an uns und mit uns zu arbeiten, um uns unserer Bestimmung näherzubringen. In meiner großen Krise hatte ich oft das Gefühl, als würde Gott mir alles nehmen, auf das ich meine Aufmerksamkeit richtete, was mir lieb und teuer war, damit ich hochschauen und ihn wahrnehmen würde. Wie bei einem Kind, das in ein Computerspiel vertieft ist und dessen Aufmerksamkeit man nur zurückgewinnt, indem man den Stecker zieht. Denn nichts ist für Gott so kostbar wie die Gemeinschaft mit uns.

Ein Lernender kann wachsen

Wachsen heißt größer werden. Aber größer werden bedeutet auch, sich zu verändern. Es ist ein Prozess, in dem wir hinzugewinnen. Damit uns das im vollen Umfang gelingt, müssen wir bereit bleiben, zu lernen. Und das ist oftmals leichter gesagt als getan. Gerade als erwachsener Mann, der im Berufsleben steht, vielleicht Frau und Kinder zu Hause hat und tagtäglich seine Leistung unter Beweis stellen muss. Gerade im Arbeitsalltag lernen wir schnell, dass Antworten wie »Ich weiß das nicht« oder »Das habe ich noch nie gemacht, das muss ich erst erlernen« nicht erwünscht sind. Vielmehr wird erwartet, dass wir natürlich in der Lage sind, die an uns gestellten Aufgaben umgehend zu erledigen. Das Ergebnis: Wir behaupten, Dinge zu können, die wir nicht können, und geben vor, Dinge zu wissen, die wir nicht wissen. Bloß nicht als unwissend auffallen und nicht zugeben, dass uns eine Fähigkeit fehlt. Und genau hier liegt das Problem. Wenn wir vorgeben, Dinge zu wissen und Fähigkeiten zu besitzen, haben wir – zumindest im Berufsleben – keine Möglichkeit mehr, diese wirklich zu erlernen, zum Beispiel durch eine Fortbildung. Die Folge: Wir stecken fest.

Gott liebt es, uns zu entwickeln und uns unserer Berufung näherzubringen. Und hierzu bedarf es eines belehrbaren Herzens. Wir müssen Lernende bleiben. Nur wer zugibt, noch nicht fertig zu sein, bekommt Raum, sich zu entwickeln. Bei Gott können, ja sollen wir »Azubi« bleiben – auch wenn wir in unserem Unternehmen die Karriereleiter schon erklommen haben.

Chris und die Diamanten

Gerade erzähle ich Urs, Gerber und den anderen Männern hiervon, als sich noch jemand unserem Tisch nähert. Es ist mein guter Freund Chris. Auch er ist Skipper und seit Jahren segeln wir bereits in den gleichen Gewässern. Ich freue mich, ihn hier auf Korsika zu treffen. Herzlich begrüßen wir uns und gemeinsam laden wir ihn ein, sich doch zu uns zu setzen. Chris zieht sich einen Stuhl heran und bestellt sich eine Cola. Dann fragt er uns, worüber wir gerade sprechen. Ich fasse das Gespräch kurz zusammen und Chris hört interessiert zu. Dann überlegt er einen Moment und fragt, ob er etwas dazu sagen darf. Urs und Gerber nicken.

Und Chris beginnt seine Geschichte zu erzählen. Sein Großvater hatte ein Unternehmen für Ziehwerkzeuge gegründet, mit denen Kupferdrähte bearbeitet werden konnten. Diese Ziehwerkzeuge müssen sehr verschleißfest sein, deshalb werden Teile von ihnen aus Diamanten hergestellt, und zwar ausschließlich aus Naturdiamanten. Nur Naturdiamanten haben die nötige Härte.

Nach seinem Studium stand Chris plötzlich vor der Wahl, das Unternehmen von seinem Vater zu übernehmen, und er entschied sich dafür. Diese Entscheidung sollte für sein späteres Leben noch von großer Bedeutung sein. Chris hatte damals keine Ahnung, wie schwer es ist, Diamanten zu schleifen, zu polieren oder auch kleine Löcher hineinzubohren. Es ist der härteste Stoff, den wir natürlich auf der Welt finden. Und obwohl Diamanten so hart sind, sind sie gleichzeitig sehr empfindlich gegen Schläge. Man muss sehr sorgsam mit ihnen umgehen, um Risse oder Sprünge zu vermeiden. Ebenso war Chris davon fasziniert, dass man Diamanten nur mit Diamanten bearbeiten kann. Der Name »Diamant« leitet sich vom lateinischen Wort »diamantem« ab, was so viel wie »unbezwingbar« bedeutet.

Bevor Chris den väterlichen Betrieb übernahm, führte sein Vater ihn in die besondere Welt der Diamanten ein. Gemeinsam fuhren sie zur Diamantenbörse nach Antwerpen oder suchten Rohsteine aus. Sein Vater lehrte ihn die Beurteilung von Qualitätskriterien wie Reinheit, Gewicht, Farbe und Schliff. Das ist besonders wichtig, denn im Rohzustand wirkt der Stein unscheinbar. Erst der Schliff verleiht ihm den Glanz, das Feuer oder die Brillanz. Nur der Brillantschliff hat die Fähigkeit, bei perfekter Bearbeitung das Licht total zu reflektieren. Trifft Licht auf einen ideal geschliffenen Diamanten, wird es von Facette zu Facette reflektiert und tritt oben regenbogenfarben wieder aus. Dabei ist die Symmetrie der einzelnen geschliffenen Facetten entscheidend. Verantwortlich für die optimale Lichtführung sind die Facetten der Unterseite. Ein schlecht geschliffener Diamant verliert Licht, das durch die falschen Winkel an den Seiten austritt. So erzeugt er nur eine matte Reflexion und verliert seine Brillanz.

Nachdem Chris den Betrieb einige Jahre geleitet hatte, besuchte er ein Management-Seminar. Es ging dort um Kompetenz- und Charakterentwicklung. Während Chris dem Referenten lauschte, begann er über seinen Charakter nachzudenken. Im Zwiegespräch mit Gott stellte er einen direkten Bezug zu den Diamanten her. Ja, vielleicht war er ein Rohdiamant als Mann, ein Edelstein mit besten Qualitätseigenschaften, ideal, um daraus einen Brillanten zu schleifen. Doch bisher waren bei ihm nur wenige Facetten zu sehen. Sein eigenes inneres Licht wurde nur matt reflektiert. Er erkannte, dass seine Ausstrahlung so viel brillanter sein könnte, wenn der richtige Schliff an

Ober- und Unterseite angebracht würde. Und es gab unreine Stellen, die weggeschliffen werden müssten. Sicherlich hatte er sich bemüht, sich zu bessern. Er hatte an sich gearbeitet. Doch zumeist nur an der Oberseite, damit das, was man sah, nach außen möglichst brillant erschien. Die Fassade musste stimmen. Die Unterseite, die man nach außen nicht sah, blieb unbearbeitet. Während er darüber nachdachte, merkte er, dass es Gott dabei viel mehr um den Prozess der Veränderung und des Wachstums ging als um das Endergebnis. Ein guter Prozess bringt am Ende ein gutes Ergebnis, das war ihm klar. Es ist also entscheidend, wie der Schliff des Diamanten auf der Unterseite gestaltet ist. Nur wenn dieser perfekt ausgeführt ist, kann er das ganze Lichtspektrum reflektieren. Chris machte nun den Vergleich zwischen der Unterseite eines Diamanten und dem Charakter eines Mannes. Gott arbeitet an dem Charakter eines Mannes so lange, bis er die vollkommene Schönheit Gottes widerspiegelt. Chris schloss mit den Worten, dass er nicht wisse, ob dieser Schliff in seinem Leben jemals fertiggestellt würde. Aber er genoss es, dass Gott weiter an ihm arbeitete. Ihm zu mehr Wachstum und Entwicklung verhalf. Es ist, als sei Gott sein Trainer. Das Training ist oft hart, es bringt ihn an Grenzen, aber er spürt, dass er als anderer Mann daraus hervorgeht.

Kann ich als Erwachsener ein Lernender sein?

Als Chris endete, sahen Gerber und Urs nachdenklich zu Boden. Gerade Gerber, der Militär, schien zu hadern. Konnte er als Führungskraft sich als Lernender zeigen? Musste er, der im Ernstfall grundlegende Entscheidungen in Sekunden fällen sollte, nicht vollkommen fertig sein? Sicher, er musste seine Fähigkeiten trainieren, musste an Übungen und Manövern teilnehmen. Aber durfte er zugegeben, dass er gewisse Dinge nicht wusste? Dass er manches noch grundlegend entwickeln musste? Ich ergänzte die Geschichte von Chris durch eine kleine Geschichte von mir.

Es war vor einigen Jahren, als ich mit einer Gruppe auf dem Ijsselmeer in den Niederlanden segelte. Am Abend, nach einem langen Törn, liefen wir in den Hafen ein. Da dieser sehr voll war, mussten wir längsseits an einer anderen privaten Jacht anlegen. Während wir das Manöver durchführten, merkte ich, wie der holländische Eigner der anderen Jacht mich beobachtete. Sein Blick bedeutete mir, dass er mir das Manöver nicht zutraute. Nachdem ich angelegt hatte, sprachen wir auf Englisch kurz über den Segeltag. Dann fragte ich ihn, ob er vielleicht einen Tipp für mich habe, wie ich meine Jacht am besten sichern könne. Seine Nase ging noch etwas höher und sein ganzer Körper drückte Stolz und Überheblichkeit aus. Diese Frage schien seine Befürchtung zu bestätigen und er fragte unumwunden zurück: »Aber du weißt schon, wie man segelt, oder?« Ich nickte und sagte: »Ja, jedoch bin ich immer dankbar für einen Tipp.« Plötzlich veränderte sich seine ganze Körperhaltung, er entspannte sich und wurde wie ein kleiner Junge, der mir begeistert sein Wissen weitergab. Und ich lernte tatsächlich noch einiges Neues an diesem Abend. Die größte Erkenntnis aber lag für mich darin, dass ich erkannt hatte, wie wertvoll es für mich war, mich als Lernender gezeigt zu haben. Nur wer willens ist zu lernen, hat eine Chance, sich weiterzuentwickeln. Nur wer sein Wissen nicht als fertig und vollendet betrachtet, kann noch wachsen.

Gott stellt sich den Stolzen entgegen, den Demütigen aber schenkt er Gnade. (Jakobus 4,6)

Leider entwickeln gerade Erwachsene oftmals diese Haltung, die sie davon abhält, zu lernen. Sie betrachten sich als fertig, als »allwissend« und sehen nicht, dass auch ihr Training noch nicht zu Ende ist. Im schlimmsten Fall führt es dazu, dass sie stolz werden.

Gibt es etwas, auf das Sie stolz sind? Ihre Kinder, Ihre Karriere, Ihr Haus oder eine besondere Tat? Zufrieden auf Erreichtes zu blicken und für einen Moment das Gefühl zu haben, »das habe ich richtig gut gemacht«, ist sicherlich kein Problem. Schwierig wird es nur dann, wenn dieses Gefühl von Stolz auf eine ungesunde Art Besitz von uns nimmt. Eine gesunde Dankbarkeit wirkt einem ungesunden Stolz entgegen.

Mir ging es so, als ich als Schulleiter in der Schweiz tätig war. Meine Arbeit entwickelte sich sehr rasant und erfolgreich. Wir hatten große Schulen, viele Mitarbeiter – alles lief super. Dann auf einmal kam ich an die Grenzen meiner Kraft. Ich war überfordert. Ich fühlte mich unwohl und hatte sogar Schmerzen in der Brust. Ich zwang mich, innezuhalten und über die Situation nachzudenken. Dabei erkannte ich, dass ich in eine Situation geraten war, in der ich gar nicht sein wollte. Mir wurde so viel Anerkennung und Ehre für meine Arbeit zuteil, dass ich Gefahr lief, stolz zu werden. Wenige Tage später stand ich mit Tränen in den Augen vor der Klasse und den Mitarbeitern und erklärte, dass ich die Schulleitung aufgeben wolle, um mir eine Auszeit zu nehmen. Es fühlte sich so an, als hätte Gott den Gurt meines Sattels geöffnet, sodass ich nun sanft von dem Ross rutschen konnte, auf dem ich stolz gesessen hatte.

Es dauerte eine ganze Weile, bis ich wiederhergestellt war. Aber diese Erfahrung lehrte mich viel. Ich hatte mich aufgerieben, war so in meinem Einsatz aufgegangen, hatte mich darauf konzentriert, nach außen zu funktionieren und ein gutes Bild abzugeben, dass ich nicht bemerkte, wie der Stolz von mir Besitz nahm. Doch damit nicht genug: Ich hatte mich, genau wie Chris, darauf konzentriert, dass meine Oberseite schön aussah, und hatte vergessen, mich um die Unterseite zu kümmern. Das, was nach außen nicht sichtbar war, hatte ich vernachlässigt, und so hörte ich langsam auf, zu leuchten. Mein Feuer erlosch, mein Glanz verblasste und der Schatten des Stolzes legte sich über mich.

Ich erinnere mich an eine kleine Geschichte aus Afrika: Eine Expedition war wochenlang mit hohem Tempo durch die Steppe gelaufen. Irgendwann blieben die eingeborenen Träger plötzlich sitzen und weigerten sich, weiterzulaufen. Der Expeditionsleiter ließ den Übersetzer fragen, was los sei, und war überrascht, als er die Antwort hörte: Die Männer wollten warten, bis ihre Seelen nachkämen. Sie waren der Meinung, diese auf dem Weg und in der Eile verloren zu haben.

So ging es mir in der Schweiz auch. Ich hatte im Erfolgsrausch, unter dem Eindruck der Anerkennung und den Ehrungen, meine Seele vernachlässigt. Sie war zurückgeblieben und wurde von mir nicht gepflegt. Sie war wie die Facette des Diamanten, die nur ungenau geschliffen wurde und die nun dafür sorgte, dass mein inneres Licht verloren ging.

Doch ich hatte es geschafft, innezuhalten, von meinem hohen Ross abzusteigen und nun das Training zu durchlaufen, an dem ich wachsen sollte und das mich auf den Weg bringen würde, auf dem ich mich noch heute bewege. Ich wusste, es wird nicht von heute auf morgen gehen. Veränderung braucht Zeit. Es würde Prüfungen geben, um zu testen, ob ich diese neuen Erkenntnisse auch wirklich verinnerlicht hatte. Aber ich wusste auch, dass ich diesen Weg nicht allein gehen würde.

Damit ermutige ich Urs: »Ja, es dauert, aber wenn du hier und heute bereit bist, dich auf den Weg zu machen, und Gott erlaubst, deine Fähigkeiten und deinen Charakter zu trainieren, dich herauszufordern, deine Facetten zu bearbeiten, damit das Feuer in dir wieder erwacht und du erneut beginnst zu leuchten, dann bist du einen großen Schritt weiter in der Bearbeitung deines Diamanten gekommen.«

Bei einem Männer-Camp in der Schweiz stellte sich ein Freund von mir vor die 200 Männer im Publikum. Vor sich sein Schwert und seine Hände ruhten auf dem Knauf. Dazu sagte er folgende Worte: »Feind, egal was du gegen meine Familie planst – ich bin deine erste Adresse. Du kommst zuerst zu mir!« Wow, hat mich das beeindruckt. Ein Mann, der sich entschlossen vor seine Familie stellt. Ich kenne das Leben dieses Mannes. Er ist ein echter Kämpfer, der bereits viel, sehr viel zu ertragen hatte und doch siegreich geblieben ist.

ÜBUNG 13: WAS WIRD BEI MIR TRAINIERT?

Nehmen Sie sich an dieser Stelle ein paar Minuten Zeit und stellen Sie sich folgende Fragen:

Welche Fähigkeiten und/oder Charakterstärken werden gerade bei mir trainiert?

Wie kann ich mich diesem Training in Zukunft noch bewusster stellen?

12. DAS SKIPPER-TEAM – EHE UND PARTNERSCHAFT

Sekretärin oder Prinzessin?

»Ja, hallo Sandra? Hier ist Lukas. Ja, gut, danke. Du, hör mal, ich muss der Frau Sander das Schreiben von der Bank noch senden. Was? ... Ja, das ist dringend, sehr dringend sogar. Habe ich letzte Woche vergessen ... Nein, jetzt hör mal zu, das ist auf meinem Laptop gespeichert. In dem Ordner, wo Bankangelegenheiten draufsteht ... Ja, dann mach den Laptop doch mal an ... Nein, ich kann nicht gleich noch mal anrufen. Jetzt such doch den Ordner raus und dann verschickst du das Dokument. Die E-Mail hast du ja. Okay, alles klar. Bis bald dann!« Damit legt Lukas auf und lässt das Handy in die Hosentasche gleiten.

»Wen hast du denn angerufen?«, fragt Frank, der Stuckateur, während er den frisch eingekauften Proviant zu Clemens in die Kajüte reicht. »Meine Frau«, sagt Lukas und zieht sein Handy noch einmal hervor, nur um es gleich wieder in die Hosentasche rutschen zu lassen.

»Vermisst du sie?«, fragt Urs.

»Nee, nicht so, aber mir ist eingefallen, dass ich meiner Sekretärin noch ein Dokument schicken muss. Das habe ich zu Hause im

Laptop und ich hab meiner Frau deshalb gesagt, dass sie das für mich wegschicken soll«, sagt Lukas und beißt sich auf die Unterlippe.

»Wie, du hast deine Frau von hier angerufen, nur um ihr zu sagen, dass sie deiner Sekretärin ein Dokument schickt?«, fragt Jan, der gerade vom Bug zurückgekehrt ist.

»Ja, warum nicht?«, fragt Lukas und zuckt mit den Schultern.

»Na, weil du hier eine schöne Woche auf dem Meer verbringst, während deine Frau zu Hause sitzt, sich um Haushalt und Kinder kümmert, und du rufst sie an und hast ihr nichts anderes zu sagen, als dass sie dir einen Gefallen tun muss?«, mischt sich Pascal nun ein.

»Ja, das war wichtig. Was soll ich denn da noch säuseln?«

»Du sollst nicht säuseln«, ergänzt Jan. »Aber irgendwie ruft man seine Frau doch anders an, oder nicht?«

»Wie anders?«, fragt Lukas und macht einen Gesichtsausdruck, als wisse er gerade überhaupt nicht, was hier passiert.

»Wen hättest du angerufen, wenn deine Frau jetzt nicht da gewesen wäre?«, möchte ich von Lukas wissen.

Er zuckt erneut mit den Schultern. »Ja, weiß nicht … keine Ahnung. Ist das wichtig?«

»Ich glaube schon«, sage ich. »Du wusstest, dass deine Frau zu Hause ist und dass du dich auf sie verlassen kannst. Sie würde zu Hause sein und dir helfen. Das ist doch ein beruhigender Gedanke, oder nicht?«

»Ja, ja schon«, sagt Lukas und jeder an Bord spürt, wie unwohl er sich in seiner Haut fühlt.

»Darf ich dich etwas fragen?«, setze ich fort. Lukas nickt.

»Ist deine Frau deine Prinzessin?«

»Prinzessin?«, fragt Lukas und sieht mich unsicher an. »Was meinst du mit ›Prinzessin‹?«

»Die Prinzessin, die du immer erobern wolltest? Warst du der Ritter, der den Drachen besiegt hat, um seine Prinzessin zu befreien?«

Lukas denkt nach, dann kommt ein leises: »Weiß nicht.«

Nun spüre ich auch die Blicke der anderen Männer auf mir. Die Frage, was ich ihnen mit diesem Bild sagen will, steht im Raum.

»Ich habe einen sehr guten langjährigen Freund aus der Schweiz, Christoph Leu, der es einmal schön formuliert hat«, sage ich und erzähle, was Christoph über seine Frau sagt. Er spricht von ihr als einem wunderbaren Geschenk des Himmels an ihn. Unter den sieben Milliarden Erdbewohnern hat sie sich dazu entschlossen, ausgerechnet mit ihm zusammenzuleben. Die Frage, die sich ihm nun stellte, war, wie er dieses Geschenk behandeln sollte. Sollte er sie wie einen Gebrauchsgegenstand behandeln, der eben da war und der seinen Zweck erfüllen sollte? Oder pflegen und polieren, sodass sie zu Hochglanz kommt und in ihrer Umgebung leuchtet? Die Frage lautet: »Wie wird deine Frau am Ende des Lebens aussehen? Wie eine alte, verbeulte Lampe oder wie ein wunderschönes, hell strahlendes Licht?« Die Männer sehen mich überrascht an. An ihren Blicken kann ich erkennen, was sie gerade denken: »Ach, das hat etwas mit mir zu tun?« Denken wir den märchenhaften Gedanken vom Ritter oder Prinzen, der seine Prinzessin rettet, doch einmal weiter. Was wird denn aus Schneewittchen und Dornröschen, nachdem die Prinzen sie heiraten? Trägt der König Drosselbart seine Prinzessin ein Leben lang auf Händen oder nimmt er sie irgendwann wie selbstverständlich als Teil seines Lebens wahr?

Ich möchte das einmal mit einem anderen Gedanken verdeutlichen, der, zugegeben, sehr klischeebeladen und männlich ist: Jeden Samstag sehe ich bei uns in der Stadt Männer, die mit ihrem Auto zur Waschstraße fahren. Die Wagen werden dort gereinigt, ausgesaugt und poliert. Es wird gefachsimpelt, wie der Lack am besten zu schützen ist, was man gegen Steinschlag tun kann usw. Auf die Frage, warum sie sich so sehr um ihren Wagen kümmern, kommt dann meist die Antwort: »Es geht um den Werterhalt. Wenn ich den Wagen irgendwann verkaufe, möchte ich ja noch etwas dafür bekommen.«

Bringst du deine Frau zum Strahlen?

Natürlich ist Ihre Frau kein Gegenstand, sie ist nicht Ihr Besitz, aber stellt sich nicht gerade deshalb die Frage: Was tue ich eigentlich zum »Werterhalt« meiner Frau? Ihr Auto haben Sie für einige Jahre, aber Ihre Frau wird hoffentlich Ihr Leben lang an Ihrer Seite bleiben, wenn Sie sie gut pflegen. Sind da nicht besonders viel Aufmerksamkeit und Einsatz nötig? Doch während viele Männer die halbe Stunde für die Waschstraße fest im Terminkalender stehen haben, finden sie zumeist nicht einmal die Zeit, bei einem Laden zu halten und ihrer Frau eine Kleinigkeit mitzubringen. Oder nach einem für beide Seiten harten Tag ihre Frau voll Interesse zu fragen: »Wie war dein Tag? Was hat dich heute beschäftigt?« Oder sie in den Arm zu nehmen und ihr zu danken für den wunderbaren Einsatz, den sie heute gebracht hat, um ihr Familienteam spielbereit zu halten. Ich provoziere die Männer gern, indem ich sage: »Zeige mir deine Frau und ich sage dir, ob du sie gut pflegst.« An dieser Stelle gebe ich auch gern zu, dass ich meine Prinzessin gern vorzeige, da sie, wie ich meine, sehr gut gepflegt wird und dementsprechend strahlt. Dass ihre Frau da ist, ist für viele Männer nach wenigen Jahren eine Selbstverständlichkeit. Weiß Ihre Frau, wie wichtig sie für Sie ist und wie sehr Sie sie lieben? Wann haben Sie ihr das zum letzten Mal gesagt? Auch nach zehn oder mehr Ehejahren hört eine Frau gerne, auf jeden Fall meine Frau, dass sie geliebt und für ihren Mann etwas Besonderes ist.

Dabei hilft es, wenn wir uns immer wieder daran erinnern, wie es war, als wir unsere Frau kennenlernten. Das Herzklopfen, die Aufregung, die Vorfreude auf die ersten Treffen, der erste Kuss – all das hat uns doch damals dazu gebracht, viele Umstände auf uns zu nehmen. Sie wollten dieser Frau einfach nah sein, koste es, was es wolle. Nichts inspiriert und motiviert uns so wie die Frau, die wir lieben und die wir an unserer Seite haben wollen. In was haben Sie sich damals bei Ihrer Frau verliebt? Wo ist es geblieben? Ist es noch da oder ist es verloren gegangen? Vielleicht ist es aber auch gewachsen und schöner geworden? Ich erinnere mich an ein Seminar, das ich in der Schweiz gab und bei dem ich über das Thema »Sexualität« sprach. Plötzlich stand ein alter Neuseeländer auf und sagte: »Und es wird immer schöner!« Seiner Frau, die neben ihm saß, war das zwar ein wenig peinlich, aber es war eine wunderschöne Liebeserklärung nach all den Jahren, die dieses Paar gemeinsam verbracht hatte.

Hierzu fällt mir eine Szene aus dem Film »Die drei Musketiere« ein. Eines Abends in Frankreich klopft die Schönheit, auf die der junge Held seine Augen geworfen hat, an seine Tür und bittet ihn um einen riesigen Gefallen. Ihr Wunsch ist im Grunde unmöglich. Er soll in den Londoner Tower einsteigen, das Gefängnis seiner Majestät, des Königs von England, und dort etwas Wichtiges für sie erledigen. Der Held wehrt ab und listet die Schritte dieser Tat auf, die allesamt unmöglich sind. Am Ende fügt er hinzu: »Habe ich etwas vergessen?« Darauf erwidert sie: »Ein kleines Detail – all das muss in drei Tagen geschehen.« »Warum um alles in der Welt sollte ich so etwas Unmögliches tun?«, fragt daraufhin der junge Held. Anstatt ihm zu antworten, beugt die junge Schönheit sich vor und gibt ihm einen langen Kuss. Als sie sich von ihm löst, springt er auf und ruft: »Auf nach England!«

Kennen Sie dieses Gefühl noch? Frisch verliebt schien nichts unmöglich zu sein. Was waren Sie nicht alles bereit, für die Frau Ihres Herzens zu tun? Sie war Ihre Prinzessin, die Sie erobern wollten.

Schon in der Schöpfungsgeschichte der Bibel (1. Mose 2,18 ff) wird deutlich, dass der Mann ohne die Frau nicht vollkommen sein kann. Für mich gibt es nichts Schöneres, Stärkeres, Erfüllenderes, Ermutigenderes hier auf Erden als die Liebe zu meiner Frau Kirstin. Was für ein Segen, so eine Frau an meiner Seite zu haben. Sie schafft es immer wieder, mein männliches Herz zu beleben, mich zu ermutigen, aber auch zu bremsen oder in Liebe auf etwas hinzuweisen. Ich bin so durch und durch sicher bei ihr und sie schafft es immer wieder, das Beste aus meinem männlichen Herzen hervorzurufen. Ich werde so sehr beschenkt, dass es mein tiefster Wunsch ist, meiner Frau das Beste zu geben, was ich habe. Mein ganzes Herz, meine Stärke, meinen Glauben an Sie! Gemeinsam sind wir als Familie in den Abenteuern Gottes unterwegs und ergänzen uns dabei perfekt. Die Ehe ist einer der schönsten Gedanken Gottes – deshalb ist er auch so umkämpft.

Stärke ruft Schönheit hervor

Doch geht es nun darum, dass Sie Ihrer Frau jeden Abend Rosen mitbringen? Natürlich nicht. Die Rosen oder andere Aufmerksamkeiten sind nur ein Teil – ein kleiner noch dazu. Oft sind es auch ermutigende, anerkennende, wertschätzende Worte, die in Ihrer Frau Leben hervorrufen. An diesem Punkt ist mir mein Vater ein Vorbild. Als Kind konnte ich sehr regelmäßig beobachten, wie er, wenn er von der Jagd nach Hause kam, selbst gepflückte Blumen aus dem Revier für meine Mutter mitbrachte. Wie oft hat er sie für das Essen gelobt und ihr dafür gedankt oder auch sonst Worte der Wertschätzung ausgesprochen. Das ist eines der vielen guten Dinge, die ich als Kind gesehen und übernommen habe. Wenn wir heute als Familie Mittag essen und ich vor dem Essen bete, weiß ich manchmal nicht, wem ich zuerst danken soll: Gott, der uns versorgt, oder meiner Frau, die sich viel Mühe für dieses köstliche Mahl gegeben hat. Es vergeht wohl kein Mittag, an dem ich Kirstin nicht für das tolle Essen danke.

Die »Pflege« Ihrer Frau hat vornehmlich viel damit zu tun, wie Sie sich selbst behandeln. Dabei gilt, was John Eldredge so formuliert: »Stärke ruft Schönheit hervor.«

Mit Schönheit meine ich an dieser Stelle nicht nur die äußerliche Schönheit. Dadurch, dass das Herz der Frau genauso lebendig wird wie das des Mannes und auch sie in ihrer Berufung laufen kann, bricht ihre innere Schönheit nach außen durch.

»Stärke ruft Schönheit hervor.« (John Eldredge)

Wenn wir in unserer Sehnsucht laufen und das Leben führen, das für uns bestimmt ist, leben wir erfüllter und mit einer Stärke, die wir dann ausstrahlen. Das wirkt sich auf den wichtigsten Menschen in unserem Leben aus: unsere Frau. Mit anderen Worten: Wenn Sie sich selbst ernst nehmen und sich auf den Weg machen, in Ihrer Berufung zu leben, dann unterstützt das auch Ihre Frau, in ihrer Berufung zu laufen. Binden Sie Ihre Frau ein. Sorgen Sie dafür, dass sie gemeinsam im Abenteuer Gottes unterwegs sind.

Ich habe einen Bekannten und Mitsegler, der viele Jahre bei einem Verlag gearbeitet hat. Er machte die Arbeit gern, denn er genoss es, mit Autoren und Büchern, mit Kreativen und Künstlern zu arbeiten. Doch oft überlegte er, ob er nicht selbst als Autor arbeiten könne. Seine Frau hörte ihm zu, aber bat ihn, das mit der Schriftstellerei doch in die Zeit des Ruhestands zu verlegen. Einige Zeit später begann er darüber zu sinnieren, ob es für ihn nicht Zeit sei, noch einmal an seine Karriere zu denken. Noch einmal sehen, wohin er es noch bringen könne. Eine Managementposition in einem größeren Unternehmen. Also kündigte er seine Arbeit und begann in einem anderen Verlag für Sach- und Fachbücher zu arbeiten. Dort ging es weit weniger kreativ zu. Es ging um mehr Geld und der Druck war weit größer. Obwohl er seine Arbeit meisterte, war er doch unzufrieden. Er hatte seinen Spaß an der Arbeit verloren und kam fast jeden Abend genervt und frustriert nach Hause. Nachdem seine Frau sich das Häuflein Elend angesehen hatte, das da jeden Tag nach Hause kam, zog sie eines Tages die Reißleine. Sie forderte ihren Mann auf, die Stelle zu kündigen. Perplex fragte er sie, was er denn dann machen solle. Sie sah ihn an und fragte ihn, ob er nicht eigentlich Buchautor werden wollte. Das könne er doch jetzt versuchen, schließlich hatten sie noch keine Kinder und sie verdiente ja auch, die Zeit war also ideal, um solche Experimente zu starten. Gesagt, getan. Er kündigte die Stelle, besuchte Seminare, um sich auf die Selbstständigkeit vorzubereiten, und begann mit der Akquise für Projekte bei den Verlagen – mit Erfolg. Schnell hatte er mehrere Projekte zusammen und begann seine Tätigkeit als Autor. Er blühte auf, denn er machte genau das, was er am liebsten mochte, was er liebte und was seiner Berufung entsprach. Seine Frau profitierte gleich doppelt: Er arbeitete fortan von zu Hause, sodass sie mehr Zeit miteinander verbrachten, und er war erfüllt und glücklich, was sie zu spüren bekam.

Sicherlich: Es ist nicht immer so einfach. Nicht jeder kann gleich den ungeliebten Job aufgeben, aber das Prinzip bleibt dasselbe: Je mehr Sie in Ihrer Berufung laufen – und sei es, dass Sie diese in Ihrem Hobby ausleben –, desto mehr profitiert Ihre Frau davon. Denn sie hat einen herausgeforderten, glücklichen Mann – der sich als Mann spürt und zufrieden und erfüllt ist. Und so ein Mann, der sich selbst spürt, hat seiner Frau sehr viel zu geben. Manchmal fangen große Veränderungen mit ganz kleinen Kurskorrekturen an.

Es begeistert mich, zu sehen, wenn Frauen ihre Männer freisetzen und mit mir auf so einen Segeltörn schicken. Einige Frauen haben ihren Männern diesen Törn sogar zum Geburtstag geschenkt. Das finde ich richtig stark. Haben die Frauen auch etwas davon? Gerade letzte Woche kam ich von einem Segeltörn vor Sardinien zurück und erhielt zwei Tage später die folgenden Zeilen von einem Mitsegler: »Mir haben die Tage auf See extrem gutgetan und meine ›Prinzessin‹ hat meine Veränderung sofort gespürt. ›Ein neuer Mann‹ ist zurückgekehrt, meinte sie.« Die Frau eines anderen Mitseglers sagte nach dem Törn zu ihm: »Nächstes Jahr solltest du zweimal mit Dirk segeln gehen, weil es dir so guttut.« Wenn die Augen unserer Frauen strahlen, wenn wir vom Törn zurückkommen, dann haben wir während dieser Woche etwas richtig gemacht.

Nur wenn wir bereit sind, unserer Partnerin unsere ganze Stärke zur Verfügung zu stellen, sie »zu sehen«, wie sie ist, und ihr auch ermöglichen, in ihrer Stärke und Schönheit zu laufen, sodass sie strahlt, haben wir einen Bund zweier Menschen, der schöner nicht sein könnte. Es ist ein wundervolles Geschenk, wenn aus dieser tiefen, innigen und intimen Beziehung neues Leben entsteht. Ein Leben, das wir über viele Jahre begleiten, formen und beschützen und von dem wir selbst so viel über uns lernen können. Das Leben unserer Kinder.

Ich mache eine Pause, um den Männern an Bord Gelegenheit zu geben, einmal darüber nachzudenken. Es ist Frank, der sich als Erster meldet: »Es passt bei mir alles, was du gesagt hast. Ich habe meine Möglichkeiten nie ausprobiert, mir nicht zugestanden, mal das zu machen, was vielleicht wirklich in mir verborgen war, und nun ist Sylvia weg. Wahrscheinlich habe ich tatsächlich nur funktioniert, aber nicht wirklich gelebt.« Frank schlägt die Hände vors Gesicht. »Ich habe sie einfach ziehen lassen. Ich hätte um sie kämpfen sollen.« »Vielleicht ist es noch nicht zu spät«, sage ich.

»Der christliche Glaube ruft uns nicht auf, den ›Richtigen‹ zu finden, sondern selber der ›Richtige‹ zu werden.« (Gary Thomas)

Das Abenteuer, die Schlacht und die Prinzessin

Ich habe im zehnten Kapitel (»Das Meer und die Stürme«) John Eldredge zitiert, der sagte, ein Mann müsse drei Dinge in seinem Leben tun:

Ein Abenteuer bestehen.
Eine Schlacht schlagen.
Eine Prinzessin erobern.

Sowohl in der Ehe als auch in der Familie, der wir uns im nächsten Kapitel widmen, geht es darum, dass wir diese drei Aufgaben bestehen. Ehe und Familie sind also das ideale Umfeld für einen Mann, um in seinem Charakter und in seinen Fähigkeiten zu wachsen. Doch Vorsicht: Wir Männer stehen in diesem Umfeld auch vor großen Herausforderungen und Versuchungen.

Es lohnt sich, zu kämpfen

Ein Mann, der die Ehe mit seiner Frau bewusst lebt, wird auch in Versuchungen geführt und in seiner Stärke herausgefordert. Mit anderen Worten: Genau in dem Umfeld, in dem wir unserer Berufung folgen, um mit der Frau an unserer Seite gemeinsam unterwegs zu sein, lauern auch große Gefahren. Hier zeigt sich, inwieweit wir wirklich gefestigt sind. Doch auch hier gilt: keine Furcht, sondern feste Zuversicht in Gott und in das, was er in Ihrem Leben getan hat. Aber: Spielen Sie nicht mit dem Feuer, denn es wird scharf geschossen!

Ein älteres Paar feierte einst seinen 65. Hochzeitstag und wurde dabei gefragt, wie es ihnen gelungen sei, so lange zusammenzubleiben. Die Frau antwortete: »Wir wurden in einer Zeit geboren, in der man Dinge noch reparierte, anstatt sie wegzuwerfen.« Was für ein Satz in Zeiten unserer Wegwerfgesellschaft! Ich finde es bedrückend zu sehen, wie viele Männer scheinbar keinen anderen Ausweg kennen, als die Frau – und oft auch die Kinder – einfach sitzen zu lassen. Aber ist das männliches Verhalten? Sich umdrehen und weggehen? Schwierigkeiten und Herausforderungen einfach ausweichen? Oft schäme ich mich für diese Männer und habe größten Respekt vor den Müttern, die dann alles allein schultern müssen.

Eine Beziehung ist wie eine Pflanze

Dabei ist es wichtig zu begreifen, was eigentlich der Sinn einer Beziehung ist. Es geht mitnichten nur darum, etwas zu erhalten. Es geht nicht ausschließlich um Verliebtsein, Sex, Sich-Wohlfühlen, Geborgenheit. Obwohl all das wichtige Bestandteile einer funktionierenden Beziehung sind, geht es vor allem darum, dass wir gemeinsam mit unserer Partnerin wachsen und an ihr wachsen. Das setzt aber voraus, dass wir uns mit ihr auseinandersetzen. Wer eine Beziehung, die eine schwierige Phase durchläuft, gleich verloren gibt, hat keine Chance, in ihr zu wachsen. Es ist wie eine Pflanze, für die der Topf zu klein geworden ist. Wir haben zwei Möglichkeiten. Entweder wir lassen die Pflanze verdorren und schmeißen sie weg, um uns die gleiche Pflanze noch einmal zu kaufen, oder wir topfen die Pflanze um. Das Letztere erfordert natürlich Arbeit. Dabei machen wir uns die Finger schmutzig. Und genau das ist: männlich. Sehen wir uns die Grundfragen der Frau an: »Bin ich liebenswert?« und: »Wird jemand um mich kämpfen?« Jetzt ist die Zeit, um zu kämpfen, damit die Pflanze am Leben bleibt.

Zwar müssen wir häufig beobachten, wie die Pflanze im neuen Topf zunächst schwächelt, die Blätter hängen lässt oder keine Blüten bekommt. Sie muss erst die Wurzeln ausbilden, den neuen Raum in Beschlag nehmen, bevor sie dann umso größer wird und mehr Blüten oder Früchte trägt.

Neben Arbeit und der Bereitschaft, sich schmutzig zu machen und erst einmal eine weniger schöne Pflanze hinzunehmen, braucht es vor allem Geduld. Aber es lohnt sich. Wenn wir die Bereitschaft zur Arbeit und etwas Geduld aufbringen, dürfen wir uns schließlich an der neuen, größeren und schöneren Pflanze erfreuen. Hinzu kommt, dass ihre Wurzeln nun noch tiefer im Erdreich verhaftet sind, sie also stärker gegen schädliche Einflüsse von außen ist. Es scheint oftmals so viel einfacher, die Pflanze »Ehe« wegzuschmeißen.

Das Bild der Pflanze, die umgetopft werden muss, lässt sich gut auf unser Beziehungsleben übertragen. Ja, es ist manchmal hart, an einer Beziehung zu arbeiten. Es ist einfacher, die Koffer zu packen, der Aufarbeitung aus dem Weg zu gehen und woanders neu anzufangen. Aber genau wie bei der Pflanze bringt es uns nicht weiter, wir wachsen nicht in unserem Beziehungsleben. Wir fallen dabei immer wieder auf den Nullpunkt zurück und fangen von vorn an, nur um nach einiger Zeit wieder vor den gleichen Problemen zu stehen. Erst wenn wir aus diesem Muster ausbrechen und bereit sind, die Hürden, die uns auch unser Beziehungsleben auftürmt, als Paar zu überwinden, kommen wir weiter und wachsen in unserer Beziehungsfähigkeit und Liebe zueinander.

Die Prinzessin erobern

Doch gehen wir noch einen Schritt zurück. Denn jede Beziehung fängt mit einer Frage an: Bin ich überhaupt reif für eine Liebe, das Leben mit einem anderen Menschen zu teilen? Bin ich reif für die Ehe? Es ist gut, sich dies zunächst zu fragen. Denn: Beginnt man diese Reise von Anfang an mit einem flauen Gefühl im Magen, ist es besser, die Finger davonzulassen. Warten Sie lieber noch, lassen Sie sich Zeit! Es drängt Sie niemand – außer vielleicht Sie selbst. Wie finden Sie also heraus, ob Sie reif für die Ehe sind? Wonach suchen Sie bei Ihrer Traumfrau? Viele Menschen antworten dann beispielsweise: »Ich suche eine Frau, die treu ist, anschmiegsam, die mit mir reisen möchte und mit mir ins Theater oder Kino geht.« Was ist daran verkehrt, fragen Sie sich nun vielleicht. An Reisen, Kino, Nähe und Treue ist natürlich nichts verkehrt. Nur all diesen Wünschen liegt eine Kernaussage zugrunde: »Ich wünsche mir eine Frau, die *mich* glücklich macht!« Es geht darin zuerst um einen selbst.

Versuchen Sie es doch einmal, anders herum zu denken. Was möchten Sie einer Frau bieten? Was ist das Beste, womit Sie eine (Ihre) Frau beschenken können? Wenn Sie bereit sind, das Ihrer Frau anzubieten, damit sie sich dadurch voll entwickeln kann und das Schönste und Beste in ihr hervorgerufen wird – dann sind Sie bereit für die Ehe. Denn darum geht es: Einander beschenken! Oder, wie Gary Thomas es ausdrückt: »Der christliche Glaube ruft uns nicht auf, den ›Richtigen‹ zu finden, sondern selbst der ›Richtige‹ zu werden.«[6]

Die Schönheit der Ehe

»Drum prüfe, wer sich ewig bindet …«, so sagt der Volksmund, und das nicht ohne Grund. In den vergangenen Jahren habe ich viele Männer im Coaching gehabt, die kurz nach ihrer Hochzeit zu mir kamen. Oft kamen sie dabei schnell zu dem Punkt, an dem sie unumwunden sagten: »Das war ein Fehler. Ich hätte sie nie heiraten dürfen. Ich mag nach der Arbeit nicht mehr nach Hause gehen, weil ich weiß, dass sie dann auch da ist. Ich will sie nicht mehr sehen. Auf was habe ich mich da bloß eingelassen?« Ist die Frau daran schuld? Gewiss nicht! Vielmehr kommt es zu dieser Situation, wenn im Vorfeld der Ehe nicht genau geprüft wurde. Eine Binsenweisheit, mögen Sie jetzt sagen. Doch in den Gesprächen mit den Männern, die zu mir kommen, stellt sich gerade häufig heraus, dass dies nicht geschehen ist. Sie haben aus dem Gefühl der anfänglichen Verliebtheit heraus eine Entscheidung getroffen, deren Tragweite sie nicht absehen konnten. Sie waren vielleicht verliebt in das Gefühl des Verliebtseins, aber nicht in die Frau an Ihrer Seite. Nach der Hochzeit wird Ihnen schlagartig klar, was das bedeutet. Nun erkennen Sie: Dies ist der Mensch, mit dem ich den Rest meines Lebens verbringen werde. Das ist der Mensch, mit dem ich Kinder haben werde, in den Urlaub fahre, meine Geburtstage feiere, einen Freundeskreis aufbaue, vielleicht ein Haus baue und meinen Ruhestand verbringe. Wir werden uns die nächsten Jahrzehnte fast täglich sehen, werden Haus, Bett, Tisch teilen und müssen unsere Entscheidungen gemeinsam treffen. Erst wenn Sie bereit sind zu sagen: »Ja, all das möchte ich mit genau dieser Frau tun und ihr das Beste geben, was ich habe«, sind Sie reif für die Ehe.

Aber halt: Sie müssen zudem die Bereitschaft haben, die zwei grundlegenden Fragen Ihrer Frau zu beantworten: »Bin ich liebenswert, so wie ich bin?« und: »Wird jemand um mich kämpfen?«

Die Frau möchte gemeinsam mit dem Mann in ihrem Abenteuer unterwegs sein, sie möchte, dass für sie gekämpft wird. Sie möchte ihre ganze Schönheit anbieten, die weit über ihre sichtbare Schönheit hinausreicht, und dabei gesehen werden. Ihre Frage an Sie lautet: »Wirst du um mich kämpfen?« Können Sie dies mit »Ja« beantworten? Denken Sie daran: Der Kampf um Ihre Frau verlangt Stärke. Ihre Stärke! Viele Männer nutzen die Stärke ihrer Frauen. Sie nehmen die Stärke ihrer Frauen und verbrauchen sie. Dabei sollten Sie genau das Gegenteil tun. Sie dürfen die Stärke in sich selbst entdecken und diese ihrer Frau anbieten. Für dieses gemeinsame Abenteuer braucht es echte Helden – keine Egoisten.

Die zwei Fragen der Frau: »Bin ich liebenswert, so wie ich bin?« und: »Wird jemand um mich kämpfen?«

Im Film »Dance« mit Antonio Banderas gibt es eine Szene, die dies wunderbar zum Ausdruck bringt. Eine Frau steigt langsam die Treppe zum Tanzsaal herunter, in dem der Tanzlehrer, gespielt von Antonio Banderas, mit seinen Schülern probt. Unter den fragenden Blicken der umstehenden Schüler schreitet sie über die Tanzfläche, legt Schal und Mantel ab und dreht sich dann um. In diesem Moment betritt auch Antonio Banderas die Tanzfläche. Die beiden sehen sich an, gehen aufeinander zu. Die Tangomusik setzt ein und die beiden begeben sich in die Ausgangsposition. In den folgenden zwei Minuten entspinnt sich eine Tanzszene, die nicht nur die zuschauenden Schüler, sondern auch das Filmpublikum sprachlos zurücklässt. Eine Tanzszene voller Eleganz, Anmut, Schönheit, Stärke, Erotik und Respekt. Der Film heißt im Original »Take the Lead«, also »Übernimm die Führung«. Und das tut Antonio Banderas. Er führt seine Partnerin, wie es der Rolle des Mannes beim Tanzen entspricht. Doch in seinen Armen liegt keinesfalls eine schwache Frau, die nicht weiß, was sie will. Im Gegenteil. Seine Tanzpartnerin ist stark, herausfordernd, provozierend in ihrer Anmut und Grazie, bietet sich an und entzieht sich und fordert Banderas so immer wieder auf: »Erobere mich! Kämpfe um mich!«

Diese Szene, ist sie auch nur einen Tanz lang, zeigt dennoch alles, was das Verhältnis zwischen Mann und Frau ausmacht. Um sich einander so zu geben und herauszufordern, braucht man Vertrauen in den Partner sowie die Übereinstimmung und den Willen, gemeinsam und jeweils für den anderen das Beste zu geben. Eine Choreografie wie beim Tango funktioniert nur, wenn beide Partner genau wissen, wie der andere auf den nächsten Schritt reagieren wird.

Unser Ziel sollte es sein, dass wir genau das mit unserer Frau erreichen. Damit das gelingt, ist es wichtig, dass wir einander wahrnehmen, so wie Gott uns sieht. Mit unseren verschiedenen Seiten, Stärken und Schwächen, Träumen und Ängsten. Im Film »Avatar« gibt es eine schöne Szene, in der die Heldin Neytiri zu Jake, dem amerikanischen Marine, der sich auf die Seite der Ureinwohner eines wunderschönen fernen Planeten stellt, sagt: »Ich sehe dich.« Damit meint sie nicht, dass er in ihrem Blickfeld ist, sondern dass sie ihn erkennt. Sie nimmt ihn wahr als Mensch, mit all seinen Eigenschaften, Träumen, Plänen und Hoffnungen. Mit seinen Stärken und Schwächen. Es ist eine andere Art zu sagen: »Ich liebe dich.«

Was haben also die Tanzszene aus »Dance« und die Szene aus »Avatar« gemeinsam? Auf den ersten Blick wenig. Schaut man aber genauer hin, dann sehr viel. In beiden Filmen sind die Partnerinnen der jeweiligen Helden keine schwachen Frauen, keine Prinzessinnen, die passiv auf ihre Rettung warten. Es sind starke Persönlichkeiten. Denn genau wie der Mann soll natürlich auch die Frau in ihrer Stärke laufen.

Lukas und Sandra

Lukas sitzt am Heck und sieht auf das Kielwasser. Sein Blick ist auf die Schaumkrone geheftet, die unsere Jacht durchs Wasser zieht. »So habe ich das noch nie gesehen«, sagt er. »Seit Sandra damals ihr Medizinstudium aufgegeben hat, war sie immer zu Hause.«

»Also läuft Sandra vielleicht nicht in ihrer Berufung?«, rege ich an.

»Vielleicht nicht«, sagt Lukas und schüttelt den Kopf. »Aber es stimmt, ich habe aufgehört, ihre Entscheidung, die Karriere hinter meiner zurückzustellen, als ein Geschenk von ihr an mich zu sehen. Sie hat ihre Karriere zu meinen Gunsten aufgegeben.«

»Das hat sie vielleicht sogar gern getan, mit einem guten Gefühl, weil sie es für dich getan hat. Nur solltest du eben nicht vergessen, dass sie es getan hat. Sie hatte eine Alternative und hat sich für dich und deinen Berufsweg entschieden«, sage ich.

»Ich muss sie anrufen«, sagt Lukas und sieht hoch.

»Gleich im nächsten Hafen«, sage ich und klopfe ihm auf die Schulter. »Und dann bitte sie doch mal, das Folgende zu tun: Sie soll dir ganz ehrlich sagen, wie es ist, mit dir zu leben. Das muss sie natürlich nicht am Telefon tun, sondern dir vielleicht aufschreiben und als Brief auf dein Kopfkissen legen, sodass du es lesen kannst, wenn du wieder zurückkommst.«

»Ich soll was?«, fragt Lukas verwundert. »Aber, was …?«

Ich ergänze: »Sandra ist deine Frau, ihr habt zwei wunderbare Söhne. Und dennoch mag es etwas geben, was sie sich wünscht. Etwas, bei dem du ihr deine ganze Stärke anbieten kannst. Zeige ihr so, dass du dich um sie sorgst, dass sie und ihre Bedürfnisse dir wichtig sind.«

»Und was, wenn es sehr negativ ausfällt?«, fragt er.

»Dann sei froh, dass du es jetzt erfährst, wo du noch handeln kannst«, erwidere ich.

ÜBUNG 14: DIE ÜBUNG FÜR DEN MUTIGEN MANN: RÜCKMELDUNG DER FRAU IHRES LEBENS

Fragen Sie wie Lukas Ihre Frau, wie es ist, mit Ihnen zu leben. Das ist ein mutiger Schritt und vielleicht ängstigen Sie sich ein wenig vor den Antworten. Aber es ist eine sehr wichtige Übung und wird Ihnen wertvolle Erkenntnisse bringen. Bitten Sie Ihre Frau, ehrlich zu sein, und geben Sie ihr Zeit, die Fragen zu beantworten. Wenn sie eine der Fragen nicht beantworten mag, erlauben Sie ihr, diese wegzulassen.

- Wie ist es, mit mir zu leben?
- Bin ich jemand, dem Du Dein Herz offenlegst und bei dem Du Dich sicher fühlst, im Vertrauen, dass ich es gut behandele?
- Hast Du das Gefühl, dass es mir wirklich um Dich geht und dass ich für Dich kämpfe?
- Ist unsere Ehe so, wie Du es Dir als junge Frau erhofft hast?
- Freust Du Dich auf den Sex mit mir?

Sie werden aus den Antworten, wie sie auch ausfallen mögen, viel über das Verhältnis Ihrer Frau zu Ihnen erfahren. Vielleicht revanchieren Sie sich? Wann haben Sie Ihrer Frau zum letzten Mal einen Liebesbrief geschrieben und ihr gedankt? Kaum jemand macht das noch, nachdem man verheiratet ist, dabei ist es eine wunderbare Möglichkeit, seiner Frau zu sagen, was man für sie empfindet.

Ziehen Sie sich zurück, nehmen Sie Stift und Papier und überlegen Sie, worin Sie sich bei Ihrer Frau einst verliebt haben. Was lieben Sie an ihr? Was ist vielleicht auch erst im Verlauf des gemeinsamen Lebens hinzugekommen? Was wollten Sie Ihrer Frau schon immer einmal sagen, wofür wollten Sie sich bedanken? Ich bin mir ziemlich sicher, dass Sie Ihrer Frau damit eine große Freude machen.

Wenn Sie sich Zeit nehmen, den Brief an Ihre Frau zu schreiben, werden Sie sicherlich gründlich über Ihre Ehe und das Leben mit Ihrer Frau nachdenken. Dabei ist es unausweichlich, dass Ihnen Dinge auffallen, die Sie vielleicht ändern möchten oder sollten. Vielleicht erkennen Sie, dass Sie viel zu wenig Zeit mit Ihrer Frau verbracht haben? Dass Sie kaum etwas über den Alltag Ihrer Frau wissen oder schon lange keinen Abend mehr zu zweit verbracht haben? Schieben Sie diese Gedanken nicht zur Seite, sondern lassen Sie sich darauf ein und überlegen Sie, was Sie in Ihrer Ehe gern ändern würden.

Machen Sie sich bewusst, dass Ihre Frau das Kostbarste ist, was Sie auf Erden haben. Mit Ihrer Frau haben Sie einen Bund für die Ewigkeit geschlossen. Nicht so mit Ihren Kindern. Diese sind Ihnen nur für kurze Zeit anvertraut worden. Und vergessen Sie nicht: Bei Gott gibt es Hoffnung für die Ehe. Das ist unmöglich, sagen Sie? Sagen Sie das erst, wenn Sie wie ein Löwe um das Herz Ihrer Frau gekämpft haben. Ich habe zwei Freunde, die zum zweiten Mal verheiratet sind – mit ihrer ersten Frau. Wenn das kein Zeichen der Hoffnung ist!

Das folgende Zitat beschreibt für mich in erschreckender Weise, was geschieht, wenn ein Mann keine Vision für seine Familie hat:

»Jack weigerte sich, darüber nachzudenken, was für ein Mensch er werden konnte, wenn er Gott tiefer in sein Herz hineinließ. Diese Weigerung, seine eigene Seele als Gottes Schöpfungsacker zu sehen, machte ihn zu einem Mann, der keine Träume für seine Frau und seine Kinder hatte. Er hatte keine Vision davon, wer sie waren und was sie nach Gottes Willen werden sollten – und auch nicht, wer er war und wer er werden konnte... Er war ein Schöpfer in seinem Beruf, aber nicht in seiner Familie, mit dem Ergebnis, dass seine Familie ziellos ihre gutbürgerlichen Warteschleifen durch den dunklen Himmel des Status quo flog.«[7]

Es ist wichtig, den Kreativitätsauftrag, den Gott uns gegeben hat, bewusst zu pflegen, denn sonst besteht die Gefahr, dass wir eine Leere durchleben, für die wir womöglich unsere Ehe verantwortlich machen.

ÜBUNG 15: WELCHEN TRAUM HABEN SIE FÜR IHRE EHE?

Haben Sie eine Vision für Ihre Ehe? Wo möchten Sie in einem Jahr mit Ihrer Ehe stehen? Stellen Sie sich vor, wir treffen uns in einem Jahr und ich frage Sie, wie es Ihnen in Ihrer Ehe geht. Sie beginnen zu schwärmen und sind gar nicht mehr zu bremsen. Was würden Sie mir erzählen?

Machen Sie doch einmal zwei bis drei Vorschläge, was Sie unternehmen können, um dieser Vision deutlich näher zu kommen. Denken Sie auch hier an die drei Ms (machbar, messbar, motivierend).

13.
DER KAPITÄN – VATERSCHAFT

Leistung und Wettbewerb

Es ist der fünfte Tag. Unsere Jacht durchpflügt das Wasser auf dem Weg von Bonifacio zurück nach Sardinien. Die Mannschaft ist eingespielt. Die Männer wissen, wer wann wo zu sein hat und was zu machen hat. Pascal steht ruhig am Ruder. Seit seine Seekrankheit ihn verlassen hat, strahlt er wieder. Die Sonne und das Salzwasser haben bei jedem von uns Spuren hinterlassen. Die Haut ist braun, der eine oder andere Sonnenbrand juckt noch, die Rasuren wurden ausgelassen, und der Spaß am Segeln steht den Männern ins Gesicht geschrieben.

Das Ablegemanöver im Hafen brachte uns noch einen dramatischen Moment, da es Lukas nicht rechtzeitig gelang, die Heckleine auf Slip zu legen und dann zu fieren. Immer wieder misslang ihm das Belegen der Klampe. Am Ende musste ich mitten im Ablegemanöver vom Ruder weg und ihm helfen. Lukas war genervt und wehrte einen Versuch von mir ab, mit ihm darüber zu sprechen. Zuvor hatte ich ihm bereits angeboten, ob er nicht lieber an den Fendern arbeiten wolle, da die Aufgabe dort etwas leichter ist, was er jedoch ablehnte. Doch inzwischen herrscht wieder Gelassenheit an Bord.

Dann gebe ich das Kommando zur Wende. Die Männer sind konzentriert und bei der Sache. Pascal ändert den Kurs, der Baum kommt über, das Surren der Winschen erklingt, die Männer rufen sich etwas zu. Das Boot geht auf den neuen Kurs, das Segel füllt sich wieder prall mit Wind und die Jacht pflügt wieder schräg durchs Wasser. Ich sehe nach vorn und entdecke Alexander, der wild gestikulierend auf Urs einredet. Mit wenigen Schritten bin ich bei den beiden.

»Was ist los?«, will ich unumwunden wissen.

»Er hat die Fock zu spät freigegeben«, sagt Alexander und zeigt auf Urs.

Urs schüttelt heftig den Kopf. Alexander erzählt mir, was geschehen ist und wo Urs seiner Meinung nach nicht rechtzeitig reagiert hat.

»Gut«, sage ich, »jetzt ist es wichtig, dass wir als Mannschaft funktionieren. Trefft euch als Fockteam und sprecht das miteinander durch. Findet eine Lösung.« Über die Jahre habe ich mir einen Führungsstil auf dem Schiff angewöhnt, der den Männern viel zutraut. Ich habe erlebt, dass dieses Vertrauen das Beste im Team von Männern in Verantwortung hervorbringt.

Beide nicken. Ich sehe, wie sich die Männer des Fockteams zusammensetzen und angeregt diskutieren. Nach ein paar Minuten kommt Urs zu mir und erklärt, dass er etwas missverstanden habe und daher zu spät reagiert hat. In ihrem Team sei jetzt alles wieder in Ordnung und sie könnten die nächste Wende kaum abwarten. Konzentriert setzen wir unseren Törn von Bonifacio in die Baia la Colba fort.

Sechs Stunden später liegt die Jacht in der malerischen Bucht vor Anker. Clemens und Oliver haben gekocht. Aus der Bordanlage klingt leise entspannte Musik. Wir haben uns mittlerweile schon an diese lauschigen Abende in den Buchten gewöhnt. Vom Meer weht eine leichte Brise über die türkisblaue Wasseroberfläche. Am Heck an der Badeplattform tummeln sich die Fischschwärme im Wasser, die von den Männern durch ein paar Brotstücke angelockt wurden. Die Männer sitzen zusammen, unterhalten sich und lachen. Zum Nachtisch gibt es Kirschen. Plötzlich beginnen Lukas und Urs, die Kirschkerne ins Wasser zu spucken. Einen Augenblick später ist daraus ein wahres Wettspucken entbrannt. Überall auf der Wasseroberfläche platschen die Kirschkerne auf. Die Männer sind ausgelassen.

»Hey, Gerber!«, ruft Lukas. »Ich habe dich um bestimmt einen Meter übertroffen.« Kaum hat er das gesagt, gelingt es Urs, Lukas noch einmal zu übertreffen.

Nur Alexander sitzt etwas abseits und sieht dem Treiben zu.

»Na, keine Lust?«, frage ich ihn und lasse mich neben ihm nieder. Er schüttelt den Kopf. »Nein, Wettbewerbe sind nichts für mich. Ich bin manchmal etwas zu – ambitioniert«, sagt er und lacht auf, als Gerber nun wieder Urs' Rekord einstellt. »Ich bin als jüngerer von zwei Söhnen geboren worden.«

»Da muss man sich durchsetzen«, sage ich und nicke. »Verstehe, da ist der Wettbewerb eine tägliche Herausforderung.«

»Ja«, sagt Alexander. »Nun, bei uns war die Sache noch besonders. Ich hatte nie das Gefühl, dass mein Vater viel von mir gehalten hat. Es war eindeutig, dass mein Bruder sein Lieblingssohn war. In unserer Familie zählte Leistung – mehr als alles andere. Es ging immer darum, besonders und herausragend zu sein. Das habe ich verinnerlicht.«

»Also eine besondere Herausforderung. Nicht nur der große Bruder, sondern auch der Vater musste bezwungen werden«, sage ich und sehe zu Alexander. Er nickt.

»Ja, als ich fünf Jahre alt war, bekam ich eine Armbanduhr. Ich war mächtig stolz. Ich wollte unbedingt wissen, wie man sie abliest. Aber bevor mein Vater bereit war, mir das zu zeigen, musste ich ihm zeigen, wie sich alle Schachfiguren auf dem Brett bewegen dürfen. Erst nachdem mir das fehlerfrei gelang, wurde mir gezeigt, wie ich meine Uhr lesen konnte.«

»Sehr anstrengend«, sage ich verständnisvoll. Ohne mich anzusehen, fährt Alexander fort. »Ich war erst zwölf Jahre alt, als ich meinen ersten Titel als Schachjugendmeister gewann. Daneben konzentrierte ich mich auf die Schule und machte ein gutes Abitur. Ich studierte und lebte dann für ein Jahr in Südamerika als Volontär. Kaum zurück, begann meine berufliche Karriere. Ich stieg schnell auf, heiratete, wurde Vater dreier Söhne. Wir kauften ein stattliches Haus, hatten zwei Autos und ein Motorrad – und ich war gerade dreißig geworden. In meinem Leben schien alles perfekt. Nur zwei Dinge störten das Bild. Ich hatte Übergewicht und rauchte Kette. Eines Morgens warf ich die Zigaretten weg und kaufte mir Laufschuhe. Nach einem Jahr lief ich dreimal pro Woche fünf Kilometer, nach zwei Jahren zehn Kilometer, nach drei Jahren regelmäßig Halbmarathon, nach vier Jahren Marathon. Mein Umfeld sah bewundernd auf uns. Kaum jemand hatte mit 34 Jahren so viel erreicht wie ich. Aber eines blieb mir verwehrt: die Anerkennung meines Vaters. Mein Vater hat mir nie, auch nur ansatzweise, gezeigt, dass er gut findet, was ich erreicht habe, oder dass er stolz auf mich, seinen Sohn, ist.

Wenig später kam mein Bruder bei einem Verkehrsunfall ums Leben. Das Leben in der Familie stand still. Überall war Traurigkeit. Mein Vater bekämpfte seinen Schmerz mit Alkohol, zu dem er auch zuvor schon geneigt hatte. An einem Abend, wir hatten lange schweigend zusammengesessen, sagte mein Vater plötzlich: ›Eigentlich ist der falsche meiner Söhne gestorben.‹ Bevor ich die Aussage gänzlich begriffen hatte, war er schon aufgestanden und ins Bett gegangen.

Dieser eine Satz nagte jahrelang an mir. Mit vierzig kam ich überraschend zum Glauben. Wobei ich selbst am meisten deswegen überrascht war: Gott, Glaube, Gemeinde – schön und gut, aber nicht für mich. Das brauchen nur Schwache und das war ich nicht. Wo ich war, da war vorne.

In derselben Zeit begann meine Frau eine Affäre und verließ mich schließlich. Es war die erste Herausforderung meines Glaubens. Nachdem bereits meine Familie am Tod meines Bruders mehr oder minder zerbrochen war, war nun auch meine eigene Familie gescheitert. In dieser Zeit begann ich mich stark mit dem Thema Vergebung zu befassen. Ich befasste mich mit dem Leben meines Vaters und erfuhr, dass er ohne Vater aufgewachsen war. Zudem wurde er mit 18 Jahren selbst viel zu früh Vater. Somit musste er plötzlich väterliches Vorbild sein, ohne jemals selbst einen Vater als Vorbild gehabt zu haben. ›Ich glaube‹, sagt Alexander zum Abschluss, ›dass ich den Satz meines Vaters vielleicht ganz falsch verstanden habe.‹«

Ich nicke und sehe auf. Die anderen Männer haben sich mittlerweile zu uns gesellt, und ihre Mienen verraten, dass sie Alexander aufmerksam zugehört haben.

Anerkennung und Vertrauen

Die Geschichte, die Alexander erzählt hat, ist die Geschichte vieler Männer. Die fehlende Anerkennung des Vaters und der Kampf um seine Achtung. Mancher Mann reibt sich in diesem Kampf geradezu auf. Für viele bleibt es eine ewige Wunde. Doch hinter dem Kampf um die Anerkennung durch den Vater bleibt ein zweites Problem meist unbeachtet. Durch die fehlende Anerkennung durch den Vater fehlt beim Kind das Vertrauen in den Vater.

Ich erzähle dabei oft die Geschichte eines kleinen Kindes, das auf einer Mauer steht. Der Vater breitet seine Arme aus und sagt: »Spring!« Voll Vertrauen springt das Kind auf den Vater zu. Doch dieser macht einen Schritt zur Seite und lässt das Kind voll auf den Boden knallen. Als es ihn traurig und verunsichert ansieht, sagt er: »So ist das

Leben!« Dieses Kind hat etwas gelernt, und zwar: Vertraue nie wieder jemandem, und schon gar nicht jemandem, der sich Vater nennt. Die fehlende Bestätigung durch den Vater löst bei Kindern nicht nur einen Kampf um dessen Liebe aus, sondern vernichtet auch das Vertrauen, das Kinder so sehr brauchen.

Ich hatte einen guten Vater. Dennoch gab es auch bei mir Dinge, die ich meinem Vater vergeben musste. Ich habe selbst lange gebraucht, bis ich das verstanden hatte. Es war irgendwann in der Schweiz, als ich den Hörer in die Hand nahm und meinen Vater anrief. Zuvor hatte ich viel über das Verhältnis zwischen mir und meinem Vater nachgedacht. Ich begann, ihm zu vergeben, und spürte, dass dort, wo die Anklage im Herzen wich, viel Raum für Liebe entstand. Ich hatte nun viel mehr Verständnis für meinen Vater. Als er den Hörer abnahm, sagte ich zu ihm: »Papa, ich habe dich von Herzen lieb.« Mein Vater war darüber so perplex, dass er nur fragte: »Wie ist das Wetter in der Schweiz?«

Mir war in den Jahren in der Schweiz deutlich geworden, welche Rolle mein Vater in meinem Leben gespielt hat und spielt. Es ist der Vater, der dem Sohn die Fragen beantworten muss: »Bin ich der geliebte Sohn? Habe ich es wirklich drauf?« Und seiner Tochter die Fragen: »Bin ich liebenswert? Wird jemand um mich kämpfen?« beantwortet. Diese Fragen sollten vom Vater beantwortet werden. Er ist der erste Mann im Leben der Tochter und sie hat ein besonderes Vertrauensverhältnis zu ihm. Für den Sohn spielt die Männlichkeit des Vaters eine entscheidende Rolle. Männlichkeit kann nur durch einen Mann weitergegeben werden.

Sein Umfeld fruchtbar machen

Fragt man Führungskräfte, wie sie es denn mit der Wertschätzung gegenüber ihren Mitarbeitern halten, antworten die meisten: »Sehr gut; ich lobe meine Mitarbeiter oft!« Stellt man den Mitarbeitern dann dieselbe Frage, fallen die Antworten zumeist gänzlich anders aus. Da heißt es dann: »Ich weiß gar nicht mehr, wann ich das letzte Mal gelobt worden bin« oder »Ich weiß gar nicht, ob mein Chef meine Arbeit überhaupt wahrnimmt.« Wie kann es aber sein, dass Chefs das Gefühl haben, genug zu wertschätzen, und dies bei den Mitarbeitern nicht ankommt?

Die Ursache liegt zu einem wesentlichen Teil in unserer Kindheit. Unser Selbstbild ist erheblich dadurch beeinflusst, was wir als Kinder von unseren Eltern an Liebe, Aufmerksamkeit und Unterstützung bekommen haben. Das bin ich, so bin ich – die Behandlung durch unsere Eltern definiert unser Selbstbild. Und wir übernehmen dies zu einem großen Teil, ob bewusst oder unbewusst. Folglich bestimmt es unseren Umgang mit uns selbst: entweder sehr kritisch, ungeduldig, bewertend, manipulativ, fordernd, entmutigt oder überversorgend, verwöhnend, viel Raum einnehmend oder aber entspannt, annehmend und wertschätzend. Und wir gehen dann oft genauso mit anderen Menschen um: mit unserer Frau, unseren Kindern, unseren Mitarbeitern und anderen Menschen, denen wir begegnen. Das heißt: Unsere ursprüngliche Erfahrung setzt sich wie eine Kettenreaktion fort. Auch ein Führungsverhältnis zwischen leitender Person und Mitarbeiter ist eine Beziehung, und so findet das oben beschriebene Verhalten auch hier Anwendung. Es ist ein Leichtes, sich vorzustellen, dass es natürlich fatal ist, wenn der Chef in seiner Kindheit mit viel Kritik, Ungeduld und fehlender Aufmerksamkeit konfrontiert war. Zumeist hat er dieses Muster verinnerlicht und behandelt nun seine

Mitarbeiter genauso. Er ist ungeduldig, pedantisch und ein Kontrollfreak. So wird er nicht zum Ermutiger und Förderer. Aber ist es nicht richtig so? Schließlich erleben wir doch bereits in der Schule, dass dort mit dem Rotstift nach unseren Fehlern gesucht wird.

Weit erfolgreicher sind aber die Chefs, die es verstehen, ihr Team zu führen, die delegieren können und dem Team Freiraum für Entwicklungen geben. Ihre wichtigste Qualität ist dabei die Ermutigung! Ein Mitarbeiter, der weiß, dass der Chef ihn schätzt, seine Talente kennt und ihm zutraut, Neues zu entwickeln und einmal andere Wege zu gehen, leistet mehr und bessere Arbeit. Zudem hat er mehr Spaß an der Arbeit als ein Mitarbeiter, der beständig das Gefühl hat, jederzeit kontrolliert zu werden und mit einem Donnerwetter rechnen zu müssen, wenn er nicht alles hundertprozentig so macht, wie der Chef es sich vorstellt. Chefs, die delegieren können und ihren Mitarbeitern Vertrauen schenken, sie motivieren und aufbauen, verstehen es weit besser, das Potenzial ihrer Mannschaft hervorzubringen und im Team einzusetzen. Chefs sollten im Idealfall also Ermutiger sein!

Auch wir Männer und Väter – ob Chef oder nicht – sollten Ermutiger sein. Durch Ermutigung und Wertschätzung rufen wir das Beste im anderen hervor. Wir bringen ihn zum Blühen und bestätigen das, was in ihm angelegt ist. Unsere Worte haben hier sehr viel Macht.

Ermutigung ist Wertschätzung

Es gibt Menschen, die dies schon wunderbar verinnerlicht haben. Sie ermutigen sich selbst und andere. Überlegen Sie doch bitte einmal für einen Moment, ob Sie schon ein Ermutiger sind. Fällt es Ihnen leicht, das Gute im anderen zu sehen und anzusprechen? Ermutigen

Sie sich selbst und andere? Vielleicht kennen Sie den Ausspruch: »Nur wer sich selbst liebt und weiß, dass er geliebt ist, kann andere lieben.«

Wenn wir wissen, dass wir geliebt sind, dann beinhaltet das automatisch die Erkenntnis: Ich bin wertvoll! Ich habe für einen anderen Menschen einen Wert. Wenn ich nicht da bin oder den Menschen verlasse, macht das einen Unterschied. Um zu ermutigen, ist es wesentlich, dass wir diesen unseren Wert kennen. Nur wer in der Gewissheit lebt, einzigartig und wichtig zu sein, wer weiß, dass er wertvoll ist, kann selbst andere Menschen ermutigen. Wenn ich diese Gewissheit nicht habe, fühle ich mich wertlos und kann den Wert anderer Menschen nicht ertragen, bin neidisch oder empfinde andere als Bedrohung. Ich frage: »Was macht es für einen Unterschied, ob es mich gibt oder nicht?« Aber Menschen können so nicht leben. Wer das Gefühl hat, wertlos zu sein, sucht zwangsläufig danach, sich einen Wert zu geben.

Meistens aber begnügen sich Menschen, die sich wertlos fühlen, damit, andere zu erniedrigen. Wenn ich dich herabwürdige, deine Fehler hervorhebe und betone, werte ich mich selbst dadurch (scheinbar) auf. Ich bin besser als du. Ich versuche mich zu ermutigen, indem ich dich entmutige. Ich sauge dir deine Energie ab. So fühle ich mich größer und stehe vor mir selbst besser da. Nur hält diese gestohlene »Energie« nicht lange. Sie betäubt für einen Moment, gibt einen kurzweiligen »Kick«, aber sie hat keine Substanz und oft rauschen wir danach noch tiefer in das Gefühl der Wertlosigkeit. Besser ist es, zu der Erkenntnis zu gelangen: Wir sind gleich im Wert, doch unterschiedlich im Charakter.

Wie ermutige ich?

Sicher, wir sagen gern einmal Dinge wie: »Schön, dass du da bist« oder »Ja, danke, das hast du gut gemacht!« Aber wäre es nicht besser, sich ein wenig Zeit zu nehmen und darüber nachzudenken, was wir an dem anderen Menschen wirklich schätzen? Wofür sind wir ihm richtig dankbar? Dabei sollten wir nicht nur daran denken, was diese Person für uns getan hat, sondern auch, was dieser Mensch im Leben anderer bewirkt. Vielleicht kümmert sich unser bester Freund um seine pflegebedürftigen Eltern? Vielleicht hat unsere Nachbarin immer ein offenes Ohr für unsere Kinder? Vielleicht setzt sich Ihre Frau für einen besonderen Zweck ein oder Sie schätzen es an einem Kollegen, dass er so gut zuhören kann?

Ermutigung sollte sehr persönlich, echt und konkret sein: Je besser ich jemanden kenne, desto einfacher wird es, ihn zu ermutigen. Deshalb ist es so wichtig, dass ich mir Zeit für die Menschen in meiner Umgebung nehme, um sie kennen- und schätzen zu lernen.

Machen Sie sich auf die Suche nach dem Guten im anderen

Wir können lernen, Ermutiger zu werden. Die einfachste Art zu ermutigen ist es, sich bei den Menschen in Ihrer Umgebung auf die Suche nach dem Guten zu machen. Was kann jemand gut, was gefällt Ihnen an anderen, was bewundern Sie vielleicht, was möchten Sie in dem anderen stärken? Sobald Sie das Gute gefunden haben, erwähnen Sie es. Sprechen Sie den Menschen direkt darauf an: »Du, mir ist aufgefallen wie positiv und freundlich Du immer bist. Deine hilfsbereite Art tut mir echt gut.« Ermutigung ist die Grundlage für Wachstum. Wenn

Sie sich also wünschen, dass sich die Menschen in Ihrem Umfeld weiterentwickeln, ermutigen Sie sie! So können Sie regelrecht zum Meister der Ermutigung werden.

Das Interessante dabei ist, dass Menschen sich in einem Umfeld der Ermutigung extrem wohlfühlen und dadurch regelrecht angezogen werden. Und es ist das Umfeld, in dem sich Kinder am wohlsten fühlen und am besten entwickeln. Gerade sie brauchen ein Umfeld der Ermutigung, Wertschätzung, Liebe, Achtung und Förderung. Und hierbei haben Väter eine ganz besondere Rolle. Sie können sich bestimmt denken, wer der Vater aller Ermutigung ist.

Ermutigung ist die Grundlage für Wachstum.

Ein Vater der Gnade

Während wir über Wertschätzung und Ermutigung sprachen, erinnerte ich die Männer an meine persönliche Geschichte und die gestohlenen Autoradios. Was für ein Beweis der Gnade war die Reaktion meines Vaters!

Plötzlich sieht Clemens auf und erzählt uns eine Geschichte aus seinem Leben: »Ich war vielleicht fünfzehn oder sechzehn und hatte gerade meinen Moped-Führerschein gemacht. Natürlich nutzte ich die Zeit, nun mit meinen Kumpels umherzuziehen, und kam so eines Abends recht spät nach Hause. Ich hatte zwar nichts getrunken, war aber dennoch übermütig und unvorsichtig. Ich dachte, es wäre lässig, das Moped mit Schwung in die Garage zu fahren und dann abrupt abzubremsen – am besten wenige Zentimeter vor der Rückwand. Tja, leider hatte ich übersehen, dass mein Vater seinen Wagen in der Garage geparkt hatte. Mir gelang es, noch gerade am Wagen vorbeizufahren, aber ich krachte dennoch in seinen Blinker, der in viele

Stücke zerbrach. Ich stellte das Moped ab und schlich mich ins Haus. In dieser Nacht konnte ich nicht gut schlafen, da ich mir das Donnerwetter schon ausmalte, das mich am nächsten Morgen erwarten würde. Als ich dann am Morgen zum Frühstück ins Esszimmer kam, war alles ruhig. Ich ging sofort auf meinen Vater zu und wollte mich entschuldigen, doch dieser bedeutete mir, mich zu setzen. Er sah mich an uns lächelte milde.

›Papa, es tut mir leid‹, sagte ich. ›Ich mache das bestimmt wieder gut. Ich arbeite das ab, mit Rasenmähen oder Autowaschen und …‹

›Du wirst nichts dergleichen machen‹, unterbrach mich mein Vater.

›Was?‹, stammelte ich unsicher. Ich befürchtete nun das Schlimmste: Mein Vater würde mir bestimmt das Moped wegnehmen. Und hatte er nicht recht? Ich konnte damit ja nicht umgehen, wie ich bewiesen hatte. Aber auch jetzt täuschte ich mich. Mein Vater sagte mir: ›Der Wagen geht nachher in die Werkstatt. Du brauchst mir den Schaden nicht zu ersetzen. Versprich mir nur eines, dass du später mit deinen Kindern genauso umgehst wie ich jetzt mit dir.‹«

Gesetz und Kontrolle schüren Rebellion. Doch Gnade befähigt!

»Ich war absolut perplex«, sagt Clemens. »Was für eine Gnade und was für eine Weitsicht, die mir mein Vater entgegenbrachte.«

Die anderen Männer nicken.

Doch was mach ich nun, wenn ich nicht einen so guten Vater hatte? Wenn ich zu meinem Vater eine eher schwierige Beziehung hatte? Oft spüre ich, was für ein Vater hinter den Menschen steht, die ich vor mir habe. Wurden Wert und Identität vermittelt, strahlt mein Gegenüber oftmals eine innere Gesundheit aus. Wurden diese wichtigen Dinge nicht weitergegeben, spüre ich eine Unsicherheit oder eine Kompensation dieser unbeantworteten Fragen. So sprach ich einmal eine Frau mit einer stabilen Persönlichkeit auf die Beziehung zu ihrem irdischen Vater an und sagte: »Du musst einen tollen Vater gehabt haben.« Ihr Gesicht änderte sich und sie sagte: »Dirk, leider ist das Gegenteil der Fall, ich hatte ein sehr schwieriges Verhältnis zu meinen Vater. Das, was du jetzt in meinem Leben wahrnimmst, ist die Wiederherstellung durch meinen himmlischen Vater.« Das war sehr beeindruckend und hat mir gezeigt, dass es bei Gott keine Sackgassen gibt. Er macht selbst die krummen Wege grade und schenkt Wiederherstellung und Heilung.

ÜBUNG 16: BIN ICH EIN ERMUTIGER?

Nehmen Sie sich ein wenig Zeit und stellen Sie sich dabei zwei Fragen:

Fällt es mir leicht, andere Menschen zu ermutigen, das Gute in ihnen zu sehen und anzusprechen? Ermutige ich meine Frau, meine Kinder, meine Mitarbeiter?

Wen möchten Sie als Nächstes womit konkret ermutigen? Nennen Sie hier bitte drei Personen, die Sie in naher Zukunft konkret ermutigen möchten.

Der Segen des Vaters

Ich war schon lange Vater zweier Kinder und lebte in der Schweiz, als ich eines Tages beim Joggen Gott wahrnahm, der mir sagte, dass ich meinen Vater um seinen Segen bitten sollte. Ich war verwundert und verunsichert. Was sollte ich machen? Meinen Vater um seinen Segen bitten? Mein Vater glaubte nicht an Gott, wie sollte ich ihm das mit dem Segen erklären? So tat ich etwas, das ich normalerweise mit einem Wort Gottes nicht mache: Ich stellte es ins »Regal« und ließ es ruhen.

»Nicht jeder erfolgreiche Mann ist ein guter Vater, aber jeder gute Vater ist ein erfolgreicher Mann.« (Robert Duvall)

Zwei Jahre später kam die Aufforderung erneut in mein Herz. Noch immer aber wusste ich nicht, wie das geschehen sollte. Ich meditierte über dieser Frage und setzte mich dann hin, um meinem Vater einen vierseitigen Brief zu schreiben. Ich begann den Brief mit Dank an meinen Vater für all das, was er für mich war und was er für mich getan hat. Ich dankte ich ihm für seine Vaterschaft und ließ ihn wissen, was er für mich bedeutet. Es war mir wichtig, ihn als Vater zu ehren. Dann bat ich ihn um seinen Segen und erklärte ihm, warum mir das so wichtig sei. Ich erzählte vom Segen des Vaters, der im Alten Testament eine so große Rolle spielte.

In gewisser Weise hatte ich mich lange wie der verlorene Sohn gefühlt und erinnerte mich nun daran, was der Vater seinem Sohn gab, als dieser wieder zurückkehrte. Das war, neben Schuhen und Kleidung, ein Ring – ein Ring als Zeichen der Sohnschaft und Autorität. Einen Ring? Ich zögerte. Sollte meine Bitte nun meinen Vater auch noch Geld kosten? Dennoch schrieb ich diese Bitte in meinen Brief. Dann schickte ich den Brief ab. Ich wartete, eine Woche, zwei Wochen – dann hielt ich es nicht mehr aus und rief zu Hause an. Ich fragte meinen Vater, ob er meinen Brief bekommen habe. Der Brief war angekommen. Er hatte sich nur noch nicht gemeldet, weil ihn das, was ich ihm geschrieben hatte, so tief bewegte. Er wusste einfach nicht, wie er darauf angemessen reagieren sollte. Dann sagte er mir, dass er mir den Segen gern erteilen wolle. Er bat mich, mir einen für diesen Anlass passenden Ring auszusuchen, und schlug vor, dass darin »In Liebe, Papa« stehen sollte. Dann vereinbarten wir, dass er mir den Ring übergeben würde, wenn er das nächste Mal in die Schweiz käme.

Als mein Vater zu uns in die Schweiz kam, suchten wir uns einen schönen Ort über dem Thuner See. Wir blickten über den See und auf die schneebedeckten Alpen. Dann zog mein Vater plötzlich einen Zettel aus seiner Hemdtasche. Es berührte mich, dass er sich für den Anlass extra Notizen gemacht hatte. Dann begann er, seine Wünsche für mich auszusprechen. Ich spürte, dass seine Worte mich wirklich tief bewegten. Ich bat ihn, ob er dabei seine Hand auf meine Schulter legen könne und seine Anliegen über mir ausbeten möge. Was tat ich da? Ich bat einen Mann, der keinen bewussten Glauben an Gott hatte, seine Wünsche über mir auszubeten? Doch mein Vater tat genau das und sagte dann plötzlich: »Lieber Gott, bitte sorge dafür, dass es Dirk immer gutgeht, dass er und seine Familie gesund bleiben, dass er nie im Glauben erschüttert wird und noch viele Menschen zu Gott führen kann – und dass er bald nach Deutschland zurückkehrt. Amen.« Dann steckte er mir den Ring an. Ich werde diesen Augenblick nie vergessen! Ich spürte in diesem Moment, wie stark der Einfluss meines Vaters in meinem Leben war und wie sehr mich sein Segen freisetzte.

Aus dieser Erfahrung heraus beschloss ich, auch meinen Kindern meinen väterlichen Segen zu geben. Als unser erster Sohn Marvin kurz vor seinem sechzehnten Geburtstag stand, hatte ich den Wunsch, ihm ein Schwert zu schenken. Mit diesem Akt wollte ich ihn in seinem

Mannsein bestätigen und zum Ausdruck bringen, dass ich als sein Vater an diesen jungen Mann glaube. Ich wollte ihm für sein weiteres Leben mitgeben: Was immer du anfasst, es wird dir gelingen.

Das Schwert sollte ein Zeichen seiner Sohnschaft und Autorität sein. Für einen Moment überlegte ich, ob das Schwert scharf oder stumpf sein sollte, schließlich war es ein Symbol, und entschied mich dann für ein scharfes Schwert. Dann ließ ich seinen Namen und den Satz: »Be dangerous for good« (etwa: »Kämpfe für das Gute«) eingravieren.

An seinem sechzehnten Geburtstag fuhren mein Sohn, mein Vater und ich an einen sehr schönen Ort. Dort beteten mein Vater und ich für Marvin und segneten ihn. Dazu hatte ich ihm einen Brief geschrieben, in dem ich ihm mitteilte, wie sehr ich ihn liebe, was ich an ihm schätze, in seinem Leben sehe und ihm für seine Zukunft wünsche. Dann übergab ich ihm das Schwert. Wir hießen ihn so im »Mannsein« willkommen.

Zuvor hatte ich eine Geschichte aus Afrika gelesen, die mich sehr bewegt hatte. Dort ist es bei manchen Stämmen üblich, dass die Jungen, die kurz vor dem Erwachsenenalter standen, sich für eine Weile vom Dorf entfernten. Sie mussten in die Wildnis gehen und dort mit ihren Vätern ein Initiationsritual abhalten. Wenn die Väter dann mit den jungen Männern ins Dorf zurückkehrten, fragte die Mutter des betreffenden Jungen, als würde sie ihn nicht kennen: »Wer ist dieser junge Mann?« Der Vater stellte den Sohn dann mit seinem Namen vor. Dieses Ritual steht symbolisch dafür, dass ein Junge das Dorf verlassen hat und ein Mann zurückkehrt.

So kehrten mein Sohn, mein Vater und ich zurück und meine Frau kam auf uns zu und fragte: »Wer ist dieser junge Mann?« Und ich stellte ihr unseren Sohn mit ganzem Namen vor: »Das ist Marvin Benjamin Löwenherz, ein Freund Gottes. Mein geliebter Sohn, den ich von Herzen lieb habe und auf den ich so stolz bin.«

Ich blicke in die Runde und in die Gesichter der Männer auf unserem Schiff und sehe, dass sie tief bewegt sind. Pascal sagt: »Das hätte ich mir immer von meinem Vater gewünscht.«

»Lebt er denn noch?«, fragt Urs.

»Ja, aber er ist schon 75 Jahre alt und nicht mehr so gut zu Fuß. Er wohnt auch ganz am anderen Ende der Schweiz …«

»Kann es je zu spät für einen so kostbaren Augenblick sein?«, fragt Gerber. »Und kann der Weg für so ein Ereignis zu weit sein?«, fragt Frank. Pascal überlegt, zieht seine Stirn in Falten. Dann huscht ein Lächeln über sein Gesicht. »Ja, ihr habt recht, ich werde zu meinem Vater fahren und ihn um seinen väterlichen Segen bitten.«

Ich gehe kurz in meine Koje, um mir einen Pulli zu holen. Dort sehe ich, dass mein Sohn Marvin mir eine SMS geschrieben hat. Er schrieb: »Hallo Papa, ich habe heute mein Zimmer aufgeräumt und mir dabei lange das Schwert angeschaut, welches du mir geschenkt hast, und auch noch mal deinen Brief gelesen. Beides bedeutet mir wirklich sehr viel. Vielen Dank dafür.« Der Zeitpunkt hätte nicht genialer sein können. Zwei Jahre war es nun her, dass er sein Schwert bekommen hat, und genau heute, nachdem ich diese Geschichte den Männern erzählt habe, schrieb er diese SMS an mich. Tiefe Dankbarkeit erfüllte mein Vaterherz. Inzwischen ist auch unser Sohn Micha sechzehn Jahre alt geworden und hat den Segen und sein Schwert bekommen. Ein sehr bewegender Moment für uns als Familie. Ich bin gespannt, was unsere Tochter Marie als symbolisches Geschenk zu ihrem sechzehnten Geburtstag bekommen wird, sicherlich kein Schwert. Sehr glücklich gehe ich wieder nach oben an Deck und berichte den Männern von dem wunderbaren Erlebnis.

Er wird das Herz der Väter wieder den Söhnen zuwenden und das Herz der Söhne ihren Vätern, damit ich nicht kommen und das Land dem Untergang weihen muss. (Maleachi 3,24; E)

Gut reden – wie begegne ich meinem Kind?

Der lateinische Begriff »benedire« wird meist mit »segnen« übersetzt. Wörtlich übersetzt bedeutet er allerdings »gut reden«. Wenn ich also gut über jemanden und mit jemandem spreche, segne ich ihn. Was für eine schöne und ermutigende Bedeutung.

Verzichtet auf schlechtes Gerede, sondern was ihr redet, soll für andere gut und aufbauend sein, damit sie im Glauben ermutigt werden. (Epheser 4,29)

Daraus leitet sich die Frage ab: »Wie begegne ich meinem Kind? Bin ich ein Vater des Gesetzes oder der Gnade? Bin ich der strafende oder vergebende Vater? Unsere Worte und Taten sollen für unsere Kinder ein Segen sein. So lohnt es sich, täglich darüber nachzudenken, wo Sie Ihr Kind ermutigen, das Gute sehen und Wertschätzung üben.

Ein Geschäftsmann erzählte mir letztens während eines Coachings, dass er in einem Managementseminar gelernt habe, dass Lob und Ermutigung effektive Werkzeuge der Manipulation seien, um gesteckte Ziele zu erreichen und die Produktivität der Mitarbeiter zu erhöhen. Dann erzählte er mir, dass er niemand in seiner Familie manipulieren wolle und es deshalb vermeide, seine Frau und seine Kinder zu ermutigen. Wie traurig für diese Familie. Für echte Ermutigung ist die Motivation entscheidend, sie macht den Unterschied zwischen Wertschätzung und Manipulation.

Eltern bringen die Herrlichkeit ihrer Kindern hervor, indem sie das Gute in ihnen sehen und aussprechen.

Oliver schnauft tief durch. »Wisst ihr, wofür ich richtig dankbar bin? Mein Vater sagte immer zu mir: ›Mein Sohn, egal, was du anpackst, es wird dir gelingen.‹«

Das Gegenteil von »benedire« ist »maledire« – »schlecht reden«. Worte können verletzen und manchmal sogar töten. Sie können entmutigen, herunterziehen, Hoffnungen zerstören. Unsere Worte als Vater haben auf unsere Kinder mehr Einfluss, als diese uns zeigen. Sie können manchmal ein ganzes Leben definieren, so wie das von Alexander. Dieser konnte den Satz »Eigentlich ist der falsche meiner Söhne gestorben« viele Jahre lang nicht aus seinen Gedanken verdrängen, und die Ablehnung durch seinen Vater verletzte ihn jahrzehntelang. Was für eine Entmutigung, was für ein »schlechtes Reden«!

Alexander atmet tief ein und erzählt: »Ich habe Jahre gebraucht und immer wieder über diesen Satz meines Vaters nachgedacht. Heute glaube ich, dass dieser Satz ganz anders gemeint war. Mein Bruder war Beamter. Er fuhr jeden Tag dieselbe Strecke zum Büro und wieder zurück. Ich hingegen flog schon früh um die Welt. Ich glaube, dass meine Eltern sich schon früh große Sorgen um mich gemacht haben. Und dann starb der Sohn, der so behütet war und um den sie sich nie groß gesorgt haben. Eben der Falsche, um den man sich weniger gesorgt hat. Leider kann ich das mit meinem Vater nicht mehr klären, aber ich bin mir mittlerweile sicher, dass ich es so verstehen darf.«

Alexander hat erst so spät Frieden mit seinem Vater machen können. So bin auch ich sehr froh über die freundschaftliche und unterstützende Beziehung zu meinem Vater. Das, was ich heute mit meinem Vater erlebe, möchte ich auch meinen Kindern weitergeben. Und ich bin so dankbar, dass wir in Gott so ein gutes Bild von guter Vaterschaft haben. Er ist »der rechte Vater über alles, was da Kinder heißt im Himmel und auf Erden«. (Epheser 3,14-15; L).

Deshalb beuge ich meine Knie vor dem Vater, der der rechte Vater ist über alles, was da Kinder heißt im Himmel und auf Erden ... (Epheser 3,14-15; L)

Das folgende Zeugnis von Peter, einem Mitsegler, spricht genau diese Vaterschaft an: »Die Reise war der Hammer – acht Männer, alle in Verantwortung für Familie und Beruf, gehen auf eine Reise mit dem Anspruch, sich auszutauschen.

Mir eine Woche lang Zeit dafür zu nehmen, hatte ich zwar schon Lust, aber ich war auch skeptisch. Es hat aber offenbar so nachhaltig auf mich gewirkt, dass mir in den ersten Wochen danach ganz unabhängig voneinander mehrere Leute wörtlich gesagt haben: ›Du strahlst richtig, wenn du davon erzählst.‹ Was mich zum Strahlen gebracht hat, ist einfach erklärt: Es gab keine Hahnenkämpfe, kein ›den dicken Max machen‹. Es gab Interesse, Diskussionen, Rat, ein ›Ja, das Gefühl kenne ich auch, aber bei mir ist es so …‹ Vor allem aber gab es etwas, das ich als ›Mann in Verantwortung‹ viel zu selten erlebe: dieses tiefe Gefühl der Geborgenheit, das ich als Kind hatte, wenn ich mit meinem Vater unterwegs war.«

Nun möchte ich auch Sie bitten, einmal über Ihre Vaterschaft nachzudenken.

ÜBUNG 17: VATERSCHAFT ERLEBEN

1. Wo haben Sie Vaterschaft erlebt? Wer sind Ihre väterlichen Vorbilder? (Dies kann Ihr irdischer Vater sein, aber auch der himmlische oder andere Personen, zu denen Sie ein entsprechendes Verhältnis haben.) Auch müssen es nicht unbedingt eigene Kinder sein, für die Sie Vaterschaft leben. Es können auch Menschen sein, die sich Ihnen anvertrauen oder eine väterliche Figur in Ihnen sehen, wie Kinder, die keinen eigenen Vater haben, Mitarbeiter oder Auszubildende, jüngere Menschen in Ihrem Umfeld oder in Ihrer Kirchengemeinde …

2. Was macht einen guten Vater aus?

3. Nun überlegen Sie bitte, wie Sie Ihre Vaterschaft noch aktiver gestalten und leben, sodass Segen und Ermutigung Ihr Leben fruchtbar macht.

4. Sammeln Sie Ideen und wenden Sie dann die drei Ms an (machbar, messbar, motivierend). Erstellen Sie so drei konkrete Aktionsschritte.

14.
DER LANDGANG – MIT GOTT UNTERWEGS

Freundschaft mit Gott

Nach einem intensiven und sehr ehrlichen Austausch der Männer ist es dunkel geworden über der kleinen Bucht, in der wir vor Anker liegen. Nur ein paar Kerzen erleuchten die Gesichter der Männer. Wir sprechen über Orientierung und darüber, dass einige der Männer sich wünschen, die Weisungen Gottes und sein Reden klarer wahrnehmen zu können. Ich fordere die Männer auf, die Kerzen zu löschen. Es ist stockdunkel und ganz still – über uns die ganze Schönheit des Sternenhimmels. Ich bitte die Männer nun, das Umfeld einmal genau wahrzunehmen. Wo gibt es aktuelle Zeichen oder Hinweise in ihrem Umfeld? Die Männer erforschen den Nachthimmel und den Horizont und entdecken das Blinklicht eines Leuchtturms, der ganz regelmäßig über unsere Bucht im Nordwesten Sardiniens strahlt. Ich fordere die Männer auf, einmal darauf zu achten, ob es eine Regelmäßigkeit im Blinken dieses Leuchtturms gibt. Sie zählen die Sekunden des Lichts und der Dunkelheit und entdecken eine immer wiederkehrende Regelmäßigkeit – die Taktung dieses Leuchtturms. Dann bitte ich Urs, unter Deck zu gehen und die Seekarte hochzuholen. Mit

Stirnleuchte suchen wir den Leuchtturm und finden ihn auf der Karte. Daneben steht genau beschrieben, welche Taktung er hat. So zeigt uns die Karte, welcher Leuchtturm uns in der Dunkelheit den Weg weist und uns vor Gefahren warnt. Dann bringe ich den Vergleich, dass die Bibel wie diese Seekarte ist. In ihr bekommen wir genaue Anweisung für den Segeltörn unseres Lebens. Worauf wir achten sollen, wer und was uns auf unserer Reise hilft und bewahrt. Wir können uns dranhalten, dem Wort Gottes vertrauen, oder es lassen.

Wir wünschen uns, Gott und seine Weisungen wahrzunehmen, dabei ist er oft so viel näher, als wir meinen. Wir müssen nur einmal das Licht löschen, um ihn wahrzunehmen. Innehalten, fragen und hören. Dann sage ich den Männern: Dieser Leuchtturm wird die ganze Nacht da sein und für uns leuchten. Auch wenn wir schlafen oder nachts an Deck stehen. Genau so wie Gott.

Der nächste Morgen. Unser sechster Tag. Ein lautes Juchzen klingt durch die Luft. Lukas nimmt Anlauf, streckt die Arme nach vorn und springt kopfüber in das türkisblaue Meer, die Sonne tanzt auf dem Wasser. Einige Meter weiter schnorcheln Urs und Jan. Auch Pascal ist abgetaucht und Alexander spielt »Toter Mann«. Gerber sitzt an Deck und döst unter der Mütze, die er sich tief ins Gesicht gezogen hat. Die anderen Männer sind mit unserem Dingi und Außenborder rüber zum Strand gefahren, um die Insel mit einem Morgenspaziergang zu erkunden. Nur Clemens hat sich neben mich gesetzt und sieht mir zu, wie ich dabei bin, die Leinen zu sortieren und die Jacht für den nächsten Segeltag klarzumachen.

»Kann ich dich etwas fragen?«, fragt Clemens.

»Klar«, sage ich beiläufig, während ich einen neuen Achtknoten am Ende der Fockschot befestige.

»Nun, es ist nicht ganz leicht«, sagt Clemens zögerlich. »Ich habe dich ja nun in den letzten Tagen ein wenig kennengelernt …«

»Ich hoffe doch ganz gut?«, sage ich lachend.

»Ja, schon«, sagt Clemens und lächelt. »Ich wollte noch einmal auf das zurückkommen, was du uns erzählt hast. Ich meine deine Krise und die daraus folgende Depression, wenn ich das so sagen darf.«

Nun unterbreche ich meine Arbeit und sehe Clemens direkt an: »Natürlich, was möchtest du von mir wissen?«

»Es geht um deinen Glauben. Die Frage klingt vielleicht komisch, aber: Wie hat er dir geholfen? Für mich ist das alles so neu. Ich habe euren Geschichten mit großem Interesse gelauscht und staune, wie ehrlich, offen und selbstverständlich ihr über euren Glauben berichtet. Ich finde das bewundernswert und kann und möchte da von euch lernen. Doch es fällt mir schwer zu glauben. Ich kann das irgendwie nicht.«

Ich überlege für einen Moment und antworte dann: »Der Glaube hat mir auf vielfältige Art geholfen. Aber vielleicht besteht seine wichtigste Hilfe im Alltag darin, mir zu zeigen, dass es neben dem, was uns im täglichen Leben so wichtig erscheint, noch viel mehr gibt, das im Grunde wichtiger ist. Nehmen wir einmal meinen Vater. Er war ein sehr erfolgreicher Architekt und ein sehr zufriedener Mann. Doch dann, als er in den Ruhestand trat, da fiel er in ein tiefes Loch. Er durchlief eine schwierige Sinn- und Lebenskrise, weil sein Erfolg bei der Arbeit einen sehr großen Teil seines Lebens ausgemacht hat. Ähnlich wie ich mich in meiner Krise, musste er sich nun ganz neu finden, ausrichten und orientieren. Mir wurde an diesem Beispiel sehr bewusst, wie wichtig es ist, worauf wir unser Fundament gründen. Ist unser Wert auf unsere Leistung und unseren Erfolg gegründet, dann stellt sich uns unweigerlich die Frage, wer sind wir, wenn wir das nicht mehr leisten können, was wir zuvor getan haben? Wie gut ist es da, sich an etwas zu orientieren, was größer ist als unser eigenes Leben. Eine Konstante, die mir Halt und Orientierung gibt, auch dann, wenn alles Gewohnte und Vertraute wegbricht.«

Die neue Identität

»Wenn wir nach Gottes Absichten für diese Welt und den einzelnen Menschen fragen, dann setzen wir voraus, dass Gott vollkommen gut und der Schöpfer ist. Als Schöpfer bewertete Gott alles, was er geschaffen hat, als gut und den Menschen als sehr gut.

Damit sprach die höchste Instanz des Lebens ihr Urteil. Dieses Urteil gab und gibt dem Menschen seine von Gott gegebene Identität. In dieser Identität leben wir als Söhne und Töchter Gottes. Als diese leben wir von Gott vollkommen angenommen und geliebt, ohne jemals eine Leistung dafür erbringen zu müssen. Und dieses Angebot gilt für alle Menschen, ganz gleich, was sie in ihrem Leben erlebt und durchlaufen haben. Gleich, ob sie immer gut und gerecht gewesen sind oder bisher ein Leben voller Habgier, Neid, Missgunst geführt haben. Gleich, ob sie an ihn glauben oder nicht. Das ist das große Versprechen Gottes an uns – seine Gnade und die Erlösung durch seinen Sohn Jesus Christus, wenn wir zu ihm umkehren und nach Hause kommen. Doch viele Menschen denken dennoch: An mir kann Gott keinen Gefallen finden. Ich bin viel zu schlecht. Ich habe so fürchterliche Gedanken und habe so viel Schreckliches getan – mich kann Gott unmöglich lieben. Ich selbst erlebte dies als Jugendlicher in der Zeit, als ich Autoradios stahl, Drogen konsumierte und mich hauptsächlich darum scherte, was Mädchen über mich dachten. Gott soll mich lieben? Ein Gedanke, der mir unmöglich erschien.«

Danach betrachtete Gott alles, was er geschaffen hatte. Und er sah, dass es sehr gut war. (Genesis 1,31)

Clemens nickt und sagt: »Mich betrifft beides. Ich habe mich die ganzen letzten Jahre nur auf meinen Beruf konzentriert. Ich kannte gar nichts anderes. Es schien mir das Erstrebenswerteste zu sein, ganz in meinem Beruf aufzugehen. Aber nun – ich habe es ja schon erzählt – weiß ich nicht, ob ich das noch will. Mir fehlt die Erfüllung, die ich dort hatte. Ich fühle mich, als wäre ich für einen Moment aus mir herausgetreten. Ich sehe diesen engagierten, ehrgeizigen Arzt, der die Anerkennung durch seine Umwelt sucht und genießt. Er ist manchmal eitel und nicht selten überheblich. Ich denke, dass ich dieser Mensch nicht mehr sein möchte. Kann Gott auch diesen Menschen mögen?«

Mein Freund Uwe

Die Frage kann ich leicht beantworten. Ich gehe in den Salon und starte ein Lied, das mir sehr viel bedeutet. Ein Klavierintro erklingt. Es ist das Lied meines Freundes, des Musikproduzenten Uwe Klapdor. Er schickte mir dieses Lied als Demo-Version gleich nach der Fertigstellung mit dem Kommentar: »Als ich dieses Lied schrieb, hatte ich eine richtig fette Zeit mit Gott. Hör doch mal rein.« Ich hörte das Lied zum ersten Mal und mir liefen die Tränen, weil es mich im tiefsten Inneren meines männlichen Herzens berührte. Es zeigte mir die Größe und Schönheit Gottes, sein wildes Herz, aber auch seine Sanftheit. Ich sagte zu Uwe: »Dieses Lied nehme ich mit auf meinen nächsten Segeltörn, und wenn die Jacht so richtig läuft, dann werde ich mich in den Bug stellen und genau dieses Lied hören.« Da sagte er: »Das inspiriert mich gerade für den Titel zum Song: Voll im Wind.«

Als die sphärische E-Gitarre hinzukommt, hören auch die Männer im Wasser auf herumzutoben. Pascal und Jan kommen näher. Auch Lukas schwimmt nach hinten zur Leiter. Alle sind auf einmal ganz still. Das Lied passt perfekt zur uns umgebenden Szenerie. Dann hole ich mein Notizbuch hervor und ziehe ein Bild hervor. Darauf ist ein junger Mann mit blonder Lockenmähne zu sehen. Er steckt in engen Hosen und reckt eine Gitarre in die Luft.

»Das ist Uwe, ein guter Freund von mir«, sage ich und reiche Clemens das Bild. »Er hat eine Geschichte, die genau zu dem passt, was du mir gerade erzählt hast. Er war ein Mensch, von dem niemand gedacht hätte, dass er jemals zum Glauben kommen würde. Uwe genoss zwar eine klassische landeskirchliche Erziehung und wollte als Jugendlicher sogar mal Theologie studieren, aber die Idee löste sich schnell auf, als er seine Leidenschaft für das runde Leder entdeckte. Doch bald war Schluss damit, nachdem ihm ein Gegenspieler in die Beine gegrätscht war.

So tauschte er die Fußballschuhe gegen die Gitarre. Und auch hier entwickelte er in kürzester Zeit Fähigkeiten, die sich herumsprachen. Schnell wurde er für bekannte nationale und internationale Musikgrößen zum festen Studio- und Tour-Gitarristen und reiste national und international von Festival zu Festival, absolvierte Europatourneen und Fernsehauftritte. Er lebte das Leben eines Rockmusikers mit allen seinen Facetten.

Dann, Anfang der 90er-Jahre, sollte er auf der Insel Helgoland auftreten. Er fuhr nach Bremen, von wo der Flieger nach Helgoland starten sollte. Es stürmte heftig, als er am Flughafen ankam, aber der Termin drängte und so setzte er sich in die Maschine. Doch dieses Mal waren sie zu weit gegangen. Beim Landeanflug wurde der Flieger von einer Windböe so heftig erwischt, dass er wenige Meter neben der Landebahn abstürzte. Wie durch ein Wunder blieben alle Insassen unverletzt – zumindest äußerlich.

Einige Wochen später, Uwe ging abends nach einem Konzert nach Hause, da begannen die Straßen, sich plötzlich zu bewegen. Alles ging vor seinen Augen hoch und nieder. Selbst am nächsten Morgen hatte sich nichts verbessert. Er konnte nicht aufstehen, alles in seiner Wohnung schwankte. Das konnte nichts mehr mit Drogen oder Alkohol zu tun haben, also ging Uwe zum Arzt. Und dann der Schock: Verdacht auf einen Hirntumor. Uwe war verzweifelt! Warum er? Seine Fußballkarriere hatte er wegen einer Verletzung aufgeben müssen und nun stand sein Leben auf der Kippe, wegen eines Tumors. Doch ein Besuch bei einem Neurologen brachte eine ganz andere Diagnose. Es war kein Hirntumor, sondern schlichtweg Angst, die ihn erfüllte. Die Freude darüber, dass es doch kein Tumor war, wurde alsbald von der Unsicherheit überschattet, wie er seine Angst loswerden könnte. In den folgenden Wochen wurde es immer schlimmer. Er begann, seine Angst mit Alkohol zu betäuben, was die Angst aber noch steigerte. Der Arzt verordnete ihm deshalb mehrere Wochen Bettruhe. In dieser Zeit begann Uwe, das erste Mal seit etlichen Jahren wieder zu beten. Er versprach Gott, sich eine christliche Gemeinde zu suchen, würde Gott ihm seine Ängste nehmen. Als Antwort besserte sich sein Zustand. Uwe suchte sich jedoch keine Gemeinde.

Wenn wir sagen, wir seien ohne Schuld, betrügen wir uns selbst und die Wahrheit ist nicht in uns. Doch wenn wir ihm unsere Sünden bekennen, ist er treu und gerecht, dass er uns vergibt und uns von allem Bösen reinigt. (1. Johannes 1,8-9)

Doch dann rief ihn ein Musiker an, der in einer Gemeinde aktiv war, und fragte ihn, ob er für ein Lobpreiskonzert zur Verfügung stehen würde. Er sagte zu. Das ›Konzert‹ war für ihn irritierend. Niemand applaudierte. Die Menschen schienen irgendwie entrückt. Doch Gott hatte an diesem Abend noch einiges mit ihm vor. Nach dem Lobpreiskonzert traf er eine Frau, und sie begann, ihm von Jesus zu erzählen. Er war verunsichert, gab ihr aber seine Karte, um sie sogleich wieder zu vergessen. Einige Monate später kam es zu einem Wiedersehen und sein Interesse für die Frau war geweckt. Sie besuchte die Gemeinde, in der er gespielt hatte, und so ging Uwe wieder hin. Schließlich nahm er an einem Glaubenskurs teil und ließ sich taufen.

Er, der Rocker, der in seinem bisherigen Leben, nichts hatte anbrennen lassen, der nachts in Hotelzimmern die Mini-Bar geplündert hatte, sein unstetes Leben genoss, hatte zu Gott gefunden, ging nun regelmäßig in den Gottesdienst und krempelte sein ganzes Leben um. Wenn jemand wie er das schaffte, dann war dies doch ein Zeichen, dass Gott wirklich für jeden offene Arme hatte.« Damit beendete ich Uwes Geschichte.

Ich bemerke, wie Pascal, Jan, Clemens und Alexander ganz ruhig geworden sind. Gerade verklingen die letzten Töne von »Voll im Wind«. Clemens weint. Ihm laufen die Tränen herunter und er sieht mich an. Dann sagt er: »Ich habe mir so sehr gewünscht, dass dieser Damm in mir endlich bricht. Ich wünschte mir so sehr, dass Ströme lebendigen Wassers in Form von Tränen aus mir heraussprudeln und all den latent noch vorhandenen Schrott aus mir herausspülen würden. Ich habe so lange nicht mehr weinen können. Was eben während des Liedes bei mir passiert ist, war genau, was ich mir gewünscht habe.« Clemens blickt mich nun ganz entspannt an und fragt: »Es ist also noch nicht zu spät?«

Allen aber, die ihn aufnahmen, gab er Macht, Kinder Gottes zu werden, allen, die an seinen Namen glauben. (Johannes 1,12; E)

»Das ist es nie«, antworte ich und lege meinen Arm um ihn.

Nach Hause kommen

Ich habe den Wunsch, die Männer, mit denen ich näher zu tun habe, einzuladen und ihnen zu sagen, dass sie zu diesem wunderbaren Gott nach Hause kommen dürfen. Dass er auf sie wartet, wie der Vater auf seinen verlorenen Sohn gewartet hat. Wo immer Sie sich auch auf

Ihrem Weg befinden, wie weit Sie vielleicht das Gefühl haben, sich verrannt zu haben: Es ist nicht zu spät – nie!

Jesus erzählt im Lukasevangelium die »Geschichte vom verlorenen Sohn«, der das Erbe seines Vaters in Saus und Braus verprasst hat und sich bei den Schweinen wiederfindet: »So kehrte er zu seinem Vater nach Hause zurück. Er war noch weit entfernt, als sein Vater ihn kommen sah. Voller Liebe und Mitleid lief er seinem Sohn entgegen, schloss ihn in die Arme und küsste ihn. Sein Sohn sagte zu ihm: ›Vater, ich habe gesündigt, gegen den Himmel und auch gegen dich, und bin es nicht mehr wert, dein Sohn zu heißen.‹ Aber sein Vater sagte zu den Dienern: ›Schnell! Bringt die besten Kleider im Haus und zieht sie ihm an. Holt einen Ring für seinen Finger und Sandalen für seine Füße. Und schlachtet das Kalb, das wir im Stall gemästet haben, denn mein Sohn hier war tot und ist ins Leben zurückgekehrt. Er war verloren, aber nun ist er wieder gefunden.‹ Und ein Freudenfest begann.« (Lukas 15,20-24)

Mein Antrieb ist es, Männern, die Söhne und manchmal auch Väter sind, zu helfen, den vollkommen guten Gott und sein Design für ihr Leben zu entdecken. Das ist es, worauf meine Arbeit – sei es in Seminaren, in Einzelgesprächen, Coachings oder auf der Jacht – zielt. Mein Wunsch ist es, dass sie als Söhne die heilende und befreiende Vaterschaft Gottes erleben. Wenn sie dann – begeistert vom Wesen des Vaters und seinen guten Absichten für ihr Leben – ihren Stand als von ihm befähigte Männer in Familie und Gesellschaft einnehmen und ihr Leben fließt, dann bin ich meinem Traum einen Schritt näher gekommen.

Oft erlebe ich dabei Männer wie Clemens, die durch ein verschobenes Gottesbild nicht den entspannten Zugang zum Herzen des Vaters finden. Es ist ein bisschen so wie mit unserem Computer, wenn sich Viren oder Trojaner eingeschlichen haben. Plötzlich treten Fehlfunktionen auf und das ganze System nimmt Schaden. Interessant ist hierbei, dass diese Viren nicht durch Zufall entstehen, sondern ganz bewusst von einer Intelligenz geschaffen wurden, um unser System lahmzulegen. So möchte ich hier den Gedanken hineingeben, ob es nicht auch in Ihrem System Bilder über Gott geben könnte, die nicht der Wahrheit entsprechen und Schaden in Ihrem Glauben verursachen. Seien Sie doch bitte mal mutig und lassen Sie Ihren Virenscanner anlaufen. Im Folgenden möchte ich Ihnen einige der gängigsten falschen Bilder von Gott vorstellen.

Die Art, wie Sie Ihren himmlischen Vater kennen, bestimmt Ihr Handeln.

Ihr Gottesbild

Der Polizist: Gott ist ein Polizist, der uns ständig mit erhobenem Zeigefinger maßregelt. Er kontrolliert uns immer und wartet nur darauf, dass wir einen Fehler machen. Dann ist er sofort zur Stelle, um uns zu bestrafen.

Der gleichgültige Gott: Gott ist so groß und so weit weg. Es gibt so viele Menschen auf dieser Erde. Warum sollte sich Gott für mein kleines Leben und meine Anliegen interessieren?

Der Weihnachtsmann-Gott: Gott ist wie der Weihnachtsmann, der immer die Geschenke bringt. Ich schreibe einfach eine Wunschliste und bekomme dann alle meine Wünsche erfüllt. Ich komme nur zu Gott, wenn ich etwas brauche.

Der willkürliche Gott: Gott macht, was er will, ist unverständlich und manchmal ziemlich grausam. Schließlich lässt er all das Leid in der Welt zu. Ich kann ihm nicht vertrauen.

Der Not- und Krisen-Gott: Gott ist der Helfer in der Not. Wenn ich in einer Krise stecke, nehme ich seine Hilfe gern in Anspruch. Aber sonst soll mich Gott in Ruhe lassen und mir nicht in mein Leben reinreden.

Der Leistungs-Gott: Gott ist wie ein strenger Arbeitgeber, der viel von mir erwartet. Doch so sehr ich mich auch anstrenge, kann ich seine Ansprüche einfach nicht erfüllen.

Der religiöse Gott: Gott ist ein Sklaventreiber, der von mir religiöse Leistung fordert. Ich versuche, alle religiösen Formen und Vorschriften einzuhalten, aber ich kann seinen übergroßen Ansprüchen nicht gerecht werden und versage immer wieder.

Übertragungen vom irdischen Vater: Gott ist ein Abbild unseres irdischen Vaters. Ich übertrage die (guten und schlechten) Eigenschaften meines Vaters auf den »himmlischen Vater«. Wenn mein Vater nie Wort gehalten hat, kann ich auch Gott nicht vertrauen.

Eine Frage des Vertrauens

Ein befreundeter Fluglehrer erzählte mir einmal die Geschichte einer Flugschülerin. Sie wollte den Pilotenschein für eine Cessna machen. Als sie schon über eine gewisse Flugerfahrung verfügte, sollte sie das Absacken und Auffangen der Maschine üben. Bei diesen Flugübungen war sie ohne Fluglehrer ganz allein in der Maschine. Sie sollte das Flugzeug eine gewisse Zeit im freien Fall absacken lassen und dann das Abfangen lernen. Also ließ sie die Maschine absacken und stürzte in die Tiefe. Nach einer kurzen Zeit des Abstürzens sollte sie die Maschine wieder abfangen, doch sie schaffte es nicht. Alle Warnsysteme schlugen Alarm und zeigten ihr an, dass es sehr ernst wird. Sie riss mit aller Kraft am Steuerknüppel, doch sie konnte den Fall des Flugzeugs nicht bremsen. Keines ihrer Notfallszenarien wollte helfen. Mitten in ihrer Verzweiflung schoss ihr eine Aussage des Fluglehrers durch den Kopf: »Die Cessna ist so konstruiert, dass sie sich im freien Fall wieder selbst stabilisiert. Sie fängt sich selbst ab, wenn man den Steuerknüppel loslässt!« Doch in ihrer Panik riss sie weiter am Steuerknüppel herum. Sie sah den Boden immer mehr auf sich zukommen, als sie es plötzlich doch schaffte, den Steuerknüppel in völliger Verzweiflung loszulassen. Innerhalb kürzester Zeit fing sich die Maschine, und sie konnte wieder die Steuerung übernehmen. Mein Freund, der Fluglehrer, hatte die Szene vom Boden aus verfolgt und fragte sie später: »Na, hast du dich an meine Worte erinnert?« Die Flugschülerin atmete tief ein und antwortete: »Ja, das habe ich – danke!«

Genau diese Frage stellt uns Gott: »Hast du dich an meine Worte erinnert?« Er fordert uns auf, uns an seine Worte zu erinnern, die uns wissen lassen, dass wir ihm vertrauen können. Wenn Gott also sagt: »Spring und vertrau mir!«, springen Sie dann in vollem Vertrauen auf Gott oder halten Angst und Misstrauen Sie zurück?

Stellen Sie sich einfach einmal folgende Situation vor: Sie befinden sich an einer großen Klippe, an der es sehr steil runtergeht. Diese Klippe steht für eine große Herausforderung in Ihrem Leben. Berufswahl, Partnerwahl, Selbstständigkeit oder Krankheit. Nun fragt Gott Sie: »Vertraust du mir?« Sie antworten: »Ja!« Dann fragt er ein zweites Mal: »Vertraust du mir?« Etwas langsamer kommt Ihr: »Ja.« Dann fragt Gott ein drittes Mal: »Vertraust du mir?« Die Antwort lautet: »Gott, du kennst mein Herz, ich will dir vertrauen.« Dann sagt Gott: »Gut, dann gehe diesen Weg!« Er lädt Sie ein, direkt über die große Klippe zu gehen. Sie sollen dort laufen, wo eigentlich kein Weg ist. Direkt auf Gott zu!

Mit weichen Knien und feuchten Händen stehen Sie an dieser Klippe und vor dieser großen Herausforderung. Es geht tief nach unten. Dieser Schritt im Vertrauen auf Gott birgt ein großes Risiko. Dann nehmen Sie all Ihren Mut zusammen und lassen sich auf das Abenteuer ein – vertrauen Gott und machen den Schritt über die Klippe. Sie sacken den Bruchteil einer Sekunde nach unten und alle Zweifel und Ängste dieser Welt schießen durch Ihren Kopf: »Ich habe es gewusst, ich werde sterben!« Doch plötzlich wird Ihr Fall gestoppt und Sie fallen in die Hände des lebendigen Gottes.

Was für Augen schauen Sie nun an? Die strafenden Vateraugen? »Du Zweifler, du hast es nicht anders verdient!« – und die Hände lassen Sie weiter in den Abgrund fallen. Oder die liebenden Vateraugen? Die Augen, die Sie ansehen, ohne ein Wort der Anklage, ohne ein Wort der Verdammnis: »Danke, danke, dass du mir vertraut hast. Niemals werde ich dich fallen lassen, mein Kind. Danke, dass du mir vertraut hast.« Die Menschen, die so etwas erlebt haben, kommen aus so einer Lektion nicht mit erhobenem Haupt und stolz geschwellter Brust heraus. Im Gegenteil, diese tiefen Erlebnisse mit Gott strahlen solche Menschen ohne viele Worte aus. Eine ganz tiefe Dankbarkeit, ein großes Vertrauen in ihren himmlischen Vater ist diesen Menschen anzusehen. Ich habe diese Hand, die auffängt und trägt, in meiner größten Lebenskrise deutlich erlebt. Sie war alles, was mir vom Glauben geblieben war. Die tiefe Gewissheit, dass Gott, mein liebender Vater – egal, wie dunkel es wird –, meine Hand nicht loslässt.

Diese Erkenntnis ist wesentlich. Wenn wir irgendwann im Himmel vor unseren Schöpfer treten, dann ist nur eine Frage entscheidend: Hast du mich lieb? Nicht Ihre Leistung zählt – es geht um Ihr Herz.

Falsche Identität

Der Begriff Identitätskrise ist vielen von uns vertraut. Wir haben uns im zweiten Kapitel gefragt: Wem oder was erlaube ich, über mich zu urteilen, mir meinen Wert zu geben oder zu nehmen? Wer oder was darf meine Selbstwahrnehmung und Identität bestimmen? Tätigkeiten, Leistungen, Menschen – oder Gott? Gott kennt unsere wahre Identität, sein Urteil über uns ist über allen Zweifel erhaben.

Der falsche Ritter

Im Film »Ritter aus Leidenschaft« verkörpert der Schauspieler Heath Ledger den Sohn eines armen Dachdeckers, der davon träumt, ein Ritter zu werden. Sein Vater gibt ihn daher in die Obhut von Sir Hector, einem Turnierkämpfer, um dort Knappe zu werden, und gibt ihm den weisen Rat, immer daran zu glauben, dass ein Mann sein Schicksal – und damit den Lauf seines Lebens – verändern könne. Sir Hector lebt von den Gewinnen aus Wettkämpfen im Lanzenstechen, dem Tjosten. Nur der Adel darf an diesen Ritterspielen teilnehmen. Zwölf Jahre nachdem William bei Hector anheuerte, verstirbt dieser während eines Turniers in Frankreich. William entschließt sich, trotz seiner niederen Herkunft die Rolle des Ritters zu übernehmen und mit Hectors Pferd und Rüstung das Turnier in dessen Namen zu beenden – und William gewinnt das Turnier. Fortan will er die Rolle des Ritters nicht mehr aufgeben. Mithilfe eines mittellosen Schriftstellers, der ihm die nötigen Dokumente fälscht, macht er sich zum Ritter Sir Ulrich von Liechtenstein – einer frei erfundenen Gestalt. So kommt es, dass er in einem Turnier auf Sir Colville trifft. Dahinter verbirgt sich niemand Geringerer als der Kronprinz Edward, der unter dieser Identität inkognito an Ritterspielen teilnimmt. In diesem Turnier verletzt William Colville. Colville öffnet sein Visier, ein Zeichen dafür, dass er nicht mehr kann. Dennoch sagt er zu William: »Ich habe noch nie aufgegeben«, und macht sich bereit für einen neuen Angriff. Doch William, der nun weiß, wer sein Gegner ist, erlaubt dem Sohn des Königs einen ehrenvollen Ausweg. Als die beiden Pferde aufeinander zureiten, hebt William im letzten Moment die Lanze und ermöglicht dem Königssohn so einen ehrenvollen Rückzug vom Turnier – und erwirbt sich damit Colvilles Anerkennung.

Kurz vor der Weltmeisterschaft in London kommt es zum Unausweichlichen. Williams falsche Identität fliegt auf und er muss eine drakonische Strafe fürchten. Seine Freunde raten ihm zur Flucht, doch William hält Flucht für nicht ritterlich. So wird er in London an den Pranger gestellt. Während er geschmäht wird und auf seine baldige Hinrichtung wartet, taucht auf einmal Prinz Edward auf. Er kommt zu William und sagt: »Beide wollen wir verbergen, wer wir sind. Beide sind wir dazu nicht in der Lage.« Dann sagt er: »Lasst ihn frei! Stamme er auch aus bescheidenen Verhältnissen, so haben meine Ahnenforscher herausgefunden, dass durch seine Adern altes königliches Blut fließt. So lautet mein Urteil und das ist gegenüber jedem Zweifel erhaben. Und nun darf ich Euch zurückzahlen, was ich Euch schuldig bin. Kniet nieder.« Er zieht sein Schwert und spricht: »Durch die Macht, die mir mein Vater König Edward verliehen hat, und vor all diesen Zeugen hier, schlage ich Euch hiermit zum Ritter – Sir William!«

So wie William durch den Kronprinzen eine neue Identität erhält, so möchte auch Gott uns unsere neue Identität als seine Kinder geben. Und wie das Urteil des Königssohnes, so ist auch das Urteil Gottes über uns über jeden Zweifel erhaben. Er hat dieses Urteil bereits gefällt. Es lautet: *Sehr gut!*

Wer bin ich?

In dieser Frage steckt unser Wunsch, unsere Identität zu kennen und zu erkennen. Viele Männer aber laufen durchs Leben, ohne dass sie diese Frage von ihrem Vater beantwortet bekommen haben. Statt den Vater als Vorbild und Ratgeber an ihrer Seite zu wissen, haben sie ihn als strengen Kontrolleur, als Kritiker oder Richter erlebt.

Erinnern Sie sich noch an den Film »October Sky«, den wir im Kapitel über unsere Wunden beschrieben haben? Der junge Homer erlebt am Ende endlich die Bestätigung durch seinen irdischen Vater, die er sich so gewünscht hat. Als die Rakete bei ihrem letzten Start in den Wolken verschwindet, legt Homers Vater seinem Sohn die Hand anerkennend auf die Schulter.

Doch wenn diese Bestätigung vom irdischen Vater nicht erfolgt ist, gibt es immer noch Hoffnung: unseren himmlischen Vater. Im Gebet können wir Gott bitten, uns seine Vaterschaft zu zeigen.

Der Name eines Mannes

Sie haben einen Namen, den Ihnen Ihre Eltern gegeben haben. Dieser Name steht in Ihrem Pass, Sie werden mit diesem Namen Ihr Leben lang gerufen. Ist dies auch der Name, mit dem Gott Sie anspricht? Ich glaube nicht, dass im göttlichen »Buch des Lebens« »Dirk Schröder« steht. Wie viele Männer hat es schon gegeben, die genau diesen meinen Namen tragen? Wie viele wird es noch geben? Der Name, den Sie von Gott bekommen haben, findet sich in keinem Namensbuch. Es ist ein Name, der beschreibt, wer Sie wirklich sind. Diesen Namen hat nie ein Mann vor Ihnen oder nach Ihnen bekommen. Einmalig – genau wie Ihr Wesen und Ihr Leben! Es ist der Name, der zu dem Menschen gehört, den Gott im Sinn hatte, als er Sie als Kind erschuf, und dem bereits Gottes gute Gedanken galten seit Anbeginn der Schöpfung. Gott hatte bei der Schöpfung Ihrer Person jemanden ganz Bestimmten im Sinn, und dieser jemand hat einen Namen, Ihren Namen.

Wie viel Kraft es hat, wenn ein Mann seinen wahren Namen kennt, greift der Film »Gladiator« wunderbar auf. Im Mittelpunkt des Filmes steht der erfolgreiche und hochgeschätzte römische Feldherr Maximus Decimus Meridius zur Zeit des Kaisers Marcus Aurelius. Mark Aurel sieht sein Ende nahen und möchte Rom dem Volk wieder zurückgeben, also das Kaisertum abschaffen und die Republik wiederherstellen.

Diese Aufgabe will er Maximus übergeben, ihn gleichsam als Nachfolger ausersehen. Mark Aurels Sohn Commodus wird ins Feldlager nach Germanien gerufen und erfährt dort von seinem Vater, dass er nicht Thronfolger werden soll. Darüber bitter enttäuscht, erstickt Commodus seinen Vater, bemäntelt dessen Tod als »natürlich« und erhebt sich selbst zum römischen Kaiser. Maximus aber verweigert Commodus die Gefolgschaft, weil er Commodus' Taten, den Mord am Vater und den Verrat am römischen Volk, erkennt.

Commodus befiehlt daraufhin den Prätorianern die Ermordung von Maximus und seiner Familie. Aber Maximus kann die Prätorianer überwältigen, wird beim Kampf verletzt und flüchtet nach Hause, nach Turris Julia in der römischen Provinz Lusitania, dem heutigen Trujillo in Spanien. Dort angelangt, findet er seine Frau und seinen achtjährigen Sohn gekreuzigt und sein Haus niedergebrannt vor. Nachdem er seine Familie begraben hat, verliert er schwer verletzt die Besinnung. Händler nehmen ihn mit, verschleppen ihn nach Zucchabar in Afrika und verkaufen ihn als Sklaven an eine Gladiatorenschule. Als Gladiator ist er ähnlich erfolgreich wie als Feldherr. Unter dem Pseudonym *»Der Spanier«* erwirbt er sich rasch den Respekt seiner mitkämpfenden Gladiatoren sowie die Begeisterung der Massen. Die Gladiatorentruppe wird nach Rom engagiert, als Commodus vorgeblich zu Ehren seines verstorbenen Vaters Gladiatorenspiele im Kolosseum ansetzt. Dort gewinnt Maximus seinen Kampf. Commodus, der Maximus seit Langem für tot hält, fordert ihn auf, seine Gladiatorenmaske abzunehmen und seinen Namen zu nennen. Doch Maximus weigert sich und sagt: »Mein Name ist Gladiator.« Damit dreht er sich um und geht davon. Commodus ruft ihm hinterher:

Und ich werde ihm einen weißen Stein geben; und auf dem Stein wird ein neuer Name geschrieben sein, den niemand kennt außer dem, der ihn erhält. (Offenbarung 2,17)

»Was erlaubst du dir, mir deinen Rücken zu zeigen. Bleib stehen, Sklave! Wirst du deine Maske abnehmen und mir deinen Namen nennen!« Nun dreht Maximus sich um, nimmt seine Maske ab und sagt: »Mein Name ist Maximus Decimus Meridius, Kommandeur der Truppen des Nordens, Tribun der spanischen Legionen, treuer Diener des wahren Kaisers Marcus Aurelius. Vater eines ermordeten Sohnes, Ehemann einer ermordeten Frau und ich werde mich dafür rächen, in diesem Leben oder im nächsten!« Als Maximus endet, steht Commodus mit zitternder Lippe vor ihm. Die Angst ist ihm ins Gesicht geschrieben. Maximus hat ihm seinen richtigen Namen genannt, mit allem, was dazugehört. – Eine bewegende Szene.

Doch wo erfährt ein Mann seinen wahren Namen, den Namen, den ihm niemand mehr nehmen kann? Gott allein vergibt diesen Namen.

Niemand außer Gott allein sieht, wer Sie wirklich sind. So wie Uwe, der zunächst dachte, er sei Uwe, der Fußballer, der dann die »Rolle« von Uwe, dem Gitarristen, annahm, der um die Welt zog, Alkohol und Drogen konsumierte und das typische Leben des Rockmusikers lebte, bis Gott ihm zeigte, welchen Namen er wirklich trug und aus dem dann Uwe, der Christ, der Sohn, Freund, Ehemann, Vater und Produzent wurde, der er heute ist. Machen Sie sich auf den Weg mit Gott, um Ihre wahre Identität, Ihre wahre Bestimmung und Ihren wahren Namen zu finden.

ÜBUNG 18: ZEIT MIT GOTT, DEM VATER

An dieser Stelle könnte es hilfreich sein, eine kurze Pause zu machen und vielleicht spazieren zu gehen oder sich einen ruhigen Platz zu suchen. Bewegen Sie dann bitte mal die folgenden Fragen:

1. Gott Vater, was bedeutet es, dass du mein Vater bist?

2. Was denkst du über mich als deinen Sohn? Was sind deine Worte des Lebens an deinen Sohn?

3. Vater, bitte sprich über meinen wahren Namen zu mir.

15. DIE CREW – FREUNDE, GEFÄHRTEN UND WEGBEGLEITER

Hast du einen echten Freund?

Pascal steht am Ruder und genießt den Blick auf die langsam vorbeiziehende Küste. Die anderen Männer stehen oder sitzen am Mast. Es ist unser vorletzter Tag. Wir sind heute noch einmal raus aufs Meer und nehmen Kurs auf unseren Ausgangshafen. Wir haben einen guten Segelwind mit 5 bis 6 Beaufort. Die Männer sind voll motiviert beim Trimmen der Segel, um die Jacht an ihre Rumpfgeschwindigkeit zu bringen, mehr als 10 Knoten scheinen einfach nicht drinzuliegen. In den vergangenen Tagen haben wir viel gemeinsam erlebt. Die Männer lernten mich kennen und ich lernte sie kennen. Ich habe viel erfahren von Gerber, dem General, Frank, dem Stuckateur, Clemens, dem Arzt, Jan, dem Erfinder, Oliver, dem Möbelhausbesitzer, Urs, dem Lokführer, Pascal, dem Lehrer, von Alexander, dem Feinkosthändler, und von Lukas, dem Immobilienmakler. Durch all die Erlebnisse dieser Woche und die tiefen Geschichten, die wir miteinander geteilt haben, fühlen wir eine enge Verbundenheit miteinander. Der Gedanke, dass dieser Törn schon bald vorbei ist, stimmt uns fast ein wenig traurig. Ich sehe Lukas weiter vorn sitzen und mit einem Seil

Fenderknoten an der Reling üben. Ich übergebe Gerber das Ruder und husche gebückt zu Lukas. Wieder und wieder misslingt ihm der Knoten. Er ist wütend und schlägt das Seil genervt auf das Deck. Ich sehe ihm schweigend zu, bis er mich ansieht.

»Lukas«, sage ich vorsichtig. »Ich beobachte das nun schon die ganze Zeit. Du mühst dich unendlich ab mit den Knoten und Leinen. Ich weiß nicht – aber ich habe das Gefühl, es liegt nicht daran, dass du keine Knoten binden kannst.«

»Ach, ich weiß auch nicht, warum das nicht klappt!«, sagt er genervt.

Ich seufze und lege ihm meinen Arm um die Schulter. Lukas starrt auf das Seil in seinen Händen. Dann holt er tief Luft und sagt: »Stimmt nicht. Ich weiß sehr genau, woran das liegt. Vor drei Jahren ist ein Tochterunternehmen meiner Firma in Schieflage geraten. Wir mussten zweihundertfünfzig Mitarbeiter entlassen. Allein ich musste 40 Mitarbeitern die schlechte Nachricht überbringen. Das war fürchterlich. Manche sind komplett zusammengebrochen. Nach drei Wochen, da hatte ich die Entlassungswelle fast schon vergessen, rief mich ein Kollege an und fragte mich, ob ich einen Kollegen aus dem Marketing entlassen hätte. Ich sagte, dass ich das wohl war, und er erzählte mir, dass der sich erhängt habe. Einen Tag nachdem ich das Kündigungsgespräch mit ihm geführt hatte.« Lukas' Körper zittert. Er lässt das Seil fallen. Ich lege meinen Arm noch ein wenig fester um ihn und halte ihn für einen Moment einfach nur fest.

»Erhängt, verstehst du?«, presst Lukas tränenerstickt hervor. »Mit einem Seil wie diesem.«

»Seitdem musst du immer an ihn denken, wenn du die Seile in die Hand nimmst?«, frage ich. Lukas sagt nichts, sondern nickt stumm. Ich nehme Lukas das Seil aus der Hand und lege es neben uns. »Du kannst gern etwas anderes machen«, sage ich. »Willst du ans Ruder?«

Lukas schüttelt den Kopf. »Ich will das schaffen!«, sagt er leise. »Ich will das schaffen mit den Knoten!«

Ich gebe Lukas das Seil zurück. »Du schaffst das, aber setze dich nicht unter Druck.« Damit lasse ich ihn allein und übernehme das Ruder wieder von Gerber.

Nachdem wir noch vier Stunden weitergesegelt sind, entschließen wir uns, den Abend in einer Bucht zu verbringen. Zwei Stunden später erreichen wir die Bucht, die hier nur »Little Tahiti« genannt wird, da ihre beiden kleinen weißen Strände so wunderschön sind und an die Südseeinsel im Pazifik erinnern. Gerber und Alexander stehen am Bug und bereiten den Anker vor. Pascal steht am Ruder. Ich stehe neben ihm, um notfalls eingreifen zu können, und beobachte den Tiefenmesser. Die anderen Männer halten sich bereit, falls ihre Hilfe gebraucht wird.

Wir möchten unseren vorletzten Abend noch gemeinsam auf der Jacht verbringen. Dazu wollen wir ein schönes Abendessen kochen. Gemeinsam noch einmal die Woche Revue passieren lassen.

Drei Stunden später räumt Clemens die letzten Teller zusammen, Gerber öffnet noch eine Flasche Wein und Frank geht in den Salon, um die Musikanlage einzuschalten und noch ein paar Pistazien zu holen. Derweil stellen Pascal, Oliver und ich Kerzen auf. Lukas und Jan sitzen lachend an die Reling gelehnt und Alexander lässt seinen Blick über die Bucht schweifen. Es ist schön, die Männer so entspannt und gelöst zu sehen.

An dieser Stelle frage ich die Männer: »Hast du eigentlich einen besten Freund, dem du von deinen Erlebnissen auf diesem Törn berichten wirst?«

Es wird still. Die Männer beginnen zu überlegen.

»Mein bester Freund lebt in Südafrika«, sagt Gerber. »Das wäre wohl ein wenig weit, hierherzukommen.«

»Aber würdest du ihm davon erzählen?«, frage ich zurück.

»Vielleicht – aber ich weiß nicht, was er davon halten würde. Ist vielleicht nicht so sein Ding«, sagt Gerber und ich merke, dass er nicht weiter darüber sprechen möchte.

»Ich hätte jetzt auch niemandem, dem ich davon so erzählen würde«, sagt Frank.

»Keinen Freund?«, frage ich.

Er zögert einen Moment und schüttelt dann den Kopf: »Keinen, der mir so nah ist, dass ich ihm davon berichten würde.«

Manche der anderen Männer stimmen mit ein. Dann berichten sie von netten Kollegen, guten Bekannten – aber echte Freunde? Manch einer erzählt von Schulfreunden oder dem besten Freund im Kindergarten. Aber zumeist sind diese Freundschaften irgendwann zerbrochen. Der Freund zog weg, ein Streit zerbrach die Freundschaft oder man verlor sich einfach aus den Augen. Neue Freundschaften wurden nicht aufgebaut – man begnügte sich mit Bekanntschaften. Wer hat denn heute noch Zeit für Freunde?

Ich berichte von meiner Freundschaft mit Christoph Leu, dem anderen Skipper. Über viele Jahre war er in der Schweiz mein Chef. Ich habe seine ehrliche und transparente Art zu leiten sehr geschätzt. Nachdem wir immer mehr auch in der Freizeit gemeinsam was unternommen haben, wuchs eine tiefe Freundschaft auf Augenhöhe. Immer wieder haben wir einander ermutigt und herausgefordert. In meiner Krise war er der Mann an meiner Seite im Tal des Todes, der sagte: »Dirk, ich weiß nicht, wie ich dir im Moment helfen kann, aber ich werde an deiner Seite bleiben, egal, was geschieht.« Dafür war ich sehr dankbar.

Doch was macht so eine kostbare Freundschaft eigentlich aus?

Das Geheimnis einer Freundschaft

Echte Freunde verbindet Folgendes:

- Sie wissen voneinander
- Sie glauben aneinander
- Sie bestätigen einander
- Sie vertrauen einander

Meyers Großes Konversations-Lexikon von 1907 beschreibt Freundschaft wie folgt: »das auf gegenseitige Wertschätzung beruhende und von gegenseitigem Vertrauen getragene frei gewählte gesellige Verhältnis zwischen Gleichstehenden«. Eine Definition im Internet lautet: »Die Freundschaft bezeichnet eine positive Beziehung und Empfindung zwischen Menschen, die sich als Sympathie und Vertrauen zwischen ihnen zeigt …«

Wie viele von uns haben heute Hunderte von »Freunden« in sozialen Netzwerken und sind doch einsam? Freundschaft braucht einen Raum, in dem wir uns zeigen können. Wo wir unseren Freunden so begegnen, wie wir wirklich sind. Wo wir das Visier öffnen, den Schild senken können, wo unsere Arme nicht vor der Brust verschränkt sind, sondern offen ausgestreckt. Doch wenige der Männer, mit denen ich unterwegs bin oder die in meine Seminare kommen, haben einen Menschen, bei dem sie sich genauso geben können. Sie haben Bekannte, mit denen sie sich zum Sport treffen, Arbeitskollegen, mit denen sie mal Abends ein Bier trinken,

Zwei haben es besser als einer allein: Zusammen erhalten sie mehr Lohn für ihre Mühe. Wenn sie hinfallen, kann einer dem anderen aufhelfen. Doch wie schlecht ist der dran, der allein ist und fällt, und keiner ist da, der ihm beim Aufstehen hilft! (Prediger 4,9-10)

und vielleicht noch nette Nachbarn, die sie zum Grillen einladen. Aber einen echten Freund, einen Menschen, mit dem sie alles teilen können, ohne sich zu verstellen? Fehlanzeige!

So setzen diese Menschen im Privaten das fort, was von ihnen im Berufsleben erwartet wird. Professionell erscheinen, erfolgreich sein, keine Probleme zugeben, gut rüberkommen. Inzwischen belegen Studien, dass der tägliche Gebrauch von sozialen Netzwerken die Nutzer unglücklich macht. Nicht in erster Linie deshalb, weil sich dort keine echten Freundschaften aufbauen lassen, sondern weil dort jeder ein tolles Leben zu haben scheint. So posten wir Fotos von uns im Urlaub, von uns mit unseren Kindern im Freizeitpark, von uns beim Essen im Restaurant, von uns im Konzert. Jeder scheint ein aufregendes, erfülltes und geselliges Leben zu führen. Gleichzeitig werden all diese Menschen, die selbst tolle Bilder von sich posten, aber oft immer trauriger. Sie wissen, dass sie ihren »Freunden« im Internet nur eine Seite ihres Lebens zeigen – aber nie die ganze Wahrheit.

Unser Leben im sozialen Netzwerk ähnelt einem Hollywoodfilm, einem Hochglanzabzug, in dem sich Superlativ an Superlativ reiht. Den Alltag, die Zweifel, den Ärger, die Routinen des täglichen Lebens – all das blenden wir dort aus.

Echte Freundschaft braucht Raum für alles – auch für das nicht so Glanzvolle. Echte Freundschaft braucht die Möglichkeit, sich zu zeigen, wie man ist, das zu sagen, was man denkt, und seine Gefühle zu teilen. Echte Freundschaft braucht zwei Menschen, die sich unterstützen, den Rücken stärken, Seite an Seite Herausforderungen überstehen. Doch kaum ein Mann hat heute noch einen Freund, von dem er genau das sagen würde.

»Ist es dir gelungen, Freude im Leben zu finden? Und hat dein Leben anderen Freude gebracht?«

In dem Film »Das Beste kommt zum Schluss« lernen sich zwei Männer im Krankenzimmer kennen. Beide haben Krebs im Endstadium. Der eine, von Morgan Freeman gespielt, schreibt eine sogenannte »Löffelliste«, auf der all die Dinge stehen, die er noch machen will, bis er »den Löffel abgibt«. Dazu gehört es auch, die Pyramiden zu sehen. Doch ihm fehlt das nötige Geld dazu. Da beschließt der andere, ein mehrfacher Millionär (gespielt von Jack Nicholson), diese Liste gemeinsam »abzuarbeiten«. Als sie dann oben auf einer Pyramide sitzen, sagt Morgan Freeman: »Die alten Ägypter hatten eine sehr schöne Vorstellung vom Tod. Wenn ihre Seelen an die Himmelspforte kamen, stellten ihnen die Götter zwei Fragen. Die Antworten entschieden darüber, ob sie eingelassen wurden oder nicht.« »Okay, was sind die Fragen?«, fragt Jack Nicholson. Morgan Freeman antwortet:

Ich nenne euch nicht mehr Diener, weil ein Herr seine Diener nicht ins Vertrauen zieht. Ihr seid jetzt meine Freunde, denn ich habe euch alles gesagt, was ich von meinem Vater gehört habe. (Johannes 15,15)

»Ist es dir gelungen, Freude im Leben zu finden? Und hat dein Leben anderen Freude gebracht?«

Jesus liebt das Konzept von Freundschaft. Und Gott redete mit Mose wie mit einem Freund (2. Mose 33,11). Das Konzept der Freundschaft zwischen Gott und uns können wir jedoch nur verstehen, wenn wir auf der Erde Freundschaft leben.

Herausforderungen in einer Freundschaft

In einer Männerrunde, in der ich mich regelmäßig treffe, berichtete ich, dass ich kürzlich eine schwierige Zeit durchgemacht habe. Mein Freund Axel war sehr bewegt davon und wunderte sich, dass ich niemand in dieser schweren Zeit angesprochen hatte. Ich antwortete ihm, dass ich während dieser Zeit nicht einmal auf die Idee gekommen sei, jemanden zu informieren oder um Hilfe zu bitten. Ich wolle ja schließlich keine Last sein. Daraufhin sah er mir tief in die Augen und streckte mir seine Hand entgegen: »Versprich mir jetzt«, dabei war sein Blick sehr ernst, »dass, wenn so eine Zeit wieder kommt, du mich anrufst!« Das war eine große Erleichterung für mich. Es war gut zu wissen, dass es da neben meiner Frau jemanden gibt, dem ich versprochen habe, anzurufen, wenn es mir mal wieder schlecht gehen sollte. Und das werde ich tun. Der weise König Salomo sagte dazu: »Eisen schärft Eisen; ebenso schärft ein Mann den anderen.« (Sprüche 27,17; S)

Eisen schärft Eisen; ebenso schärft ein Mann den anderen. (Sprüche 27,17; S)

Plötzlich atmet Gerber tief ein. Was er jetzt sagen will, scheint schon länger in ihm gegoren zu haben: »Bevor ich mich für diese Reise anmeldete, war ich auch unsicher, was das werden sollte. Ich meine: eine Woche nur mit Männern. Und dann diese Gespräche. Das hätte ja auch unangenehm werden können. Ich habe mich bisher eigentlich nie auf Männer eingelassen. Frauen ja, aber Männer? Nee, das waren bestenfalls Konkurrenten.«

»Ich weiß gar nicht, wo mein bester Freund heute lebt«, sagt Lukas. »Wenn der mir einen Brief schreiben wollte – ich glaube, der weiß auch nicht, wo wir leben.«

»Was braucht es eigentlich dazu, um eine richtig dicke, echte Männerfreundschaft zu bauen?«, fragt Clemens.

Wie baue ich eine Freundschaft praktisch auf?

Bevor wir überlegen, wie man eine Freundschaft aufbaut, müssen wir uns zunächst Gedanken darüber machen, was eine Freundschaft eigentlich ausmacht.

Was braucht es für eine gute Freundschaft? Sicherlich Sympathie. Dann ist es wichtig, sich auf Augenhöhe zu begegnen. Mal Gebender, mal Nehmender zu sein, Lernender zu bleiben und belehrbar zu sein. Zusammen lachen können. Zusammen im Leben unterwegs sein. Das Leben gemeinsam genießen. Dabei ist es wichtig, sich immer bewusst zu sein, dass man sich Freundschaft weder erarbeiten noch erkaufen kann. Ein Geheimnis ist es, echtes Interesse an meinem Gegenüber zu zeigen und ihm gute und ehrliche Fragen zu stellen, wie zum Beispiel die Frage: »Wie geht es dir wirklich?« Und man braucht Mut, Offenheit und Ehrlichkeit, auch über Unangenehmes oder Schwieriges im eigenen Leben zu sprechen.

Ich erinnerte mich an den Moment, als ein sehr guter Freund einmal zu mir sagte: »Dirk, du bist mein bester Freund.« Ich weiß noch genau meine Reaktion: Einerseits große Freude, ich fühlte mich fast ein bisschen geehrt und fand es sehr mutig, dass dieser Freund das so klar mir gegenüber ausdrückte. Auf der anderen Seite kam sofort ein großer Druck bei mir auf. Was erwartet er jetzt von mir? Kann ich das bieten? Will ich das bieten?

Eine Freundschaft ist keine Zweckgemeinschaft. Wie Kinder, die ihre Freundschaften an Bedingungen knüpfen: »Wenn du mir ein Bonbon gibst, dann bist du mein Freund.« Auch im Erwachsenenalter haben wir »Freundschaften«, die so funktionieren. Es gibt den Freund, der immer nur anruft, wenn er etwas von uns will. Es gibt den Freund, der uns ein schlechtes Gewissen macht, weil wir uns so lange nicht mehr gemeldet haben. Es gibt den Freund, der sich nur meldet, weil er sein Herz ausschütten möchte. Wenn wir genauer darüber nachdenken, erkennen wir sicherlich, dass manche unserer Freundschaften nur funktionieren, weil wir bereit sind, uns auf diese Bedingungen einzulassen, obwohl sie uns nicht guttun. Der Arzt und Entertainer Dr. Eckhard von Hirschhausen macht dazu folgenden Vorschlag: Machen Sie ein rotes Kreuz in Ihrem Adressbuch hinter all die Namen der Menschen, die Ihnen richtig guttun. Oder ein Smiley in Ihr Mobiltelefon. Denn oft verbringt man viel Zeit mit Menschen, die einem gar nicht guttun, weil man nicht den Mut hat, abzusagen oder ein einseitiges Telefonat zu beenden. Und dann kommen die Menschen, die Ihnen wirklich guttun, am Ende oft zu kurz.

Sind wir selbst ein guter Freund für andere?

So wie wir für uns überlegen sollten, wer uns wirklich guttut, so können wir uns auch fragen, ob wir anderen guttun. Sind wir selbst der Freund, den wir gern hätten? Aber nicht nur die Freunde, die wir vernachlässigt haben, sind wichtig, sondern auch die Freunde, die uns noch nahe sind, die wir häufig sehen, die wir vielleicht sogar als selbstverständlich hinnehmen. Nehmen Sie sich den Mut und die Zeit und zeigen Sie diesen Freunden, was sie für Sie bedeuten. Sie müssen Ihrem Freund nicht sagen, dass er Ihr bester Freund ist, denn das kann exklusiv sein und Freundschaft hierarchisch machen. Es ist besser, wenn Sie ihm sagen, dass er ein ganz wichtiger Freund in Ihrem Leben ist. Wenn Sie das Ihrem Freund nicht direkt sagen möchten, dann nehmen Sie sich die Zeit und schreiben Sie ihm eine E-Mail oder eine Karte. Ein kurzer Gruß mit dem Zusatz: »Danke, dass du mein Freund bist«, reicht dabei schon, um zu zeigen, dass

Ihnen die Freundschaft etwas bedeutet. Ich finde es mutig, wenn Männer sich zeigen. Mir gefällt es, wenn Männer mitunter so ein kleines Signal echter Sympathie oder Freundschaft durchblitzen lassen. Wie ein kleines Blitzlicht. Kurz, aber deutlich. Nicht zu viele Worte, doch beide Männer wissen, das hier ist eine wichtige Freundschaft.

Als König David vom Tod seines besten Freundes Jonathan erfährt, schreibt er folgenden Vers in sein Klagelied: »*Mein Bruder Jonathan, mein bester Freund, voll Schmerz und Trauer weine ich um dich; denn deine Freundschaft hat mir mehr bedeutet, als Frauenliebe je bedeuten kann!*« (2. Samuel 1,26; G)

Vielleicht fallen Ihnen beim Nachdenken über Ihre Freundschaften aber auch noch weitere Menschen ein, die Ihnen sehr wichtig sind – auch wenn Sie sie nicht häufig sehen oder sprechen? Gibt es Bekanntschaften, bei denen Sie sich wünschen würden, dass daraus eine Freundschaft entsteht?

ÜBUNG 19: FREUNDSCHAFTEN PFLEGEN

Machen Sie nun eine kurze Pause und beantworten Sie die folgenden Fragen:

1. Wo habe ich eine Freundschaft ruhen lassen, welche Freundschaft habe ich vernachlässigt?

   ____

   ____

   ____

2. Was wünsche ich mir für diese Freundschaft?

3. Machen Sie drei konkrete Vorschläge, welche Freundschaft Sie wie ausbauen oder vertiefen möchten.

4. Ist es ein Geschenk, Sie als Freund zu haben?

Denken Sie auch hier wieder an die drei Ms. Was ist machbar, was ist messbar und was motiviert Sie? Sie können sich vielleicht nicht alle 14 Tage sehen, aber sich vielleicht mal zum gemeinsamen Abendessen treffen oder zum Angeln oder Wandern, um Ihre Freundschaft zu pflegen.

Freunde fördern sich durch Korrektur

Stellen wir uns vor, Ihr Freund sitzt auf dem Boot neben Ihnen und Sie sehen, dass sich eine Leine um seinen Fuß verschlungen hat. Sie wissen, bei der nächsten Wende ist er in großer Gefahr. Würden Sie ihn darauf hinweisen? Ist doch klar, oder? Aber manchmal ist die Entscheidung nicht so leicht zu treffen, da schleichen sich die Stolperfallen viel unauffälliger ein.

Kaum eine Freundschaft erlebt nicht irgendwann einmal eine Erschütterung. Die Gründe dafür können vielfältig sein. Der Freund fühlt sich von einer Ihrer Aussagen angegriffen, Sie sind über ein Verhalten Ihres Freundes irritiert oder Sie bekommen sich über eine politische Frage oder ein anderes Thema so in die Haare, dass die Freundschaft zu zerbrechen droht. Doch diese Stürme ziehen oft vorüber und man sieht sich nach einer Weile an und fragt sich: »Wie konnte uns das passieren?«

Und wir wollen aufeinander Acht geben und uns gegenseitig zur Liebe und zu guten Taten anspornen. Einige haben sich angewöhnt, den Gemeindeversammlungen fernzubleiben. Das ist nicht gut; vielmehr sollt ihr einander Mut machen. Und das umso mehr, als ihr doch merken müsst, dass der Tag näher rückt, an dem der Herr kommt! (Hebräer 10,24-25; G)

Problematischer wird es, wenn Sie bemerken, dass Ihr Freund sich verändert. Ein neuer Bekanntenkreis, eine neue Frau, eine neue Arbeit und damit verbundene neue Kollegen, vielleicht aber auch ein Karriereschritt und damit verbundene Privilegien und ein höheres Gehalt – wir Menschen verändern uns auch durch uns umgebende Umstände. Und das nicht immer zum Guten. Diese Veränderungen können Freundschaften stark belasten und bergen die Gefahr, dass eine Entfremdung stattfindet.

Wenn wir Einfluss auf das Leben anderer Menschen haben, dann übernehmen wir auch eine Verantwortung durch das, was wir sagen, sehen und ansprechen – oder eben nicht ansprechen. Es gibt eine sanfte und angenehme Seite sowie manchmal auch eine unbequeme Seite der Freundschaft.

Die unbequeme Seite der Freundschaft ist es, das Beste für die andere Person zu suchen und zu tun – egal, was es kostet. Dies erfordert manchmal Mut und kann unbequem sein, kann zuweilen sogar scheinbar kurzfristig die Freundschaft gefährden, da die Möglichkeit besteht, dass sich mein Freund wegen des Angesprochenen von mir zurückzieht.

Ich brauche Korrektur

Einige Menschen sind schnell dabei, die Fehler und Unzulänglichkeiten bei anderen zu benennen. Dabei fällt es ihnen allerdings oft selbst schwer, Korrektur anzunehmen, ohne diese sofort von sich zu weisen oder gar gleich zurückzugeben. Es geht hier nicht um einen Schlagabtausch.

Mir ist es deshalb ein besonderes Anliegen, den Menschen um mich herum zu vermitteln, dass auch ich Korrektur brauche. Ich ermutige sie, auf mich zuzukommen, wenn sie etwas an mir bemerken, das ihnen Mühe macht, oder wenn sie etwas nicht verstehen. Und wenn dann jemand auf mich zukommt, was auch geschieht, dann bedanke ich mich bei ihnen für ihre Worte, nehme es mit und prüfe das Gesagte.

Wer in das Leben anderer Menschen hineinspricht, weil ihm etwas aufgefallen ist, sollte es immer in der Einstellung tun, dass er selbst auch Korrektur nötig hat.

Sobald ich meinem Gegenüber vermittele:

- Ich korrigiere dich, weil du mir wichtig bist,
- und bitte halte dich nicht zurück, auch mich zu korrigieren, …

dann mache ich es meinem Gegenüber viel leichter, die Korrektur anzunehmen. Jeder von uns hat sogenannte »blind spots« oder tote Winkel in seinem Leben: Angewohnheiten, die für andere Menschen lästig sind, oder Bereiche, in denen wir nachlässig mit anderen Menschen umgehen – und die wir selbst nicht wahrnehmen. Gott lässt solche »blind spots« in unserem Leben zu, damit wir uns bewusst werden, wie sehr wir einander brauchen, und damit wir lernen, mit Ermahnung und Ermutigung umzugehen.

So bleiben wir demütig und werden vor Stolz und Überheblichkeit bewahrt. Dadurch wird uns deutlich, dass wir andere Menschen brauchen, die uns auf diese Dinge aufmerksam machen. Wenn ich demütig, belehrbar und korrigierbar bin, werde ich diese Dinge dankbar annehmen und prüfen. Nur so kann ich mich diesen Herausforderungen in meinem Leben stellen und beständiges Wachstum erleben.

Was hält uns davon ab, Korrektur zu geben?

Kennen Sie den Moment, in dem Ihr Gegenüber eine Nudel im Gesicht hängen hat und Sie sich nicht trauen, die Person darauf aufmerksam zu machen? Ähnlich wie in der bekannten Szene von Loriot. Sie starren die ganze Zeit auf die Nudel, alle anderen nehmen sie auch wahr, aber niemand traut sich, die Person darauf anzusprechen. So nehme ich manchmal Verhaltensweisen oder Einstellungen bei Männern wahr, von denen Menschen in deren Umfeld genervt sind und sich teilweise sogar von ihnen zurückziehen. Wer hat den Mut, diese Dinge anzusprechen? Es ist oft viel leichter, nichts zu sagen, doch dadurch helfen wir dem anderen nicht.

Einmal war ich auf einer Autofahrt als Beifahrer dabei. Der aggressive Fahrstil und die entsprechenden Emotionen des Fahrers waren haarsträubend. Dabei strahlte er nonverbal aus: »Sprich mich ja nicht auf meinen Fahrstil an.« Es ist also möglich, dass wir nonverbal etwas ausstrahlen, wie zum Beispiel: »Sprich mich ja nicht auf diesen Punkt an.«

Dinge wie Menschenfurcht, Stolz, Harmoniebedürfnis oder Gleichgültigkeit können uns davon abhalten, Korrektur zu geben. Oft verstehen wir Kritik an Verhaltensweisen direkt als Kritik an unserem eigentlichen Wesen, unserem eigentlichen »Ich«. So fällt es uns schwer, Korrektur dankbar anzunehmen. Umgekehrt halten wir uns mit Korrekturen zurück, weil wir einen anderen Menschen nicht verletzen wollen. Oder wir denken: »Wie kann ich mir anmaßen, diesem Menschen etwas zu sagen, ich habe doch selbst so viele Schwachstellen in meinem Leben?«

Aus diesem Grund ist es wichtig, dass wir selbst aktiv in dem Prozess des Wachstums vorangehen. Jesus ermutigt uns jedenfalls dazu, auf den »Balken« im eigenen Auge zu achten: *»Warum regst du dich über einen Splitter im Auge deines Nächsten auf, wenn du selbst einen Balken im Auge hast? Mit welchem Recht sagst du: ›Mein Freund, komm, ich helfe dir, den Splitter aus deinem Auge zu ziehen‹, wenn du doch nicht über den Balken in deinem eigenen Auge hinaussehen kannst? Du Heuchler! Zieh erst den Balken aus deinem eigenen Auge; dann siehst du vielleicht genug, um dich mit dem Splitter im Auge deines Freundes zu befassen.«* (Matthäus 7,3-5) An anderer Stelle warnt Jesus davor, ein »blinder Blindenführer« zu sein: *»Lasst sie, sie sind blinde Blindenführer! Wenn aber ein Blinder den anderen führt, so fallen sie beide in die Grube.«* (Matthäus 15,14; L) Aber die Bibel verspricht auch: *»Wer einen Menschen*

Wer einen Menschen zurechtweist, der wird zuletzt Dank haben, mehr als der da freundlich tut. (Sprüche 28,23; L) *zurechtweist, der wird zuletzt Dank haben, mehr als der da freundlich tut.«* (Sprüche 28,23; L)

Unsere Gleichgültigkeit dem anderen gegenüber ist im Grunde lieblos, im wahrsten Sinne des Wortes: »ohne Liebe«. Wir haben Verantwortung für die Menschen um uns herum und es wäre kein Freundschaftsdienst, wenn wir die Menschen ins offene Messer laufen ließen. Die Folge: Wir beginnen, die entsprechende Person zu meiden. Auch andere werden ihm wahrscheinlich aus dem Weg gehen und es könnte schlussendlich sogar zu übler Nachrede kommen: »Hast du gehört, er ...«, »Nein, wirklich, das hat er gemacht?« Im schlimmsten Fall wird unser Freund nun Stück für Stück gesellschaftlich isoliert. Dadurch verliert er nicht nur sein soziales Umfeld, sondern es wird ihm auch die Chance genommen zu wachsen.

»Gott liebt uns so, wie wir sind, doch er liebt uns zu sehr, um uns so zu lassen wie wir sind!« (Unbekannt)

Die drei Schritte der Korrektur

Als Erleichterung können wir Korrektur in drei Stufen unterteilen. Nehmen wir an, unser Freund hat seit geraumer Zeit ein Problem mit seinem Alkoholkonsum. Es bedrückt uns, aber wir haben noch nicht den richtigen Moment gefunden, ihn darauf anzusprechen.

Ermutigen: Gemeinsam mit unserem Freund waren wir gut essen, er hat sich dabei mit seinem Alkoholkonsum zurückgehalten und überlegt nun noch, ob er zum Nachtisch noch einen Digestif nehmen soll, entscheidet sich dann aber dagegen. Nun ist der richtige Zeitpunkt, ihn in seiner Haltung zu bestätigen. Hier können wir rundherum positiv und ermutigend sein.

Korrigieren: Leider ändert unser Freund sein Verhalten nicht dauerhaft. Immer öfter müssen wir erleben, dass er weit mehr Alkohol konsumiert, als gut wäre. Nun ist der richtige Zeitpunkt, ihn zu korrigieren, also das Problem anzusprechen, ohne Schuld zuzuweisen. Die eigene Motivation kann dadurch verdeutlicht werden, dass man auch eigene Schwächen eingesteht. »Ich habe im letzten Jahr fast zehn Kilo zugenommen, weil ich so viel Süßes gegessen habe. Ich musste das echt ändern, um nicht zu verfetten, und ich mache mir ein bisschen Sorgen, dass du mit dem Bier gerade einen ähnlichen Weg einschlägst.«

Konfrontieren: Das ist der letzte Schritt, wenn nichts mehr hilft, wenn sich unser Freund resistent gezeigt hat und nicht bereit ist, zu akzeptieren, dass er ein Problem mit dem Alkohol hat. Dann ist es dran, ihn direkt damit zu konfrontieren und ihm unsere konkrete Hilfe anzubieten. Das sind wir ihm schuldig.

Wichtig ist dabei aber eines: Wir können nur in dem Maße konfrontieren, wie wir eine Beziehung zu unserem Freund haben. Kann er sich sicher sein, dass wir uns um ihn sorgen, weil er uns überaus wichtig ist, dann wird er sich wahrscheinlich von uns etwas sagen lassen. Regelmäßige Ermutigung ist die Grundlage für Korrektur. Der Ausgleich zwischen Ermahnung und Ermutigung ist wichtig. Wenn Sie den Menschen regelmäßig ermutigen, wird er auch leichter eine Ermahnung von Ihnen annehmen können.

Mir gefällt hier das Bild von einer Brücke. Jede Brücke hat ihre Belastungsgrenze. Über eine Brücke, die eine Tragkraft von 14 Tonnen hat, sollte ich keinen Lkw mit 40 Tonnen schicken. Unsere Beziehung zu einem Menschen ist wie eine Brücke und sie hat nur eine gewisse Tragkraft. Also überlege ich, ob unsere Beziehung die Tragkraft hat, um auch mal eine etwas schwerere Botschaft zu tragen. Deshalb ist es wichtig, in Zeiten der Ruhe an der Tragkraft meiner Brücke beziehungsweise der Beziehung zu einem Menschen zu bauen, sodass, wenn ich auch mal etwas Schweres zu sagen habe, die Beziehung diese Last aushält.

Was ist die Motivation für die Korrektur?

Was ist Ihre Motivation für die Korrektur: Wertschätzung oder Ärger oder Besserwisserei? Achten Sie drauf, dass Liebe und Wertschätzung die Grundlage für Ihre Korrektur ist. Wenn dies nicht so ist, werden wir leicht als Angreifer wahrgenommen und das Resultat könnte Verteidigung und Abwehr sein.

Schon unsere Frage kann zeigen, dass wir wirklich am anderen interessiert sind. Erleben wir einen Freund, der mit seinen Kindern Schwierigkeiten hat, sollten wir nicht sagen: »Ist ja echt schlimm, wie du mit deinen Kindern umgehst.« Sondern: »Du, wie geht es dir eigentlich in der Beziehung zu deinen Kindern? Ich habe gemerkt, dass du manchmal etwas ungeduldig wirkst.« So öffne ich eine Tür, um ihm eine Chance zu geben, über dieses Thema zu sprechen und nachzudenken. Sollte er nicht darauf einsteigen wollen, kann es dran sein, noch einmal nachzuhaken.

Egal, worum es geht, wir können uns die Autorität, in das Leben unseres Freundes hineinzusprechen, nicht selbst nehmen. Er muss bereit sein, uns diese Autorität zu geben. Dies geschieht nur, indem er uns vertraut und uns als Freund empfindet. Von einem Freund lässt sich leichter Korrektur annehmen, weil ich weiß, dass er mich liebt. Ich gebe ihm das Recht, in mein Leben hineinzusprechen, weil ich ihm vertraue. Dabei achten wir darauf, unseren Freund nicht zu verletzen. Wir wollen ihm keine neue Wunde schlagen, sondern ihm dabei helfen, seine Segel besser zu trimmen und so einen gesünderen und erfolgreicheren Kurs zu segeln.

Vor vielen Jahren haben wir in einem Seminar die Aufgabe bekommen, unser Gegenüber, das wir kannten, zu fragen: »Wie nimmst du mich eigentlich wahr? Hast du den Eindruck, dass ich belehrbar und ein Lernender bin?« Diese Bereitschaft meines Gegenübers, sich zu zeigen und mich in sein Leben sprechen zu lassen, hat unglaublich tiefe und gute Gespräche ergeben.

Diesen vorletzten Abend an Bord beenden wir mit einer Runde, in der jeder an Bord genau diese Frage stellen darf und um ehrliche Rückmeldung bittet. Eine große Chance!

Wir gehen alle spät zu Bett. Aus den Kojen höre ich noch leises Flüstern, da die angesprochenen Themen positiven Raum für weitere Gespräche bieten.

ÜBUNG 20: MUT ZU EHRLICHEN WORTEN

Fragen Sie sich bitte:

1. Fällt es anderen Menschen leicht, Sie auf etwas anzusprechen, das sie in Ihrem Leben sehen, wo sie sich vielleicht Gedanken oder Sorgen machen?

2. Gibt es einen Punkt bei einem Menschen in Ihrem Umfeld, den Sie schon lange wahrgenommen haben, aber einfach nicht den Mut hatten, diesen anzusprechen?

16. KIELWASSER – DER DANKBARE BLICK ZURÜCK

Ein letztes Mal anlegen

Königsblau erscheint das Meer. Spielerisch kräuselt sich die Gischt auf der Wasseroberfläche und verschwindet im nächsten Moment im gleißenden Licht der Sonnenstrahlen. Unseren letzten Zwischen- und auch Tankstopp legen wir in Porto Cervo ein. Wir haben gemütliche drei Windstärken. Gemächlich gleitet unsere Jacht auf den Hafen von Portisco zu. »Das Focksegel dichtholen!«, rufe ich, und einige der Männer erheben sich etwas schwerfällig. Routiniert wird die Leine dreimal um die Winsch gelegt und mit der Winsch-Kurbel nachgezogen. Das Segel strafft sich und die Männer kehren wieder an ihre Plätze zurück. Bei dieser Windstärke überlege ich mehrfach, die Segel einholen zu lassen und die Maschine anzuwerfen. Drei Knoten – manchmal sogar weniger. Sechs Knoten bräuchten wir, um rechtzeitig im Hafen zu sein. Doch ich lasse die Segel oben. Trotz des mauen Windes stehen sie prall gefüllt und bieten an diesem letzten Tag noch eine schöne Erinnerung an eine Woche voller Ereignisse, die nun zu Ende geht.

Clemens liegt an Deck, den Kopf an das Schlauchboot gelehnt, das unterhalb des Baumes liegt. Die Sonne scheint ihm ins Gesicht. Er genießt den Moment nach einer Woche voller Gespräche, spannender Segelabenteuer und fantastischer Momente. Er blinzelt auf das Wasser und traut auf einmal seinen Augen nicht. Da – aus dem Wasser ragen plötzlich eine Reihe von Flossen. Delfine! Clemens springt auf und deutet auf die Flossen. Nun sehen auch Pascal und Alexander die Tiere. Ein breites Grinsen macht sich auf den Gesichtern der Männer breit.

»Ich habe noch nie Delfine in freier Wildbahn gesehen«, sagt Pascal und blickt weiter fasziniert in die Richtung der Flossen.

»Ich auch nicht«, murmelt Clemens.

Für eine Weile bleiben die Tiere an der Seite der Jacht. Immer wieder tauchen sie auf, dann drehen sie ab. Für einen Moment sind die Männer noch sprachlos. Clemens legt sich wieder zurück, ein entspanntes Lächeln auf den Lippen. Was für ein Genuss.

Zwei Stunden später fahren wir unter Maschine in den Hafen von Portisco ein. Es ist ruhig. Routiniert läuft das Anlegemanöver ab. Fender auswerfen, rückwärts an den Steg, Mooringleine aus dem Wasser ziehen, am Boot entlangführen und am Bug belegen. Dann die Heckleinen der Jacht achtern festmachen. Nach wenigen Minuten liegt die Jacht sicher. Erst jetzt wird so manchem Mann klar, dass die Reise zu Ende ist. Das Ziel ist erreicht. Ein letztes Mal die Leinen aufschießen und verstauen, ein letztes Mal das Deck säubern, ein letztes Mal die Koje aufräumen, ein letztes Hafenbier. Morgen geht es wieder zurück nach Hause. Zurück zu Frau und Kindern oder in leere Wohnungen, zurück an den Arbeitsplatz, in die Werkstatt. Vorbei sind die Tage auf See, die ermutigende Gemeinschaft, die langen bereichernden Gespräche. Vorbei das leichte Schwanken des Schiffes, vorbei das Geräusch des Meeres, vorbei die lauschigen Nächte in Häfen und Buchten, vorbei auch das gemeinsame Kochen und das Genießen der Schönheit beim Sonnenuntergang. Manch einer freut sich auf zu Hause, anderen graut vor dem Gedanken, wieder allein zu sein. Schweigend verstauen die Männer die Schwimmwesten und beginnen, ihre Taschen zu packen. Schon mehrfach ist die Frage gefallen: »Dirk, hast du nächstes Jahr auf deinen Törns noch einen Platz frei für mich?« Als wir fertig sind, machen wir uns bereit für das letzte gemeinsame Abendessen, das wir in einem wunderbaren Restaurant oberhalb des Hafens nehmen werden.

Schatzsuche

Als wir gemeinsam am Tisch sitzen und die Vorspeisen auf den Tisch gestellt werden, frage ich in die Runde, wofür die Männer in dieser Woche besonders dankbar waren. Was sind deine Schätze aus dieser Woche, die du mit nach Hause nimmst? Nachdenkliches Schweigen. Zu frisch sind die zahlreichen Eindrücke und Gedanken. Dann ist es Gerber, der als Erster zu erzählen beginnt: »Als General habe ich im Dienst die letzte Verantwortung. Allein. Ich muss im Manöver manchmal Entscheidungen in kürzester Zeit treffen. Oft ohne alle Fakten zu kennen. Ich denke dabei immer an den Ernstfall und die Menschenleben, die von meinen Entscheidungen abhängig sind. Auf dieser Reise wurde mir diese Last ein wenig von den Schultern genommen.«

»Wie kommt das?«, will Urs wissen.

»Weil ich jetzt weiß, dass ich diese Entscheidungen in Wahrheit nicht allein treffe. Da ist immer noch jemand, der über mir und bei mir steht und mein Handeln begleitet und an den ich mich wenden kann. Das ist ein sehr beruhigendes Gefühl, zu wissen: Gott ist bei mir – zu jeder Zeit und in jeder Situation.«

Die Männer nicken. Zu gut können sie Gerber verstehen.

»Ich habe vorhin meine Frau angerufen«, sagt Lukas. Als sich ihm die Blicke der Männer zuwenden, ergänzt er schnell: »Um ihr zu sagen, dass ich sie und die Jungs vermisse. Ich habe die letzten Tage viel über das Beispiel der Lampe nachgedacht. Ich habe meine Frau nicht gut behandelt. Ich habe alles als selbstverständlich genommen und ich habe ihr und den Kindern kaum gezeigt, was sie für mich bedeuten. Ich habe meiner Frau gesagt, dass ich sie unterstützen möchte, wenn sie das Medizinstudium wieder aufnimmt. Wir bekommen das schon hin!« Frank legt Lukas die Hand auf die Schulter und lächelt. Wir alle freuen uns für Lukas. Er ahnt in diesem Moment noch nicht, dass die Männer nach dem Essen bis 1.30 Uhr nachts auf dem Steg mit ihm beten werden, um Heilung und Vergebung in dem Bereich zu erhalten, der sich bei den Seilen und Knoten zeigte. Zwei Tage später wird Lukas mir eine E-Mail schreiben: »Dirk, ich bin durch! Ich komme nächstes Jahr wieder mit dir auf Törn und ich werde jeden Knoten können und frei mit den Leinen hantieren können. Gott ist so groß!«

Urs meldet sich zu Wort. »Ich werde mir nun Gedanken über die Aktionsschritte machen, die für mein Leben notwendig sind. Ich will endlich das Gefühl loswerden, dass alles an mir vorbeirauscht. Und ich bin so froh, das Gott mir einen großen Sieg in Sachen Wasser gegeben hat. Ich habe das Schwimmen genossen. Ich werde meiner Mutter einen Brief schreiben, in dem ich berichte, dass ich lebe und endlich frei bin.«

»Mich haben das Wachstum und der Level meiner Berufung beschäftigt«, meldet sich Oliver zu Wort. »Ich glaube, um darin wachsen zu können, brauche ich meine Gemeinde viel mehr, als ich mir bewusst bin. Ich möchte deshalb wirklich Ernst machen. Ich will mich einbringen und mithelfen und auch für mich mehr Zeit mit Gott verbringen, um auf dem Weg zu meiner Berufung weiterzukommen.«

»Ich habe gestern Abend schon einen Brief ans Management verfasst«, wirft jetzt Jan ein. »Ich werde meine Position in der Firma ändern. Mir war ja schon innerlich bewusst, dass das Management nicht das ist, was ich machen möchte. Nun aber weiß ich es gewiss, ich will zurück ins Labor. Ich will wieder an den Entwicklungen arbeiten, am Punkt des Geschehens dabei sein und mithelfen, Neues zu kreieren. Ach, und danke an euch Männer. Ich habe die feine Gemeinschaft so sehr genossen. Vielen Dank, dass ihr mich so herzlich in eurer Mitte aufgenommen habt.«

»Na, dann bin ich wohl dran«, sagt Pascal. »Mein Highlight habt ihr ja alle mitbekommen. Ich habe es gelernt, selbst am Steuer zu stehen und die Route zu bestimmen. Ich habe begriffen, was es bedeutet, das Ruder fest im Griff zu haben, ja, wie es sich anfühlt, das eigene Leben wieder in die Hand zu nehmen. Das werde ich auch zu Hause wieder tun, und zwar im Vertrauen auf Gott. Ich bin sicher, dass meine Frau und auch meine Kollegen sehr schnell merken werden, dass sich in meinem Leben etwas grundlegend geändert hat. Und ich werde meinen Vater um seinen Segen bitten. Dazu habt ihr mich ermutigt, vielen Dank.«

Der Kellner kommt an unseren Tisch, bringt frisches warmes Brot sowie Oliven und füllt Getränke nach.

»Segen ist mein Stichwort«, sagt Alexander. Genauso wie du, Pascal, habe ich diese Sehnsucht schon lange in meinem Herzen getragen. Mir war das nur nicht so bewusst. Meinen Vater kann ich nicht mehr bitten, doch ich habe schon eine ganz besondere Idee, wie ich meinen ältesten Sohn segnen kann. Aber wie, das verrate ich euch jetzt noch nicht. Ich schicke euch dann ein Foto von dem Tag, und ich freue mich jetzt schon drauf.«

»Frank«, sage ich, »was war dein Schatz in dieser Woche?«

Frank holt tief Luft: »Ich glaube und hoffe, der liegt noch vor mir. Meine Frau – ich werde um sie kämpfen. Ich werde meine Frau nicht einfach so kampflos hergeben. Dafür bedeutet sie mir viel zu viel. Und genau das werde ich sie wissen lassen. Gleich wenn ich morgen zu Hause bin, werde ich sie anrufen, zum Essen einladen und ihr all das erzählen, was mir klar geworden ist. Wie wichtig sie mir ist und wie sehr ich sie liebe. Vielleicht gibt sie mir eine zweite Chance. Ich habe wieder Hoffnung bekommen.«

Dann räuspert Clemens sich: »Auch ich habe in dieser Woche zwei Dinge gelernt.«

Die anderen Männer sehen interessiert zu Clemens.

»Ich habe so viel Neues über euren Glauben und die Beziehung zu Gott gehört. Ihr wart so echt, so authentisch in dem, was ihr sagt und lebt. Ich bin wirklich sehr neugierig geworden und möchte hier dringend weitere Schritte gehen. Wenn ihr da Ideen oder Impulse für mich habt, dann wäre ich sehr dankbar. Und mein zweiter Punkt ist: Ich will es endlich lernen zu genießen!« – dabei hebt Clemens sein Glas – »Ich habe mein Leben bisher nur immer nach dem Leistungsprinzip betrachtet: Machen. Machen. Machen. Bloß nicht einfach herumsitzen. Müßiggang war für mich ein Gräuel. Dabei habe ich vollkommen vergessen, dass es Zeit braucht, um etwas zu genießen. Diese Tage auf See haben mir gezeigt, dass dies genau das ist, was ich lernen will. Einfach einmal innehalten, den Moment wirken lassen. Sei es der Geschmack des Weins auf der Zunge, die Sonnenstrahlen im Gesicht, der Blick auf das Meer – ganz gleich. Ich möchte mehr genießen, damit das Leben nicht einfach an mir vorbeiläuft.«

»Ein wunderbarer Gedanke«, sage ich. »Wir sollen das Leben genießen. Bei all den Herausforderungen, vor denen wir stehen, und all dem Wachstum, was Gott sich von uns wünscht, dürfen wir auch genießen.«

Gerade erfolgreiche Menschen und besonders Männer schaffen es oft nicht, in ihrer Freizeit zu entspannen. Sie sitzen am Pool, den Sonnenschirm aufgespannt, den frisch gepressten Orangensaft am Beistelltisch und das Laptop auf dem Schoß und nennen das Freizeit. Zumindest so lange, bis das Handy vibriert. Nicht im wirtschaftlichen Sinne produktiv sein, empfinden sie als Müßiggang, als Faulenzen – »Wozu soll das schon führen?« Um den Vorsprung des Erfolges zu halten, müssen sie unentwegt produktiv sein. Einfach still sitzen, den Moment genießen, sich von der sie umgebenden Hektik ausklinken, das Erlebte auf sich wirken lassen, passt nicht. Doch vergessen sie dabei eines. Um diesen Vorsprung zu halten, um fähig zu bleiben, vorn mitzumischen, müssen sie auch auftanken. Doch manche Menschen haben das verlernt. Manchmal ist es die eigene Persönlichkeit, die einem im Weg steht, manchmal ist es auch die Umgebung, das schlechte Gewissen oder sogar die Kultur, die es einem schwer macht, einfach einmal zu ent-schleunigen.

Mir sind hier folgende Worte wichtig geworden:

»Und Gott segnete den siebten Tag und erklärte ihn für heilig, weil es der Tag war, an dem er sich von seiner Schöpfungsarbeit ausruhte.« (1.Mose 2,3)

»Es gibt also noch eine besondere Ruhe für das Volk Gottes ... Wer in Gottes Ruhe hineingekommen ist, wird sich von seiner Arbeit ausruhen, so wie auch Gott nach der Erschaffung der Welt geruht hat.« (Hebräer 4,9-10)

»Die Zehn Gebote enthalten kein Gebot zu arbeiten, aber ein Gebot, von der Arbeit zu ruhen. Das ist die Umkehrung von dem, was wir zu denken gewohnt sind.« (Dietrich Bonhoeffer)

Der zufriedene Fischer

Kennen Sie die folgende Geschichte, die Heinrich Böll erzählt?

In einem Hafen an einer westlichen Küste Europas liegt ein ärmlich gekleideter Mann in seinem Fischerboot und döst. Ein schick angezogener Tourist legt eben einen neuen Farbfilm in seinen Fotoapparat, um das idyllische Bild zu fotografieren: blauer Himmel, grüne See mit friedlichen schneeweißen Wellenkämmen, schwarzes Boot, rote Fischermütze. Klick. Noch einmal: klick. Und da aller guten Dinge drei sind und sicher sicher ist, ein drittes Mal: klick. Das spröde, fast feindselige Geräusch weckt den dösenden Fischer, der sich schläfrig aufrichtet. […]

»Sie werden heute einen guten Fang machen.« Kopfschütteln des Fischers. »Aber man hat mir gesagt, dass das Wetter günstig ist.« Kopfnicken des Fischers. »Sie werden also nicht ausfahren?« Kopfschütteln des Fischers, steigende Nervosität des Touristen. Gewiss liegt ihm das Wohl des ärmlich gekleideten Menschen am Herzen, nagt an ihm die Trauer über die verpasste Gelegenheit.

»Oh, Sie fühlen sich nicht wohl?« Endlich geht der Fischer von der Zeichensprache zum wahrhaft gesprochenen Wort über. »Ich fühle mich großartig«, sagt er. »Ich habe mich nie besser gefühlt.« Er steht auf, reckt sich, als wolle er demonstrieren, wie athletisch er gebaut ist. »Ich fühle mich fantastisch.«

Der Gesichtsausdruck des Touristen wird immer unglücklicher, er kann die Frage nicht mehr unterdrücken, die ihm sozusagen das Herz zu sprengen droht: »Aber warum fahren Sie dann nicht aus?« Die Antwort kommt prompt und knapp. »Weil ich heute morgen schon ausgefahren bin.«

»War der Fang gut?« »Er war so gut, dass ich nicht noch einmal auszufahren brauche, ich habe vier Hummer in meinen Körben gehabt, fast zwei Dutzend Makrelen gefangen …« Der Fischer, endlich erwacht, taut jetzt auf und klopft dem Touristen beruhigend auf die Schultern. Dessen besorgter Gesichtsausdruck erscheint ihm als ein Ausdruck zwar unangebrachter, doch rührender Kümmernis. »Ich habe sogar für morgen und übermorgen genug«, sagt er, um des Fremden Seele zu erleichtern. (…) Der Fremde setzt sich kopfschüttelnd auf den Bootsrand, legt die Kamera aus der Hand, denn er braucht jetzt beide Hände, um seiner Rede Nachdruck zu verleihen.

»Ich will mich ja nicht in Ihre persönlichen Angelegenheiten mischen«, sagt der Fremde, »aber stellen Sie sich mal vor, Sie führen heute ein zweites, ein drittes, vielleicht sogar ein viertes Mal aus, und Sie würden drei, vier, fünf, vielleicht gar zehn Dutzend Makrelen fangen – stellen Sie sich das mal vor.« Der Fischer nickt.

»Sie würden«, fährt der Tourist fort, »nicht nur heute, sondern morgen, übermorgen, ja, an jedem günstigen Tag zwei-, dreimal, vielleicht viermal ausfahren – wissen Sie, was geschehen würde?« Der Fischer schüttelt den Kopf.

»Sie würden sich spätestens in einem Jahr einen Motor kaufen können, in zwei Jahren ein zweites Boot, in drei oder vier Jahren vielleicht einen kleinen Kutter haben, mit zwei Booten und dem Kutter würden Sie natürlich viel mehr fangen – eines Tages würden Sie zwei Kutter haben, Sie würden ...«, die Begeisterung verschlägt ihm für ein paar Augenblicke die Stimme, »Sie würden ein kleines Kühlhaus bauen, vielleicht eine Räucherei, später eine Marinadenfabrik, mit einem eigenen Hubschrauber rundfliegen, die Fischschwärme ausmachen und Ihren Kuttern per Funk Anweisungen geben. Sie könnten die Lachsrechte erwerben, ein Fischrestaurant eröffnen, den Hummer ohne Zwischenhändler direkt nach Paris exportieren – und dann ...«, wieder verschlägt die Begeisterung dem Fremden die Sprache.

Kopfschüttelnd, im tiefsten Herzen betrübt, seiner Urlaubsfreude schon fast verlustig, blickt er auf die friedlich hereinrollende Flut, in der die ungefangenen Fische munter springen. »Und dann«, sagt er, aber wieder verschlägt ihm die Erregung die Sprache. Der Fischer klopft ihm auf den Rücken, wie einem Kind, das sich verschluckt hat. »Was dann?« fragt er leise.

»Dann«, sagt der Fremde mit stiller Begeisterung, »dann könnten Sie beruhigt hier im Hafen sitzen, in der Sonne dösen – und auf das herrliche Meer blicken.«

»Aber das tu' ich ja schon jetzt«, sagt der Fischer, »ich sitze beruhigt am Hafen und döse, nur Ihr Klicken hat mich dabei gestört.«

Tatsächlich zog der solcherlei belehrte Tourist nachdenklich von dannen, denn früher hatte er auch einmal geglaubt, er arbeite, um eines Tages einmal nicht mehr arbeiten zu müssen, und es blieb keine Spur von Mitleid mit dem ärmlich gekleideten Fischer in ihm zurück, nur ein wenig Neid.[8]

»Fürchte dich nicht, dass dein Leben zu Ende geht. Fürchte vielmehr, dass es nie beginnt.« (Grace Hansen)

Eine wunderbare Geschichte, die uns die Absurdität unseres Hamsterrades deutlich vor Augen führt. Wir glauben oft, dass, wenn wir jetzt viel arbeiten und fleißig sind, uns selbstlos aufopfern und nur an unsere Pflicht denken, wir irgendwann einmal ausruhen können. Aber dieses »Irgendwann« rückt in immer weitere Ferne und am Lebensende stellen wir plötzlich fest: Dieses »Irgendwann« kommt nie. Deshalb ist es wichtig, dass wir schon jetzt damit beginnen, gut für uns zu sorgen.

Gut für sich selbst sorgen

In meiner Coaching-Ausbildung wurde mir folgender Satz sehr wichtig: »Sorgen Sie gut für sich selbst. Nur dann können Sie auch gut für andere sorgen. Sie selbst sind das wichtigste Medium, die wichtigste Ressource. Gottes Augapfel.« So, wie ich diese Rolle als Coach wahrnehme, so dürfen Sie diese Rolle in Ihrem Leben wahrnehmen, ob in der Arbeit, als Vater oder als Ehemann, als Freund oder Sohn. Sie werden gebraucht und deshalb ist es wichtig, sicherzustellen, dass Sie einsatzbereit sind. Gerade Männer haben oftmals viel Spaß an ihrem fahrbaren Untersatz, sind stolz auf ihr scheckheftgepflegtes Auto. Männer investieren gern und viel Zeit und Geld in die Pflege und Wartung ihrer Wagen. Aber unser eigenes Leben – was ist es uns wert? Die Bibel sagt dazu: »Liebe deinen Nächsten wie dich selbst!« Leider überhören wir den zweiten Teil des Satzes oftmals: »wie dich selbst«. Gott erwartet unsere Selbstliebe und dazu gehört es, dass man sich selbst wichtig ist. Wir dürfen – ja wir sollen – uns selbst lieben.

Sorgen Sie gut für sich selbst. Nur dann können Sie auch gut für andere sorgen. Sie selbst sind das wichtigste Medium, die wichtigste Ressource. Gottes Augapfel.

ÜBUNG 21: AUFTANKEN

Deshalb möchte ich Sie an dieser Stelle bitten, sich noch einmal ein paar Minuten Zeit zu nehmen. Überlegen Sie sich bitte fünf Dinge, die Sie richtig gern machen. Wie erholen Sie sich? Was hilft Ihnen, Ihren inneren Akku aufzutanken?

Was ist Ihnen wichtig?

In diesem Zusammenhang lohnt sich die Frage, warum wir eigentlich beständig etwas schaffen müssen. Warum rennen wir immer in unserem Hamsterrad, versuchen die Zahl der Umdrehungen beständig zu erhöhen? Worum geht es? Viele von uns sind angetrieben von dem Gedanken, sich beruflich zu verbessern. Der neue berufliche Titel, das Eckbüro, der Dienstwagen – was es auch ist. Dahinter steht, neben der gesellschaftlichen Anerkennung, der Traum von einem besseren Leben. Die größere Wohnung, das bessere Auto, der teurere Urlaub. Eine oftmals fatale Spirale der Steigerung. Es muss mehr und besser sein. Damit wir auch nicht aus der Rolle fallen, wird uns dies beständig als erstrebenswert vorgeführt. Aber Hand aufs Herz: Wie oft haben Sie sich schon ein neues Produkt gekauft und sich nach einer Weile gefragt, wozu Sie das eigentlich brauchen? Sie kaufen sich Produkte mit Funktionen, die Sie noch nie vermisst haben, geschweige denn jemals brauchen werden. Wieso, frage ich mich, fällt es uns eigentlich so schwer, einmal mit dem zufrieden zu sein, was wir haben? Vielleicht hatten Sie tolle Eltern oder Großeltern? Vielleicht sind Sie an einem besonders schönen Ort aufgewachsen oder haben fantastische Freunde? Vielleicht hat es in Ihrem Umfeld viele Krankheiten gegeben, aber Sie sind gesund geblieben? Vielleicht haben Ihre Eltern immer an Sie geglaubt oder Sie haben wunderbare Kinder? Haben wir nicht alle im Leben Menschen, Erlebnisse und Dinge, für die wir dankbar sein können? Wie viel Ihres täglichen Lebens nehmen Sie als selbstverständlich hin? Dinge, die bei genauerer Betrachtung überhaupt nicht selbstverständlich sind? Eine liebende Partnerin? Hilfsbereite Freunde, Men-

Ich hörte mal einen älteren Mann sagen: »Danken schützt vor Wanken und Loben zieht nach oben.«

schen, denen Sie wichtig sind und für die Sie eine wichtige Rolle spielen?

ÜBUNG 22: DANKBARKEIT

Überlegen Sie doch mal, wofür Sie so richtig dankbar sind:

____

____

____

____

Mittlerweile hat der Kellner das Dessert abgeräumt. Die Männer lachen und sitzen zufrieden zusammen. Unglaublich, wie vertraut wir miteinander in dieser Woche geworden sind. Manche unterhalten sich, andere blicken nachdenklich auf ihr Glas oder die Bucht, die sich unterhalb von uns im Mondschein erstreckt. Um uns herum klingt das Zirpen der Zikaden. Aus dem Hafen klingt Musik zu uns herauf. Zufrieden und gut gesättigt finden wir unseren Weg den Hügel hinunter in den friedlichen Hafen zur letzten Nacht auf unserer Jacht.

Auch für mich als Skipper und Coach geht eine spannende Woche zu Ende. Wieder habe ich neun neue Männer kennengelernt, bewegende Geschichten gehört und neue Abenteuer erlebt. Ich liebe diese Wochen. Ich merke nach so einer Woche, wie erschöpft, aber auch wie glücklich ich bin. Genau dafür bin ich gemacht. Eine ganz tiefe Dankbarkeit erfüllt mich darüber, dass ich die Männer und die Jacht wieder heil zurückgebracht habe. Das ist nicht selbstverständlich. Die meisten von ihnen sind Ehemänner und Familienväter und fast keiner von ihnen hatte zuvor Segelerfahrung. Ich bin mir der Verantwortung sehr bewusst. Wie gut, dass Gott mit mir segelt. Ich bin so dankbar, dass meine Familie mich für diese Segelwochen freisetzt und voll hinter mir steht. Einige der Männer werde ich auf einem der nächsten Törns wiedertreffen. Es ist unglaublich, was für eine tiefe Verbundenheit entsteht, wenn Männer eine Woche gemeinsam auf dem Meer unterwegs waren. Das Meer macht etwas mit einem Mann.

»Bleib auf Kurs!«

Nun ist es an mir, den Männern für diese Woche zu danken. Ich möchte dies mit einer Geschichte tun, die ich einst bei Bill Hybels gelesen habe. Er schrieb von einem sehr engen Freund, der im Sterben lag. Bill besuchte ihn und kniete sich neben das Bett seines Freundes. Mit großer Anstrengung holte dieser ein Geschenk hervor, das er für Bill Hybels ausgesucht hatte. Es war ein silberner Seemannskompass. Bill wollte das Geschenk zunächst nicht annehmen, aber sein Freund erklärte ihm: »Bill, du hast meinem Leben Richtung gegeben. Von dem Tag an, an dem wir uns kennenlernten, gebrauchte Gott dich, um mir zu zeigen, dass mein Leben ein Ziel und einen Sinn hat. Dafür kann ich dir nicht genug danken. Lies die Rückseite«, flüsterte er. Daraufhin drehte Bill Hybels den Kompass um und las die Worte: »Bleib auf Kurs«. Zwei Tage später verstarb der Freund und Bill Hybels hielt den Trauergottesdienst.[9]

»Bleib auf Kurs« – diese Aufforderung, dieser Wunsch seines Freundes wurde für Bill Hybels zum Motto. Er schreibt: »Wenn mir das gelingt – wenn das uns allen gelingt –, werden wir zur Ehre und zum Ruhm dessen beitragen, dessen Namen wir tragen.«

Diesen Gedanken will ich mit den Männern teilen. Viel haben sie in dieser Woche erfahren, gehört und über sich herausgefunden. Mancher hatte Schlüsselerlebnisse, andere begannen erst einmal über ihre Situation nachzudenken und wieder andere haben sich auf den Weg gemacht. Ich möchte ihnen sagen: »Bleibt auf Kurs! Lasst euch nicht abbringen. Sucht nach der Herrlichkeit Gottes in eurem Leben. Forscht nach dem, was euch lebendig macht, sucht nach der Berufung, die Gott euch gegeben hat, und lasst euch nicht vom Weg abbringen. Liebt eure Frauen und Kinder und vertraut Gott, dass er mit und für euch ist.« Ich sehe in die Runde und blicke in Gesichter von Männern, die sich ein Stück weit verändert haben. Ich wünsche mir, dass dieser Glanz in ihren Augen auch zu Hause noch da ist, dann, wenn sie wieder zu ihren Frauen und Kindern, ihren Freunden und Kollegen zurückkehren – und immer dann, wenn sie sich an diese gemeinsame Woche auf See erinnern. Bleibt auf Kurs, Männer!

Wie geht es weiter?

Haben Sie Lust bekommen, auch einmal mit zu segeln? Besuchen Sie mich gern auf meiner Homepage *www.DerMaennerCoach.de*. Dort finden Sie weitere Informationen und können gern mit mir in Kontakt treten. Auch finden Sie dort Informationen über meine Aktivitäten wie:

- Einzel-Coaching
- Berufungs-Coaching
- Männertage
- Sail & Coach

Vieles lässt sich auf so einem Segeltörn bewegen und anschieben, doch wenn es wirklich um ganz konkrete Schritte, Visionen und Ziele für

Ihr Leben geht, dann ist es nicht möglich, dies im Einzelcoaching auf dem Schiff anzugehen. Dazu würde ich Sie dann zu einem Coaching zu mir nach Eutin einladen.

Ich freue mich auf Sie!

www.DerMaennerCoach.de

[10]

Männer in Verantwortung

Stimmen von Mitseglern

Was Teilnehmer mir über die »Männer-in-Verantwortung«-Segeltörns geschrieben haben:

Eine Woche ohne Terminkalender, Sitzungen und Termine. Nur Wind, Wasser, Männerbegegnungen und gute Inputs vom Männercoach. Zeit, um die Batterien wieder aufzuladen, Freundschaften zu knüpfen und neue Impulse zu erhalten. Schlicht: ein Muss für jeder Mann! (Eros)

Meine Prinzessin hat mir gesagt, dass ich mich seit dem Törn zum Positiven geändert habe. Ihr ist aufgefallen, dass ich gelassener und in mir ruhender geworden bin. Darüber hinaus sagt sie, dass ich mehr auf sie eingehe und auch Verantwortung übernehme.

Auch hatte ich in meinem Job so zwei, drei Situationen, in denen quasi ein Konflikt »vorprogrammiert« war. Meinen Kollegen fiel auf, dass ich diese Situationen ganz ruhig entschärfen und für ein angenehmes Gesprächsklima sorgen konnte. Ist das nicht toll?!!! Ich habe mich jedenfalls tierisch drüber gefreut. (Kay)

Kaum war ich zu Hause angekommen und fing an, meiner Frau vom Segeltörn zu erzählen, schon spürte sie meine positive Veränderung. Sie spürte meine innerliche Befreiung und gab in einem schönen Kompliment wieder: »… ein neuer Mann ist vom Segeln zurückgekehrt!« (Andreas)

Die nachhaltigen Gespräche untereinander, der offene Erfahrungsaustausch, die erlebte Freundschaft und Kameradschaft der »Männer in Verantwortung« während unseres Segeltörns haben mich tief berührt. Da kann das schöne Wetter und die herrliche Landschaft schon zur Nebensache werden, wenn man so interessante Menschen kennenlernt und so viele Lebenserfahrungen zusammentreffen. Danke für diese schöne Zeit, die mir viel Kraft und Zuversicht gegeben hat und an die ich täglich gern zurückdenke. (Tim)

»So wie Eisen Eisen schärft …« Eine Woche unter zehn fremden Männern auf beengtem Raum ist ein ganz besonderes Erlebnis, vor dem ich zugegebenermaßen zunächst einen Riesenrespekt hatte. Doch nach dem ersten Segeltag war mir schnell klar, dass diese Woche für mich genau die wertvolle Zeit sein würde, die ich mir erhofft hatte. Die Mischung aus actionreichem Segeln, traumhafter Natur, offenen und vertrauensvollen Gesprächen unter Männern, gemeinsamem Genießen von Sonne und gutem Essen, perfekter Organisation bei gleichzeitiger Freiheit, Pläne über Bord zu werfen, all das lässt überflüssige Gedanken aus dem Alltag abfließen und macht Platz für neue Empfindungen. Als Skipper an Bord selbst ein Mann in Verantwortung, versteht es Dirk Schröder mit Ruhe und Gelassenheit, großer Authentizität sowie mit viel Humor und hier und da einem sympathischen Augenzwinkern, die Crew auf Kurs zu bringen. Dirk kennengelernt zu haben, empfinde ich als großen Gewinn und bin dankbar für eine ereignisreiche Woche voller Inspiration, Zufriedenheit und Freude. (Steffen)

Gemeinsam mit Freunden einige Tage unterwegs in einer kleinen, aber feinen Welt, die ganz eigenen Gesetzen folgt. Einfach. Klar. Es wird jeder gebraucht. Ganz nah dran an den Elementen. Eingängige Metaphern aus dem Segelalltag ins Leben transportiert: »Wenn das Segel nicht am Wind ist, kommt es ins Flattern und kann zerreißen.« Wie wahr. Habe mein Lebenssegel nachgetrimmt, bin wieder auf Kurs. Danke, Dirk. (Adrian)

Anmerkungen

1 Nach der deutschen Synchronisierung des Clint-Eastwood-Films »Invictus – Unbezwungen« von 2009 (Rechte bei Warner Bros. Entertainment GmbH).

2 John Eldredge, *Der ungezähmte Mann – Auf dem Weg zu einer neuen Männlichkeit.* Gießen: Brunnen, 2003.

3 »Grundlagen einer gesunden Entwicklung«, entnommen aus: Peter Essler, Paul Ch. Donders, *Berufung als Lebenstil.* © Vier-Türme GmbH, Verlag, Münsterschwarzach 2011, S. 71ff.

4 Entnommen aus: Peter Essler, Paul Donders, *Berufung als Lebenstil,* © Vier-Türme GmbH, Verlag, Münsterschwarzach 2011.

5 Basierend auf Arbeiten von Arthur F. Miller und Nelson Bolles.

6 Gary Thomas, *Der heilige Hafen. Wie uns die Ehe näher zu Gott bringt.* Witten: SCM R. Brockhaus, 2009, S. 180.

7 Dan B. Allender, Tremper Longman, *Intimate Allies: Rediscovering God's Design for Marriage and Becoming Soul Mates for Life.* Tyndale, 1999, S. 78.

8 »Anekdote zur Senkung der Arbeitsmoral« (1963) in: Heinrich Böll. Kölner Ausgabe. Bd. 12. 1959–1963. Hrsg. von Robert C. Conard © 2008, Verlag Kiepenheuer & Witsch GmbH & Co. KG, Köln.

9 Aus Bill Hybels: *Mutig führen.* Asslar: Gerth Medien, 2002.

10 Entworfen von Christoph Leu